Philosophical Thinking Modes & Leadership Methods

哲学思维方式与领导工作方法

◎ 韩庆祥 等 著

红旗出版社

目　录

引　言

把马克思主义哲学作为自己的看家本领

2013年12月3日下午，第十八届中共中央政治局就历史唯物主义基本原理和方法论进行第十一次集体学习，习近平总书记在主持学习时强调，要推动全党学习历史唯物主义基本原理和方法论，更好认识国情，更好认识党和国家事业发展大势，更好认识历史发展规律，更加能动地推进各项工作。党的各级领导干部特别是高级干部，要原原本本学习和研读经典著作，努力把马克思主义哲学作为自己的看家本领。习近平总书记这一论述，体现了党中央对马克思主义哲学及历史唯物主义的高度重视。

习近平同志在担任中央党校校长期间，多次强调领导干部要学哲学、用哲学。领导干部经常做的基本工作，就是分析问题、解决问题，就是进行决策、确定工作思路和做好工作。马克思主义哲学尤其历史唯物主义是探究事物的本质（根本）和规律，并为我们分析问题、解决问题、做好工作提供智慧和方法的一门学问，由此，各级领导干部要把学习马克思主义哲学尤其是历史唯物主义作为自己的看家本领。

一、中央为什么强调要重视学习马克思主义哲学

总体来说，今天是一个需要思想、需要哲学、需要哲学思维的时代。我们要超越“物化生存”而追求精神、思想和文化，就特别需要哲学尤其是马克思主义哲学。今天中央强调要学习马克思主义哲学，主要有以下三个原因。

首先，党现阶段提出的理论及路线方针政策要以我国现时代的社会存在为基础。1978 年以来，我们党提出的一系列理论及路线方针政策，都是以马克思主义哲学，尤其是历史唯物主义为理论基础的。邓小平理论、“三个代表”重要思想、科学发展观、习近平新时代中国特色社会主义思想，都是马克思主义世界观和方法论的集中体现。习近平同志在担任中央党校校长期间乃至今天，都一直强调学哲学、用哲学对我们领导干部的重要性，他把学习“马克思主义哲学作为自己的看家本领”。习近平总书记指出，我们党在中国这样一个有着 13 亿多人口的大国执政，面对十分复杂的国内外环境，肩负繁重的执政使命，如果缺乏理论思维的有力支撑，是难以战胜各种风险和困难的，也是难以不断前进的。

其次，党的十八届三中全会对我国全面深化改革作出了总体部署，这是对辩证唯物主义、历史唯物主义基本矛盾原理和方法论的具体运用。习近平总书记指出，要学习和掌握社会基本矛盾分析法，深入理解全面深化改革的重要性和紧迫性，要学习和掌握物质生产是社会生活的基础的观点，准确把握全面深化改革的重大关系，要学习和掌握人民群众是历史创造者的观点，紧紧依靠人民推进改革。社会基本矛盾之间适应或不适应，一般是通过社会发展的动力机制和平衡机制状况体现出来的。总体来讲，当今中国特色社会主义发展的动力机制和平衡机制能有效发挥作用，且相

互配合。然而，这两种机制也存在一定问题。在动力机制上，经济社会发展动力和创新活力相对不足，劳动者的自主创新能力和创造活力不是很高，市场缺乏活力；在平衡机制上，社会和谐稳定也显得不够。这种动力机制和平衡机制上存在的问题，原因是多方面的，但深层原因，在于生产关系与生产力、上层建筑与经济基础之间存在一些不完全适应的方面。这需要借助社会基本矛盾分析方法来理解。一是生产关系在某些方面阻碍了生产力发展。一个社会的生产力发展状况往往是通过人，尤其是劳动人民群众的呼声、诉求表现出来的。当今，在我国生产力发展进程中，劳动者对增加劳动报酬在初次分配中的比重提出了新要求，但在现实社会中，初次分配中劳动报酬较低的实际尤其是不合理的利益分配格局，没有完全反映劳动者这种要求，影响了劳动者创造能力、创业能力和创新活力的充分发挥；经济社会发展对提高劳动者的创新能力、创造活力提出了新要求，但发育不全的市场机制和缺乏公平竞争的市场环境，影响了劳动者创新能力和创新活力的充分发挥。要言之，经济社会发展动力和创新活力不足。二是上层建筑在某些方面阻碍了经济基础的发展。在经济基础发展过程中，市场主体对发挥市场在资源配置中的决定性作用提出了新要求，但传统行政体制使政府直接配置资源，影响了市场主体的创造活力和市场活力，束缚生产力的发展；人们对缩小收入分配差距和完善公平竞争的市场环境提出了新要求，但政府权力在资源配置中的决定性作用，干部队伍中存在的形式主义、官僚主义、享乐主义和奢靡之风等“四风”问题，一定程度上阻碍着分配公平的实现和公平竞争的市场环境的建立；社会发展需要更多的人直接参与到物质财富创造中来，提高创造能力，但权力配置资源的传统行政体制和“官本位”思想观念，使人们大都愿意挤入公务员行列。因此，必须通过改革，解决生产关系不适应生产力发展要求、上层建筑不适应经济基础的部分。党的十八届三中全会强调全面深化改革，是建立在我们党对我国社会基本矛盾状况科学分析基础上的，它使我国改革又站在一个新的历史起点上，把对改革的认识提升到一个新高度。它强调全面深化改革的指导思想，是要以促进社会公平正义、增进人民福祉为出发点和落脚点，进一步解放思想、解放和发展社会生产力、解放和增强社会活力，这就契合了社会基本矛盾运动中的动力机制和平衡机制之机理，抓住了社会发展的动力机制和平衡机制两个要害。

最后，一个民族要站在科学高峰，一刻也离不开理论思维；同样，一个政党要领导好大党、大国，站在时代前列，全面建成富强民主文明和谐美丽的社会主义现代化强国，实现中华民族伟大复兴，也离不开哲学思维。因为哲学思维能为我们分析问题、解决问题、做好工作提供世界观和方法论，能帮助我们客观地认识事物，正确处理各种复杂的矛盾关系，有助于我们透过现象把握事物的本质和规律，有助于把握社会历史发展状况和人的发展状况。

二、学哲学用哲学是我们党的好传统

哲学是一门探寻事物的本质和规律并为人们的工作、生活提供智慧、方法的学问。学习马克思主义哲学确实具有重要的现实意义。我们在工作和生活中经常出现这样或者那样的问题，这些问题从主观上可追源于我们的思维方式。思维方式不对头，工作方法必然不对头，好的工作效果就出不来，马克思主义哲学就是一种分析问题和解决问题的方法论。

习近平总书记指出，我们党自成立起就高度重视在思想上建党，其中十分重要的一条，就是坚持用马克思主义哲学教育和武装全党。毛泽东同志善于从哲学高度去提升工作方法，认为我们完成任务是“过河”，而完成任务所需要的工作方法是“船”，不解决工作方法问题，完成任务就是一句空话。邓小平同志强调，我们的干部中有不少人不大懂得哲学，很需要从思想方法、工作方法上提高一步。陈云同志曾说，学好哲学，终身受用。每天我们都处在矛盾的包围当中，经常会遇到这样或那样的问题，而学哲学能提高我们驾驭矛盾的艺术，提高分析问题和解决问题的能力，提升我们的工作方法。李瑞环同志说，“哲学是明白学、智慧学，学懂了哲学，脑子就灵，眼睛就亮，办法就多”；“不管什么时候、干什么工作都会给你方向、给你思路、给你办法”；“你的地位越高、场面越大，它的作用越大”。[1]在我们党的历史上，马克思主义哲学对反对主观主义、经验主义、教条主义、官僚主义，对统一思想认识、凝聚力量、战胜各种艰难困苦，都发挥了十分重要的作用。现在学习马克思主义哲学，是对党的优良传统的继承和发扬。

三、党在现阶段提出的路线方针政策是以我国现时代的社会存在为基础的

领导干部的一个经常性工作，就是进行决策，制定路线方针政策。要进行科学决策，制定正确的路线方针政策，就必须自觉掌握辩证唯物主义、历史唯物主义基本原理和方法论，尤其是要运用社会存在决定社会意识的原理，对所面临的社会存在有一个科学判断。习近平总书记在主持第十八届中央政治局第十一次集体学习时指出：“社会存在决定社会意识。我们

[1] 李瑞环：《学哲学 用哲学》（上），中国人民大学出版社 2007 年版，第 16 页。

党现阶段提出和实施的理论和路线方针政策，之所以正确，就是因为它们都是以我国现时代的社会存在为基础的。党的十八届三中全会对我国全面深化改革作出了总体部署，是从我国现在的社会存在出发的，即从我国现在的社会物质条件的总和出发的。”

对社会存在作出科学判断，首先要对我国现实社会的基本国情和国际地位给以准确定位。当今，我国依然处在社会主义初级阶段这一基本国情没有变，我国依然是世界上最大的发展中国家这一国际地位没有变。这“两个没有变”，实质上意味着今天我国的社会生产力发展水平依然不是很高。正是基于“两个没有变”，我们党要求在全面深化改革中，仍然要坚持以经济建设为中心，坚持发展依然是硬道理，坚持发展仍是解决我国所有问题的关键这个重大战略判断。

对社会存在作出科学判断，其次要对我国社会物质生活条件和社会基本矛盾状况有一个正确把握。习近平总书记在主持第十八届中央政治局第十一次集体学习时指出：“只有把生产力和生产关系的矛盾运动同经济基础和上层建筑的矛盾运动结合起来观察，把社会基本矛盾作为一个整体来观察，才能全面把握整个社会的基本面貌和发展方向。”当今我国的社会物质生活条件和社会基本矛盾的状况是：社会生产力发展水平不是很高；生产关系在某些方面对生产力发展的阻碍已积累到较为顽固的程度。社会基本矛盾总是不断发展的，所以调整生产关系、完善上层建筑需要相应地不断进行下去。我们要适应我国社会基本矛盾运动的变化来推进社会发展。由此我们党提出，今天我国的改革处在“攻坚期”“深水区”，要凝聚力量、攻坚克难，以“敢啃硬骨头”的担当精神全面深化改革；要进行全面深化改革，让一切劳动、知识、技术、管理和资本的活力竞相迸发，让一切创造社会财富的源泉充分涌流，进而推动我国社会生产力不断向前发展，推动实现物的不断丰富和人的全面发展的统一；要以经济体制改革为重点来带动政治体制、文化体制、社会体制、生态文明体制改革和党的制度建设；强调要发挥市场在资源配置中的决定性作用和更好发挥政府作用，核心是要处理政府与市场的关系；要根据社会主义市场经济体制的内在要求，进一步深化行政体制改革、转变政府职能和创新行政管理方式；改革开放只有进行时、没有完成时，我们要紧紧围绕发展这个第一要务，来对全面深化改革作出总体部署，以解放和发展社会生产力为改革提供强大牵引，以更好推动生产关系与生产力、上层建筑与经济基础相适应。

对社会存在作出科学判断，还要对我国社会运行状况有一个科学判断。在当今我国，社会发展动力和创新活力相对不足，社会和谐稳定因素也不是很够。这就要求我们既要把促进公平正义、增进人民福祉作为全面深化改革的出发点和落脚点，也要进一步解放思想，解放和发展社会生产力，解放和增进社会创新活力。

四、只有坚持历史唯物主义，才能不断开辟当代中国马克思主义发展新境界

习近平总书记强调，在革命、建设、改革各个历史时期，我们党运用历史唯物主义，系统、具体、历史地分析中国社会运动及其发展规律，在认识世界和改造世界过程中不断把握规律、积极运用规律，推动党和人民事业取得了一个又一个胜利。

首先，建设中国特色社会主义，是我们党开创的最伟大事业。坚持生产力标准，在这一事业开创及发展中具有至关重要的作用。生产力标准，

就是把是否有利于解放和发展社会生产力，作为检验社会历史发展是否进步、我们的路线方针政策是否正确和工作成败得失的根本标准。马克思、恩格斯把社会主义由空想变为科学。列宁把科学社会主义由理论变成实践。我们党在总结社会主义建设正反两方面经验的基础上，开创了中国特色社会主义伟大事业并不断推向前进，而历史唯物主义特别是关于生产力在社会历史发展中起决定作用的原理和方法，在中国特色社会主义开创和发展中具有决定性意义。这里，着重以中国特色社会主义成功开创为例，来展示历史唯物主义的威力和魅力。我国社会主义制度建立以后，在1956年9月党的八大到1966年5月“文化大革命”前的十年间，中国共产党人努力探索且开辟一条适合中国国情的建设社会主义的道路。党在探索中积累了正确的理论观点、方针政策，使十年建设取得了重要成就。但是，由于党在探索过程中发生指导方针上的失误，没有坚持把大力发展生产力看作中国社会主义建设的根本任务，加上复杂多变的国际形势和自然灾害的影响，这十年建设又遭受了严重挫折。针对这一段历史，邓小平同志指出，过去我们在社会主义建设上出现过失误，其根本原因，就是没有把“什么是社会主义、怎样建设社会主义”完全搞清楚。于是，要纠正失误、开创社会主义建设新局面，“什么是社会主义、怎样建设社会主义”，就成为我们党需要真正弄清的一个首要基本问题。理论正确是实践成功的前提。历史唯物主义最注重发展生产力，它强调生产力是社会历史发展的最终决定力量，是整个社会生活和整个现实历史的基础，生产关系、经济基础、上层建筑，都是围绕解放和发展生产力、激发人民群众主体创造性而发挥作用的。基于历史唯物主义生产力观点，我们党正确认识我国生产力状况，得出一个重要结论：我国最大的实际，就是生产力发展水平很低，现在处于并将长期处于社会主义初级阶段。根据这一客观实际及生产力观点，我们党又得出以下重要论断：在初级阶段建设社会主义，首要的根本任务是解放和发展社会生产力，这样的社会主义就是中国特色社会主义；建设中国特色社会主义，应以经济建设为中心，解决人民日益增长的物质文化需要同落后的社会生产之间的矛盾；解放和发展生产力，必须实行以社会主义市场经济为取向的改革开放；在改革开放进程中，需要用“三个有利于”标准破除“姓社姓资”抽象思维定式的阻碍。这里，基于生产力观点而提出的“初级阶段论”“根本任务论”“市场经济论”“改革开放论”“判断标准论”，是我们党重新认识“什么是社会主义、怎样建设社会主义”取得的重大成果，它使我们党在理论上对社会主义的认识发生了重大变化，在实践上开创了中国特色社会主义。而核心，是对生产力在社会历史发展和我国社会主义发展中的根本地位和决定作用的正确认识。

其次，当今要发展中国特色社会主义，也必须坚持历史唯物主义。历史唯物主义运用社会基本矛盾考察社会历史发展，考察社会主义的产生、发展动力、发展途径和发展趋向，社会基本矛盾分析是发展中国特色社会主义应遵循的一种基本方法。社会基本矛盾分析方法，是指根据生产力与生产关系、经济基础与上层建筑的矛盾运动规律，分析和说明一定历史条件下社会发展状况，并预见社会发展趋势的方法。

当今如何发展中国特色社会主义？“主义”是为解决“问题”而存在和发展的，应当在解决影响中国特色社会主义发展命运的“根本问题”中来发展中国特色社会主义。开创中国特色社会主义，首要是解决“什么是社会主义、怎样建设社会主义”的问题。那么，发展中国特色社会主义应解决什么“根本问题”？这里所讲的“根本问题”，应到当今我国社会基本矛盾状况中去寻找，因为我国的社会基本矛盾，关系着中国特色社会主义发展的动力、方式、途径和趋向等根本性问题。这就从根本上涉及历史唯物主义的基本方法——社会基本矛盾方法。就是说，发展中国特色社会主义，可以有其他途径，但首先要在历史唯物主义层面进行思考，在分析我国社会基本矛盾状况的基础上加以把握。

要准确把握我国改革发展历程中社会基本矛盾出现的新情况新问题。今天，我国社会基本矛盾出现了值得关注的新情况，这些新情况是在改革开放和中国特色社会主义建设进程中发生的。一是生产关系的某些方面出现了阻碍生产力发展的情况。以公有制为主体、多种所有制经济共同发展，以按劳分配为主体、多种分配方式并存，建设社会主义市场经济，是对当今我国生产关系的基本的理论界定。如前所述，一个社会的生产力发展状况往往是通过人，尤其是劳动人民群众的呼声、诉求表现出来的。当今，在我国生产力发展进程中，劳动者对自主创新和公平正义提出新的要求，但不合时宜的落后的收入分配体制没有完全反映生产力发展的新要求，收入分配体制与劳动者对自主创新和公平正义的新要求不完全适应，尤其是分配不公，抑制了劳动者生产的积极性、主动性和创造性的充分发挥。这实际上是过去的“老问题”在生产力发展新要求面前显得突出了；市场的某些垄断阻碍着市场的公平竞争，严格意义上的市场公平竞争秩序未真正建立起来，致使一些个体经济、民营经济缺乏创新活力。二是上层建筑的某些方面出现了阻碍经济基础发展的情况。上层建筑包括政治上层建筑和思想上层建筑。在经济基础变更过程中，劳动者对分配制度改革和完善市场公平竞争秩序提出了新要求。然而，在政治上层建筑方面，传统政府行政管理体制的某些方面与社会主义市场经济和分配制度改革的要求不完全适应，阻碍生产关系的健康发展；在思想上层建筑方面，党内面临的精神懈怠、能力不足、脱离群众和消极腐败“四种危险”，干部队伍中存在的官僚主义、形式主义、享乐主义和奢靡之风“四风”问题，也阻碍着分配制度改革和市场公平竞争秩序的建立。上述新情况聚焦到需要我们着重解决的三大根本问题上：一是如何提高自主创新能力，它侧重于经济领域，与“发展”有关，根本途径是“创新”；二是如何促进社会公平正义，它侧重于社会领域，与“稳定”有关，根本途径是维护“公正”；三是如何深化政府行政管理体制改革，它侧重于政治领域，与“改革”有关，根本途径是“处理好政府与市场、社会的关系”。如果说，改革开放初期，我们面临的根本问题，是通过解放思想、解放生产力，来解决“什么是社会主义、怎样建设社会主义”并开创中国特色社会主义的话，那么在今天，我们面临的根本问题，则是通过分析我国社会基本矛盾运动状况，来着重解决“提高自主创新能力、促进公平正义和深化政府行政管理体制改革”问题并发展中国特色社会主义。

要在解决社会基本矛盾的根本问题中发展中国特色社会主义。上述三大根本问题，是我国社会基本矛盾在改革开放和中国特色社会主义发展进程中出现的新情况的集中体现。由于它从战略上关乎我国经济、社会、政治领域中的根本问题，关乎我国改革发展稳定，关乎中国特色社会主义的发展动力、发展方式和发展趋向，关乎社会发展的动力机制、平衡机制、治理机制这三种根本机制，因而，解决好这三大根本问题，是在深化改革开放中发展中国特色社会主义的切入点和根本路径。我们党应在集中解决这三大根本问题中发展中国特色社会主义。总的来说，解决这三大根本问题，能在经济、社会、政治三大领域，并通过创新、公正和改革三种路径，把对中国特色社会主义的认识提升到一个新水平，把中国特色社会主义的实践发展到一个新境界。首先，中国特色社会主义的根本任务是解放和发展社会生产力，而提高自主“创新”能力，是进一步解放和发展社会生产力的必由之路，是实现中国经济社会发展根本转变并拓宽新的发展空间、提升经济发展水平的核心，是决定中华民族前途命运的战略选择，因而，它是发展中国特色社会主义的一个根本性、战略性问题，是从经济（或创新）方面发展中国特色社会主义的根本路径。提高自主创新能力，能使要素驱动、投资规模驱动转向更加注重创新驱动，把当代中国经济发展提升到一个新阶段；能使注重物的发展转向更加注重人的发展，为当代中国经济发展开辟新路径；能使注重发展速度转向更加注重发展质量，把当代中国经济发展提升到一个新水平。其次，促进社会“公平正义”，是回应人民群众新期待并化解社会矛盾、保持社会稳定的聚焦点，是当今我国社会发展进程中凸显出来的迫切问题，因而是从社会（或公正）方面发展中国特色社会主义的根本路径。在中国历史上，分配相对比生产落后，分配问题始终未真正解决好。今天，如果收入分配差距过大，会成为风险的根源。所以，今天在坚持发展是硬道理的同时，应坚持公平正义也是硬道理，尤其要关注分配正义。特权现象会严重损害社会公平正义。如果缺乏社会公平正义，就难以形成人才辈出、人尽其才的生动局面，也难以使社会充满发展活力。习近平总书记强调：“这个问题要作为一个大问题抓起来。”促进社会公平正义，能使注重经济发展走向更加注重公平正义，把中国社会发展提升到一个新阶段；能使分配不公走向分配正义，为中国社会发展注入新活力；能使注重社会活力走向注重社会活力和促进社会和谐的统一，把中国社会发展提升到一个新水平；能化解人民群众的怨气并赢得人民认同，可满足人民群众的新期待。发展起来以后更加注重公平正义，是我国历史发展的必然，是时代的呼唤，是人民的期待，是发展中国特色社会主义的内在要求与必然趋向。最后，深化政府行政管理体制改革，是深化改革的关键环节，是从政治体制（或改革）方面发展中国特色社会主义的根本路径。深化改革开放，是提高自主创新能力、促进社会公平正义的关键，应当通过深化改革开放，来消除影响人的自主创新能力提高和促进社会公平正义的体制障碍。当今深化改革，其立足点是进一步解放和发展生产力，激活人民群众的创造积极性和主动性，兴起创业和创新的高潮；其着力点，是深化政府行政管理体制改革；其突破口，是围绕政府与市场、社会的关系进行结构改革。体制是由结构决定的。基本面的问题长期且努力解决但还没有解决好，一定是体制问题；体制问题长期解决却始终没有解决好，一定是结构问题。中国传统社会的体制主要是政府一元主导，这种体制与中国历史遗留下来的政治权力过大而经济力量和社会力量较小的社会结构有关。这种由政府力量主导的体制有其存在的历史必然性，也有历史的积极作用，必须肯定并予以保留。但也有一定历史局限，它使政府主导力量有余而市场力量和社会力量发挥不足，权力至上有余而能力建设不足，自上而下有余而民众表达权益不足，行政权力管制有余而公共服务不足。这种体制是提高自主创新能力、促进社会公平正义的体制障碍。应根据我国社会变化的趋势，围绕政府与市场、社会的关系，深化政府行政管理体制改革。经济体制改革的实质是利益再调整，政府行政管理体制改革的实质是权力再分配。我国改革开放和社会主义现代化建设就是结构转型和领域分离的进程。市场经济的出现使经济领域相对独立，市场力量日趋增大；市场经济发展会逐渐孕育出社会组织与具有自主意识、责任意识、平等意识、民主意识的公民，由此会增强社会的力量；当市场经济与社会组织、市场力量与社会力量日趋增大的时候，会出现“水涨船高”的“倒逼”效应，即要求转变政府职能，由管制型政府转向公共服务型政府。建立服务型政府，能破除提高自主创新能力、促进社会公平正义的体制障碍，充分发挥政府力量、市场力量和社会力量，因而能把政府行政体制、政府职能和政府活力提升到一个新水平。当然，这必须在中国共产党坚强领导下来进行。

五、只有掌握社会基本矛盾分析法，才能深入理解全面深化改革

改革开放是当代中国最鲜明的特色。哲学是时代精神的精华。1978 年以来，我们党运用历史唯物主义社会基本矛盾分析方法，明确提出社会主义的根本任务是解放和发展社会生产力，要解放和发展社会生产力，必须进行改革。

社会基本矛盾分析方法要求我们把握社会基本矛盾状况。要根据生产力发展水平和客观要求，分析生产关系与生产力、上层建筑与经济基础的适应状况及其性质、特点。当生产关系基本适应生产力发展、上层建筑基本适应经济基础发展时，只需要对不适应部分进行调整或改革；当生产关系不适应生产力发展、上层建筑不适应经济基础发展时，一般通过革命方式来解决。社会主义社会的状况属于前者，对不适应部分，可通过改革来解决，改革是解决社会主义社会基本矛盾的基本途径。

首先，我们提出进行全面深化改革，就是要适应我国社会基本矛盾运动的变化来推进社会发展。只有把生产力和生产关系的矛盾运动同经济基础和上层建筑的矛盾运动结合起来观察，把社会基本矛盾作为一个整体来

观察，才能全面把握整个社会的基本面貌和发展方向。目前，我国的生产关系与生产力、上层建筑与经济基础存在部分不适应的状况。全面深化改革，就是不断适应社会生产力发展调整生产关系，不断适应经济基础发展完善上层建筑。社会基本矛盾总是不断发展的，所以，通过改革调整生产关系、完善上层建筑需要相应地不断进行下去。改革开放只有进行时、没有完成时，这是历史唯物主义态度。

其次，要根据我国社会基本矛盾状况，准确把握全面深化改革的重大关系。生产力是推动社会进步的最活跃、最革命的要素。然而，当今我国的社会生产力发展水平还不是很高，因而，社会主义的根本任务仍是解放和发展社会生产力。在全面深化改革中，我们要坚持发展仍是解决我国所有问题的关键这个重大战略判断，使市场在资源配置中起决定性作用和更好发挥政府作用，推动我国社会生产力不断向前发展，推动实现物的不断丰富和人的全面发展的统一。物质生产是社会历史发展的决定性因素，但上层建筑也可以反作用于经济基础，生产力和生产关系、经济基础和上层建筑之间有着作用和反作用的现实过程，并不是单线式的简单决定和被决定逻辑。我们提出全面深化改革的总体部署，是因为要解决我们面临的突出矛盾和问题，仅仅依靠单个领域、单个层次的改革难以奏效，必须加强顶层设计、整体谋划，增强各项改革的关联性、系统性、协同性。只有既解决好生产关系中不适应的问题，又解决好上层建筑中不适应的问题，这样才能产生综合效应。同时，只有紧紧围绕发展这个第一要务来部署各方面改革，以解放和发展社会生产力为改革提供强大牵引，才能更好推动生产关系与生产力、上层建筑与经济基础相适应。

最后，要遵循历史发展规律和依靠人民推进改革。学习和掌握历史唯物主义关于坚持尊重历史发展规律和发挥人民主体能动性相统一的方法，学习和掌握人民群众是历史创造者的观点，既要按照客观规律办事，鼓励地方、基层、群众大胆探索、先行先试，勇于推进理论和实践创新，不断深化对改革规律的认识；又要紧紧依靠人民推进改革，把实现好、维护好、发展好最广大人民根本利益作为推进改革的出发点和落脚点，让发展成果更多更公平惠及全体人民，唯有如此，改革才有意义，改革才有动力。

六、马克思主义哲学在当代依然具有强大生命力

在马克思、恩格斯那里，关于马克思主义哲学的本质与功能，有五个基本思想：一是关于哲学与世界的关系。马克思在《关于费尔巴哈的提纲》（第十一条）中指出："以往的哲学主要在于解释世界，问题在于改变世界。"这说的是，哲学既要解释世界，更要通过实践改变世界。二是关于哲学与时代的关系。马克思在《〈科隆日报〉第179号的社论》中指出："哲学不是世界之外的遐想；任何真正的哲学都是自己时代精神上的精华，哲学要从内容和形式两个方面同自己时代的现实世界接触并相互作用；问题是时代声音，是时代的口号，是它表现自己精神状态的最实际的呼声。"这就是说，哲学要关注时代和一个时代的问题，时代精神就体现在时代问题之中；哲学要以问题为中心抓住时代的本质，读懂时代这本书，哲学只有体现时代精神，反映时代问题，才能发出时代的声音。三是关于哲学与国家需要的关系。马克思、恩格斯指出，理论在一个国家的实践程度，取决于理论满足于这个国家的需要的程度；"一切划时代的体系的真正的内容都是由于产生这些体系的那个时期的需要而形成起来的。所有这些体系

都是以本国过去的整个发展为基础的”[1]。这是说，哲学理论产生于一个时期的需要，其功能也在于满足国家发展的需要。四是关于哲学与人民群众的关系。马克思认为，哲学家是“自己的人民的产物，人民的最美好、最珍贵、最隐蔽的精髓都汇集在哲学思想里”[2]；“理论一经掌握群众，也会变成物质力量。理论只要说服人，就能掌握群众；而理论只要彻底，就能说服人。所谓彻底，就是抓住事物的根本。但是，人的根本就是人本身”[3]。这说的是，哲学要关注人民群众的生存境遇与发展命运，要汇聚人民智慧，反映人民呼声，为大众立言，为大众提供精神食粮，丰富大众的精神世界；哲学要通过改变人而改变世界。五是关于哲学与实践的关系。马克思说：“哲学在理论上是实践的，哲学要与实践发生接触。”[4]这就是说，哲学在本性上要与实践发生接触，才会有生命力。总之，马克思要终结一切不与世界、时代、国家、人民、实践、现实问题接触的旧哲学。马克思主义哲学的本性是与世界、时代、国家、人民、实践、现实问题发生接触，其根本基石和本质特征是社会实践。马克思主义哲学既要正本清源，弄清马克思主义哲学的本来面目，也要从哲学上解释清楚我们所面临的世界，更要坚持研究“中国问题”的路线：研究我国改革开放和现代化建设的实际问题，以我们正在做的事情为中心，着眼于马克思主义哲学的运用，着眼于对实际问题的哲学思考，着眼于新的实践和新的发展。既要读好马克思主义哲学经典文本，也要读好时代精神、现实社会、实践生活、人民群众这些书。马克思主义哲学既要从具体走向抽象，透过具体现象把握本质和规律，也要从抽象走向具体，把哲学理念变成现实。只有这样的

[1] 《马克思恩格斯全集》第3卷，人民出版社1960年版，第544页。

[2] 《马克思恩格斯全集》第1卷，人民出版社1995年版，第219—220页。

[3] 《马克思恩格斯选集》第1卷，人民出版社1995年版，第9页。

[4] 《马克思恩格斯全集》第1卷，人民出版社1995年版，第75页。

哲学，才能焕发出强大的生命力。

当今我国的马克思主义哲学研究反映国家、时代、人民和实践的需要，取得了卓著的成绩，显示其生命力。这主要体现在，哲学界从“文本”“中国问题”“对话”“元哲学”四种路径积极推进马克思主义哲学创新和发展；出现了部门哲学（经济哲学、政治哲学、文化哲学、社会哲学、生态哲学、价值哲学、人学）；提出了许多具有创新性的哲学思想；马克思主义哲学研究不仅着眼于新的实践和新的发展，为中国特色社会主义的开创、发展与中国道路提供了学理支撑，而且体现了马克思主义哲学本性所要求的水平，能对我们从事的伟大事业和正在做的事情提供合理有效的解释，还体现了时代和实践发展所要求的水平，体现时代精神和时代特征，关注“中国问题”，关注我国改革开放和现代化建设的实际问题。

七、努力把马克思主义哲学作为看家本领

习近平总书记指出，我们党在中国这样一个有着13亿多人口的大国执政，面对十分复杂的国内外环境，肩负繁重的执政使命，如果缺乏理论思维的有力支撑，是难以战胜各种风险和困难的，也是难以不断前进的。党的各级领导干部特别是高级干部，要原原本本学习和研读经典著作，努力把马克思主义哲学作为自己的看家本领。

所谓看家本领，是指做好工作应具备的能力，就是人们要做好本职工作和履行职责应具备的基本素养和基本功，意在强调此项能力的基础地位和重要性。

学习马克思主义哲学的唯物论，可以帮助领导干部客观地认识事物。马克思主义哲学唯物论有两个基本观点，一是客观存在决定主观意识，二

是主观愿望必须符合客观实际。把这些观点转化为我们的思维方式，要求树立求实思维。这种思维体现在认识事物的出发点上，就是从客观实际出发，客观地看待事物，尽量不带个人主观偏好，力求认识事物的本来面目。任何一种客观事物都是在一定时间、空间和条件中存在的，要客观地把握这一事物的实际，就必须把握住这一客观事物存在的时间、空间和条件。所以，从客观实际出发，就是从时间、空间和条件出发，分析和看待任何事物，要具有时间意识、空间意识和条件意识，一切以时间、空间和条件为转移。把求实思维转化为我们解决问题的工作方法，要求把吃透“上情”与吃透“下情”结合起来。毛泽东同志指出，按照实际情况确定工作方针，是一切共产党员必须牢记的最基本的工作方法。其实，这种方法是一切工作方法的基石。领导干部的一项首要工作就是决策，而决策首先取决于对客观事物的认识。这叫作科学决策取决于对客观事物的正确判断。有的人对一些事情不敢拍板，往往是因为心里底气不足和底细不清，缺乏调查研究。

领导干部如何在工作中运用求实思维来达到对客观事物的正确认识呢？最主要的工作方法，就是把吃透“上情”和吃透“下情”结合起来：既要吃透“上情”，把握上级的一般号召，克服工作的盲目性，增强工作的方向性；又要吃透“下情”，从当地特殊实际出发，克服工作中的教条主义和形式主义，增强工作的针对性和实效性。我们既不能借口本地方的特殊而自行其是，也不能不顾特殊实际而生搬硬套。吃透“下情”的基本方法是调查研究。学习马克思主义世界观和方法论，对我们的调查研究提出了更高要求，就是把调查研究提高到科学化水平。其基本方法，除了社会学所讲的外，从哲学上讲，就是从时间、空间和条件出发进行调查研究。

学习马克思主义哲学的唯物辩证法，能帮助领导干部正确处理和驾驭各种复杂的矛盾关系。唯物辩证法的核心观点是：对立统一是唯物辩证法的实质与核心。这一核心观点具体体现在三个方面：一是任何事物都具有既对立又统一的两个基本方面，要全面地看待事物，就要看到事物既对立又统一的两个基本方面；二是要联系地看待事物，就是要深入认识事物之间、事物内部的内在本质联系即对立统一关系；三是要发展地看待事物，要认识到事物发展的内因来自事物内部的对立统一。全面、联系和发展地看待事物，要求树立辩证思维。辩证思维，就是要运用既对立又统一的矛盾眼光来看问题，在注重矛盾双方对立的时候不能忽视二者之间的统一，在注重矛盾双方统一的时候不能忽视二者之间的对立。辩证思维要求我们在工作中“照辩证法办事”。具体说，要掌握两种基本方法：

一是抓重点带一般，这是一切工作方法的核心。今天，我们的政府面临的任务、矛盾、问题和挑战都是前所未有的，今天的领导工作也千头万绪，错综复杂，各级领导干部都比较累。领导干部如何从繁杂的事务中“超脱”出来，减轻压力，进而掌握驾驭全局工作的主动权，提高工作效率？在哲学上，一是基本的方法就是集中精力抓住每一时期的主要矛盾或中心工作，即抓重点，抓住主要矛盾或中心工作，一切问题就容易迎刃而解。抓好重点的方法，就是要抓得准、抓得狠和跟得上。抓得准，就是要把所有矛盾加以比较鉴别，找出并准确抓住影响全局、事关成败的主要矛盾，再找出矛盾的主要方面；抓得狠，就是抓住主要矛盾扭住不放；跟得上，就是解决主要矛盾的政策、措施和方法要跟得上。

二是学会“两面性”看问题，注重矛盾双方的协同发展。过去，我们常常用矛盾一方排斥矛盾另一方，这是一种极端思维。在中国特色社会主义建设过程中，我们经常且必然面临一系列基本的“矛盾双方”，这些“矛盾”双方相互制约、相互影响、相辅相成。正确处理这些“矛盾双方”，事关中国特色社会主义建设事业的成败。党的十七大报告讲的“十个结合”就是我们党在处理这些基本的“矛盾双方”而逐渐积累起来的基本经验。今天，我们要学会“两面性”看问题，注重矛盾双方的相互制约、相互协调和协同发展。只有这样，才能实现全面、协调、可持续的发展。

学习马克思主义哲学的认识论，有利于领导干部认识事物的本质及其价值。马克思主义哲学认识论的核心观点是：实践是认识的基础，认识是在实践基础上主体对客体（对象）的能动反映；由感性认识到理性认识，再由理性认识回到实践，是认识过程的两大飞跃；追求真理和创造价值是人类活动的两大原则。这些观点要求我们树立实践思维。基本内容：一是注重实干。即强调言行一致，言必信，行必果。马克思说过，一步实际行动比一打纲领更重要。纲领很重要，纲领是目标、是方向。当纲领确定之后，实现纲领的每一步实际行动更重要。二是注重实效。在先天给定与后天作为的关系中，要弱化先天给定强化后天作为；在外在名分与内在实效的关系中，要相对注重内在实效。根据这一思维方式，需要掌握两种基本工作方法：其一，由琢磨人走向琢磨事，注重营造一个干事业、干成事业、干好事业的环境和氛围。认识是人对客观对象的认识，在哲学上，人所认识的客观对象主要有两种：（1）认识人，朝着注重“人脉”“人际”“关系”以及“权力”的方向努力；（2）认识客观事物，朝着认识事物的本质和规律以及由此形成的知识、科学、技术、能力的方向努力。认识的对象不同，文化发展的基本路径也就不同。相对而言，近代以来，西方文化也注重认识“人”，但更注重认识“客观事物的本质”；中国传统文化也注重认识“客观事物的本质”，但更注重认识“人”和“人脉”。主要表现是：在人生价值取向上，西方相对注重能力（也看重权力），强调知识就是力量，而我们中国相对注重权力（也强调能力），人们大都愿意做官；在认知方式上，西方相对注重事功（也讲人脉），而我们中国相对注重人脉（也强调事功）。结果，近代以来西方的科学技术与社会获得较快发展，而近代中国的科学技术和社会发展则相对缓慢。今天，在建设中国特色社会主义伟大事业中，领事的人，要给“能干事”的人以发展空间，给“会来事”的人以规则约束，给“爱挑事”的人以谈话诫勉，给“无所事事”的人以心理压力。其二，注重掌握把理论变成实践的具体方法，从五个方面提高实践操作能力。从感性认识提升出来的理性认识往往以理论的形式表现出来。这种以理论形式表现出来的理性认识还应回到实践、回到基层、回到群众中变成现实。这就是我们比较关心的“贯彻落实”或“执行力”问题。要有效地解决好“贯彻落实”问题，具体的操作方法就是：注重从“利益”“制度”“政策”“结合”和“问责”五个环节入手，来提高实践操作能力或执行力。

学习马克思主义哲学的历史唯物主义，有助于领导干部做好各项工作。

第一，确定正确的路线方针政策，需要自觉掌握历史唯物主义。领导干部的一个经常性工作，就是进行科学决策，制定正确的路线方针政策。为此，就必须自觉掌握辩证唯物主义的唯物论和实践认识论，掌握历史唯物主义的基本原理和方法论，尤其要运用其社会存在决定社会意识原理，客观地认识社会存在的本质，对社会存在有一个科学判断。习近平总书记指出，社会存在决定社会意识。我们党现阶段提出和实施的理论和路线方针政策，之所以正确，就是因为它们都是以我国现时代的社会存在为基础的。党的十八届三中全会对我国全面深化改革作出了总体部署，是从我国现在的社会存在出发的，即从我国现在的社会物质条件的总和出发的。领导干部进行科学决策，制定正确的路线方针政策，首先要对我国的基本国情、主要矛盾和国际地位给以准确定位。如前所述，当今，我国依然处在社会主义初级阶段这一基本国情没有变，我国依然是世界上最大的发展中国家这一国际地位没有变。这“两个没有变”，实质上意味着今天我国的社会生产力发展水平还不是很高。正是基于“两个没有变”，我们党要求在全面深化改革中，仍然坚持以经济建设为中心，坚持发展仍是解决我国所有问题的关键这个重大战略判断。领导干部进行科学决策，制定正确的路线方针政策，要对我国社会物质生活条件和社会基本矛盾状况有一个正确把握。习近平总书记指出，只有把生产力和生产关系的矛盾运动同经济基础和上层建筑的矛盾运动结合起来观察，把社会基本矛盾作为一个整体来观察，才能全面把握整个社会的基本面貌和发展方向。当今我国的社会物质生活条件和社会基本矛盾的状况是：社会生产力发展水平依然不高；生产关系在某些方面阻碍了生产力发展，上层建筑在某些方面阻碍了经济基础发展；这种阻碍已积累到一定程度。社会基本矛盾总是不断发展的，所以调整生产关系、完善上层建筑需要相应地不断进行下去。

由此，我们要紧紧围绕发展这个第一要务，来对全面深化改革作总体部署，以更好推动生产关系与生产力、上层建筑与经济基础相适应：今天我国的改革处在“攻坚期”“深水区”，要攻坚克难，以“敢啃硬骨头”的担当精神全面深化改革；要让一切劳动、知识、技术、管理和资本的活力竞相迸发，让一切创造社会财富的源泉充分涌流，进而推动我国社会生产力不断向前发展，推动实现物的不断丰富和人的全面发展的统一；要以经济体制改革为重点牵引生产关系与生产力发展要求相适应、上层建筑与经济基础发展相适应；要发挥市场在资源配置中的决定性作用和更好发挥政府作用，核心是处理政府与市场的关系；要根据社会主义市场经济体制的内在要求，进一步深化行政体制改革、转变政府职能和创新行政管理方式；改革开放只有进行时、没有完成时。领导干部进行科学决策，制定正确的路线方针政策，还要对我国社会发展状况有一个准确把握。在当今我国，社会发展动力和创新活力相对不足，社会和谐稳定因素也不是很够。这要求我们既要把促进公平正义、增进人民福祉作为全面深化改革的出发点和落脚点，也要进一步解放思想，解放和发展社会生产力，解放和增进社会创新活力。其实，不仅我们党现阶段的科学决策、实施的路线方针政策是以我国现时代的社会存在为基础的，而且邓小平理论、“三个代表”重要思想、科学发展观、习近平新时代中国特色社会主义思想，也是以我国现时代的社会存在为基础的。这样，学习马克思主义哲学，尤其是历史唯物主义，有利于我们党团结带领人民不断书写改革开放历史新篇章，有利于把对中国特色社会主义规律的认识提高到新水平，有利于开辟当代中国马克思主义发展新境界。

第二，确立正确的工作思路，需要自觉掌握历史唯物主义。做好工作是对领导干部的基本要求。要做好工作，就必须确立正确的工作思路。而要确立正确的工作思路，需要自觉掌握历史唯物主义，尤其是其社会基本矛盾分析方法，它能帮助领导干部正确处理各种复杂的矛盾关系。社会基本矛盾分析方法，是指根据生产力和生产关系、经济基础和上层建筑的矛盾运动规律，分析和说明一定历史条件下社会发展状况，并预见社会发展趋势的方法。这一方法首先要求把握社会基本矛盾状况及社会发展状况，而把握社会基本矛盾状况及社会发展状况，需要把握其中蕴含并体现出来的动力机制和平衡机制状况。社会基本矛盾之间适应或不适应，一般是通过社会发展的动力机制和平衡机制状况体现出来的。当社会基本矛盾之间相互适应时，就使社会既具有发展动力和创新活力，也能使社会保持平衡与和谐。当社会基本矛盾之间基本不适应时，就使社会既缺乏发展动力和创新活力，也会失去平衡与和谐。衡量社会基本矛盾对社会发展的影响状况，一般通过动力机制和平衡机制状况来把握。一切发展着的事物，都具有动力和平衡两个根本要素。飞机要飞起来，首先要有动力，否则飞不上天；它在飞行中必须保持平衡，否则会掉下去。一个社会能否健康有序发展，从根本上取决于是否具有良好的动力机制和平衡机制。动力机制，释放着社会发展的能量；平衡机制，保持着社会发展各部分之间的协调。正如李忠杰教授所指出的，动力机制与平衡机制，是一切社会运行的两种最根本机制，一切制度、体制、政策和措施都是这两种机制的具体体现。

实际上，无论是资本主义，还是社会主义及中国特色社会主义，其深层就是动力机制与平衡机制。从资本主义到社会主义再到中国特色社会主义的演进，从社会运行机制角度看，本质上都是围绕动力机制与平衡机制进行的。马克思所批判的资本主义社会，主要是动力机制有余而平衡机制不足。资本主义的新变化，就主要体现在寻求新的发展动力和注重社会平衡上。马克思、毛泽东所要建设的社会主义，相对注重社会主义的平衡机制。1957 年至 1977 年间，我们搞的社会主义一定程度上限制了动力机制的正常运行和发挥，结果导致社会发展动力和创新活力不足。邓小平同志带领我们党所开创的中国特色社会主义，首要是从解决动力机制入手的，如强调以经济建设为中心，解放和发展社会生产力，把发展看作硬道理。之后，由于我国社会出现一些不和谐因素，我们党又强调构建社会主义和谐社会，注重平衡机制建设。党的十八届三中全会强调全面深化改革，在指导思想和目的上强调公平正义和“三个解放”，主要就是解决发展动力、创新活力与社会和谐稳定问题的，这在实质上涉及的就是动力机制与平衡机制。实际上，中国特色社会主义能否有序运行且可持续发展，就要看这两种机制能否有效发挥作用且相互配合。由此，一个政党要确定治国理政的基本方略，领导干部要确定正确的工作思路，就要紧紧围绕这两种根本机制来考虑。我们党可以运用这两种机制来正确处理改革发展稳定的关系。改革发展稳定三者之间的关系，是当今我国的“总问题”或根本问题，是贯穿党的十八届三中全会精神的一条红线。我们实行“改革”是要解决许多问题，但从根本上主要是解决“发展”与“稳定”两个层面的问题。这两方面问题，与发展的动力机制和平衡机制有关，发展与动力机制有关，稳定与平衡机制有关。各级领导干部的工作千头万绪、错综复杂，但首要应紧紧围绕这两种根本机制来确定正确的工作思路，从事任何工作，首先要注重解决发展动力和活力问题，也注重解决和谐稳定问题。

第三，在进行具有许多新的历史特点的伟大斗争中战胜风险和困难且取得成功，需要自觉掌握历史唯物主义。分析问题、解决问题，在进行具有许多新的历史特点的伟大斗争中战胜风险和困难并获得成功避免失败，也是领导干部的一项基本功。要做到这一点，党的各级领导干部既要学习马克思主义哲学，以坚定理想信念和战略定力，提高战略思维能力、综合决策能力和驾驭全局能力，也要自觉掌握历史唯物主义，把握社会历史发展状况。尤其要掌握其遵循历史发展规律与发挥人民群众主体能动性相统一方法，或坚持符合历史发展规律客观要求与符合人民群众主体需求相统一方法。这一方法既要求看到人的活动是受客观规律制约的，应按历史发展规律办事，也要看到个人尤其是人民群众在活动中的主体能动性，要注重人民群众的主体地位和作用；在进行决策、确定目标和付诸实践时，既要符合社会历史发展规律的客观要求，又要符合人民群众的主体需求。遵循历史发展规律与发挥人民群众主体能动性在根本上是统一的，尊重历史发展规律客观要求与人民群众主体需求在根本上是一致的。领导干部越是遵循历史发展规律的客观要求，作出的决策、选择与确定的目标就会越科学，就越符合人民群众的主体需求和共同追求，人民群众就越能从中受益，进而就越能使工作获得成功。坚持遵循历史发展规律与发挥人民群众主体能动性的统一，既能使领导干部顺应历史发展趋势而发挥其积极能动作用，也能使领导干部积极依靠人民群众并自觉从中汲取积极力量，而这，正是迎接挑战、战胜风险和困难并避免在根本问题上出现颠覆性错误的重要法宝。当今各级领导干部要进行具有许多新的历史特点的伟大斗争。习近平总书记指出，我们正在进行具有许多新的历史特点的伟大斗争，面临的挑战和困难前所未有，必须弘扬主旋律，传播正能量，激发全社会团结奋进的强大力量。习近平总书记这一论断具有丰富内涵与重大意义，它要求各级领导干部思考和解决重大的历史性、方向性和战略性问题：当今中国处于什么历史方位？这一历史方位具有什么新特点？当今所进行的“伟大斗争”具有什么新形式和新特点？应承载怎样的历史使命？

当今我国站在一个新的历史起点上：世界力量在发生转移，自中国成为世界第二大经济体后，世界力量逐渐转向亚太，我国正由“大”走向“强”；由于实行赶超战略，我国在较短时间内走过发达国家在很长历史时期里走过的历程，同时也把发达国家近300年时间之不同阶段产生的问题以压缩形式集中到同一时空中来，使矛盾和问题在今天显得十分严峻；我国改革开放和现代化建设进程就是结构转型进程。党的十八届三中全会强调全面深化改革，调整政府与市场、社会的关系，这将使社会结构发生转型，结构转型必然带来利益格局重新调整；当前，出现了阶层分化、利益分化，以及社会阶层、利益群体之间的边界固化和利益固化；当今我国社会转型正处在关键的历史临界点上，既进入了“发展需求”期、民众诉求增强期，也进入了社会矛盾凸显和社会风险期；我们正处在决定命运的历史阶段，能否全面建成小康社会和实现中国梦，是关键决断阶段。

今天，我国发展起来以后，既是我们党执政以来取得巨大历史性成就的时期，也是难题最集中的时期。在这一新的历史起点上，我国具有新的历史特点：力量较量日趋激烈，和平与冲突交织，但冲突增加，抢占世界发展制高点的紧迫感在增强；变化迅速所导致的不确定因素会增加，机遇与挑战并存，但挑战严峻，集中突发的矛盾会增多；结构调整成为常态，传统与现代博弈，但阵痛增强，我们时刻面对严峻考验；社会复杂多元，成长与烦恼同在，但烦恼增多，从两难和烦恼中寻求成长成为不懈追求；民众参与和民怨增大并存，但民怨增大相对突出，公共安全成为突出问题；我们要集中资源和力量攻坚克难，这既有成功也有危机，成功与危机共存，但危机增大，我们遇到很多决定命运的根本性问题，这要求我们绝不能出现颠覆性错误；斗争形式多样，文化软实力竞争、网络上的斗争、反腐败斗争、利益格局调整引起的斗争和改革进程中出现的斗争等，会以隐蔽、迂回、渗透、征服、瓦解、侵蚀、抵触等方式出现。

概言之，以习近平同志为核心的党中央在中国这样一个有着13亿多人口的大国执政，面临的执政环境相当复杂，打的“铁”相当坚硬。在这种社会存在中，我们遇到了许多决定命运的根本问题，这就要求我们必须积极进行具有许多新的历史特点的伟大斗争，并在这种伟大斗争中避免出现颠覆性错误。要做到这一点，就必须既按照历史发展的客观规律办事，一张蓝图抓到底，抓好打基础利长远的工作，又要充分发挥人民群众的主体能动性。只有为了人民群众，我们进行的伟大斗争才有意义；只有依靠人民群众，我们进行的伟大斗争才有动力。在革命、建设、改革各个历史时期，我们党运用历史唯物主义，具体、历史地分析中国社会历史发展规律，在认识世界和改造世界过程中不断把握规律、积极运用规律，同时又充分发挥人民群众的主体能动性，推动党的事业取得了一个又一个胜利。历史和实践表明，只有坚持历史唯物主义，我们才能战胜各种风险和困难，才能避免在根本问题上出现颠覆性错误进而取得成功。习近平总书记指出，我们党执政面临着十分复杂的国内外环境，肩负着繁重的执政使命，如果缺乏理论思维的有力支撑，是难以战胜各种风险和困难的。

第一章

求实思维与从客观实际出发

—— 辩证唯物主义唯物论

马克思主义哲学的第一块内容，是辩证唯物主义唯物论。这一块内容，主要是帮助人们如何能“客观”而不是“主观”地认识事物，从而能作出正确判断和科学决策。

一、辩证唯物主义唯物论的基本内容

马克思主义哲学是在反对和批判机械唯物主义和唯心主义的过程中逐步形成的。其中，唯物论是批判唯心主义取得的最为重要的理论成果。辩证唯物主义唯物论是马克思主义哲学的基础和前提。它主要包括以下基本内容。

（一）世界的物质性

我们平常所讲的世界或哲学所涉及的世界是一个总称，指的是包罗万象的整体。中国古人把这个整体称为“往古来今谓之宙，四方上下谓之宇”。与此相似，佛学称过去、现在、未来为“世”，八方上下为“界”，合称世界。宇宙也好，世界也罢，指的就是存在于无限的时间和空间之中的一切事物的总和。那么，这种复杂多样、千变万化、无限广阔的世界有没有共同性或统一性？如果有，是什么呢？世界的本质是什么？世界统一于什么？这实际上是一个世界观的问题，是分析、解决一切问题的哲学基础和前提，是看待一切问题的出发点。用哲学的话语来讲，这是一个本体论问题。

1. 解答世界本质问题的两种路线

无论是西方哲学史，还是中国哲学史，都始终存在着对世界本质问题的不同看法。一般来看，有两种路线最典型、最流行：一是唯物主义路线；二是唯心主义路线。所有的唯物主义都主张万事万物所组成的世界是在人们的意识、精神和观念之外客观存在着，世界的统一性在于其物质性，世界的本质就是物质本性，这就是所谓的“物质本体论”。其典型的代表如西方哲学家培根主张世界是物质性的，提倡从世界本来面目出发认识自然、改造自然；如中国古代哲学家张载提出万事万物统一于“气”。气，在他那里是一种物质性实体，即表达世界统一于物质实体的思想。所有的唯心主义则主张万事万物所组成的世界的统一性在于其精神性，世界的本质是某种精神或观念实体，这就是所谓的“精神本体论”。其典型代表如西方哲学家贝克莱认为，“存在就是被感知”；中国古代哲学家陆象山认为，“宇宙便是吾心，吾心即是宇宙”，整个宇宙的本源就是“心”（精神、思想）。

2. 马克思主义哲学对世界本质的正确揭示

人类实践和科学史证明，只有唯物主义对世界本质的认识才是正确的、可靠的。马克思主义哲学之前的唯物论，在同唯心主义的斗争中，对什么是物质以及世界的物质本性问题进行了很多有益探讨，提供了许多宝贵的思想资源。但是，由于社会历史条件、阶级地位和科学发展水平的诸多限制，它们对世界的物质本质的认识，有着不同程度的局限性。

唯物主义对世界的物质本质或统一性的认识经历了一个从朴素到科学、从片面到比较全面的发展过程。这一过程大致分为三个阶段：古代朴素唯物论、近代机械唯物论、辩证唯物主义。古代朴素唯物主义认为，世界的本原是物质，世界最终统一于物质。但它所认为的物质，指的是某一种或某几种具体的物质形态或特定的物质对象。这些具体物质形态的变化形成了世界上的万事万物。古代朴素唯物论者认为，自然界中无限多样的事物中有共同基础，即共同的“始基”，“始基”是整个世界的起点和终点，它是可以变化的，万物由“始基”产生，万物经历不同发展阶段，如成熟、衰老、死亡，最终又归于“始基”。比如，古希腊的哲学家泰勒斯认为，水是万物的本原，万物始于水并终于水，水的发展变化构成了多彩多姿的世界。古希腊另一位哲学家阿那克西米尼认为，构成万物“始基”的是空气，世界上到处都充满着空气，空气具有无限变化的能力，不同的变化方式组成不同的事物。例如，当空气浓厚的时候，则形成风，然后形成云；当空气更浓厚的时候，便形成水、土和石头等等，其他东西都是从这些东西中产生出来的。我国的古代朴素唯物主义者认为，五行（金、木、水、火、土）是组成世界的原始物质。在古代朴素唯物论中，古希腊的原子唯物论和中国的元气说是古代朴素唯物论中的最高学说。古希腊原子唯物论的代表人物是德谟克利特。他认为，原子和“虚空”是一切事物的本质。原子是人们看不见、摸不着的微粒，这种微粒是不能再分的，这种原子在数量上无限多，性质是相同的，而形状大小不同，由于原子的形状大小和排序不同，才形成了世界上不同的事物，事物的死亡和变化是由原子的分离和重新组合导致的。“虚空”也是一种客观存在，但它的性质和原子不同，它非常松散，原子可以在松散的“虚空”中运动，原子相互碰撞，便结合在一起，形成世界上各种各样的事物。我国古代元气说的代表人物是东汉的王充、宋朝的张载以及明末清初的王夫之等人。王充认为，元气是万物的原始物质。张载也认为，世界由“气”构成，“凡象皆气也”。王夫之认为，自然界和人的实际内容是气，“天人之蕴，一气而已”。但不管怎样，古代朴素唯物论在说明世界的物质本质问题上，带有直观性和猜测性，不可避免地存在各种缺陷。[1]

随着社会的进步和科学的发展，唯物主义由古代朴素唯物论发展到近代机械唯物论。15 世纪以后，随着英法等国的资本主义的产生和发展，西方自然科学不断发展起来，人们对物质结构的认识也不断提升。科学家们先后发现了几十种化学元素，创立了原子论。同时，科学家们发现，在化学反应范围内，原子作为最小单位进行化合和分解，具有一定的质量，并按牛顿所揭示的力学规律运动。总之，原子具有永恒不变的根本属性，是物质结构的最深层次。自然科学关于物质结构的理论，反映到哲学上，就形成了近代机械唯物论的物质观。机械唯物论把物质概念归结为物质结构的原子层次，认为物质就是原子，世界上的一切事物都是由原子构成的；原子是不可再分的最小物质单位，世界统一于物质，即统一于原子。机械唯物论的弊端也是明显的。比如，它将原子理解成整个世界的最终的物质构成，是不可再分的。但随着自然科学的发展（起点是放射性元素的发现），人们认识到原子内部还有更小的电子、质子、中子等基本粒子，打破了长久以来原子不可分、不可入的观念。

辩证唯物主义在总结旧唯物论的经验教训和新的科学成果的基础上，深化了对世界本原的认识，认为不能把世界的本原归结为某一物质客体或某种物质结构，应归结为事物的共同本质。而作为反映本原的物质概念，能科学概括一切事物的普遍本质，揭示事物无限多样性的统一。马克思主

[1] 参阅李秀林、王于、李淮春主编：《辩证唯物主义和历史唯物主义原理》，中国人民大学出版社 2004 年版。

义经典作家创立了辩证唯物主义物质观，科学说明了世界的物质本性问题。恩格斯在谈到物质概念的时候，指出“物质”无非简称，它是对所有具体事物共同本质的正确反映，是从各种事物的总和中抽象出来的，是舍掉了一切事物的具体特性、具体结构、具体功能和具体差别的结果。物、物质无非各种物的总和，而这个概念就是从这一总和中抽象出来的。列宁在继承恩格斯思想的基础上，进一步指出了哲学的物质概念所反映的各种具体物质形态的“共同属性”，就是它们的“客观实在性”。列宁给物质下了一个科学定义：“物质是标志客观实在的哲学范畴，这种客观实在是人通过感觉感知的，它不依赖于我们的感觉而存在，为我们的感觉所复写、摄影、反映。”[1]这个定义坚持了辩证唯物主义物质观，科学地解答了世界的物质本性问题。它对物质世界的多样性作了最高的哲学概括，指出“客观实在性”是一切物质的共性，世界统一于物质，就是统一于“客观实在性”。无论什么物质都具有自己的具体形态、具体结构、具体属性，它们都有自己的特殊性和差异性。世界的统一性不在于物质的具体形态、具体结构、具体属性，也不能用具体的物质实体作为世界统一性的基础。整个物质世界共同的属性就是抽掉具体属性的“客观实在性”，这是物质的共性。这种共性是不变的、绝对的。不管物质的形态、结构和属性多么特殊、复杂和多变，它都永远保持着“客观实在”这一共性。客观实在性具有最大的普遍性和概括性，它不仅能概括自然物质，还能概括社会物质；在自然界，不仅能概括宏观的物质层次，也能够概括分子、原子、基本粒子等微观的物质层次。

至此，我们可以简要总结关于世界本质的认识问题。唯心主义认为世

[1] 《列宁选集》第2卷，人民出版社1995年版，第128页。

界的本质是精神，世界最终统一于精神；唯物主义认为世界的本质是物质，世界最终统一于物质。但不同的唯物主义流派对“物质本性”的认识程度又是不同的，古代朴素唯物论将它理解为具体形态的实体，机械唯物论将它理解为物质结构中的原子。只有马克思主义哲学才正确揭示出它的科学内涵——“客观实在性”。所谓世界的物质本性，指的是世界具有不以人们的意志为转移的客观性、规律性。

（二）意识对物质的依赖性

辩证唯物主义唯物论指出，意识是物质世界发展的最高产物，是客观世界在人脑中的主观映象，并对客观世界产生能动的反作用。坚持彻底的唯物主义原则，就是要认识到意识对物质世界的依赖性，认识到意识的最终目的是认识和改造客观物质世界。

1. 意识是物质的最高产物

意识的产生是一个漫长的发展过程。从一切事物之间的相互作用到低级生物的刺激感应性，是物质相互作用方式的重大发展，这可以看成意识产生的第一个环节。而在低级生物刺激感应性基础上发展出动物的感觉和心理，则是意识产生的第二个环节。从动物心理到人类意识，是意识产生的第三个环节，也是决定性的环节。自然界长期发展导致了刺激感应性、动物感觉和心理等产生，为人类意识的产生准备了条件。但仅仅是自然界的发展还产生不了人类意识，只有随着人类社会的不断发展才能产生人类意识。人的意识的产生是与生产劳动的发展密切相关的。劳动对意识的产生和发展具有决定性作用，它为意识的产生提供了客观需要和可能。人类意识或思维离不开语言，语言是思维得以可能的存在形式。总而言之，意识产生和发展的历史过程表明，意识是不可能独立于物质世界而存在的，它是在自然界和人类社会长期发展的基础上产生的，并随着人类社会的发展而不断发展。

2. 意识是对客观物质世界的主观反映

意识依赖于物质世界，不仅表现在意识的起源上，而且表现在意识的本质上。辩证唯物主义唯物论认为，意识是人脑的机能，是对客观物质世界的反映。近代以来的自然科学证明，意识是人脑的机能，人脑是意识的物质器官。就是说，离开了人脑这一物质载体，意识是不可能存在的。但是，人脑只是为意识提供了物质器官，还不能直接产生意识。意识本质的另一个更为重要的方面，就是对客观存在的反映。意识依赖于意识的对象，意识的内容来自意识之外的客观世界，意识的内容是客观的。意识不过是对客观物质世界的反映，客观世界是第一性的，意识的形式是主观的，它不过是第二性的。马克思曾说，意识在任何时候只能是被意识到了的存在。当然，意识的内容来自客观世界，并不意味着它只是对客观世界的简单再现。人类总是根据自身实践的需要，有目的、有意识地反映外部世界的，外部世界的信息总是经过人的头脑的加工而形成意识的。

3. 意识的能动作用是受到客观物质条件和规律制约的

辩证唯物主义超越旧唯物主义的地方在于，它承认意识对物质有能动的反作用。意识的能动性，指人类意识能够反映客观世界并通过指导实践能动地改造世界。但我们不可夸大这种能动作用，它是依赖于物质世界且受到客观物质条件和客观规律制约的。第一，意识的能动性的实现离不开社会实践，离不开一定的物质条件和物质手段。意识是一种精神的、观念的力量，它不能直接“改变”或“创造”世界。意识只有通过指导社会实践才能转化为改造世界的力量。而社会实践不仅必须有从事社会实践活动的人和可供实践改造的对象，而且必须有一定的物质条件和物质手段。第二，正确发挥意识的能动性必须尊重客观规律。尊重物质世界的客观规律是正确发挥意识的能动性的前提。规律是客观的，不以人的意志为转移。人们要想在认识世界和改造世界的过程中达到预期的目的和效果，就必须尊重客观规律，按客观规律办事。

（三）客观世界及其运动的规律性

整个物质世界都处在不断运动、变化之中。什么是运动呢？恩格斯说："运动，就它被理解为存在方式，被理解为物质的固有属性这一最一般的意义来说，囊括宇宙中发生的一切变化和过程，从单纯的位置变动起直到思维。"[1]运动是物质的存在方式和固有属性。物质世界的一切都在永不停息地运动变化着。物质世界为什么会不断运动呢？因为任何事物的内部和外部都处在相互联系、相互作用中。事物内部各个要素之间的相互作用以及事物与事物之间的相互作用，使事物不停地运动、发展、变化。人们的实践经验和大量的科学事实都证明了物质运动的永恒性。从宏观世界来看，地球围绕着太阳不停地进行着公转和自转，太阳也进行着公转和自转，太阳还带着太阳系里的其他行星、卫星、小行星以及彗星和流星等绕银河系中心旋转。已发现的类似于银河系的星系无一不处在剧烈运动中。从微观世界来看，每个物质内部分子都在不断运动着，组成分子的原子也在不断运动着。在原子内部，电子围绕着原子核运动。在原子核内部，质子和中子以及更小的粒子也处在不断运动中。从生物有机界来看，每一个生物个体都进行着新陈代谢的运动。人类社会也在不断变化着。

[1] 《马克思恩格斯选集》第4卷，人民出版社1995年版，第346页。

物质世界的运动不是无规律可循，而是有客观规律的。我们不应从主观出发把握物质世界的运动及其相互关系，而要充分意识到客观世界的规律，并努力把握它。

列宁说过，规律就是关系，并且是本质的关系或本质之间的关系。客观事物处在普遍联系之中，具有各个方面的联系，但并不是所有的联系都是规律，只有事物内部或事物与事物之间的本质的、必然的联系才是规律。首先，规律是事物本身所固有的联系。事物的这种联系不是人们从外部输入的，也不是拍着脑袋“构思”的，而是事物自身，或事物与事物之间的“天生”联系。其次，规律还是一种本质关系。那些偶然的联系、关系不能称之为规律。规律是一种必然联系，就是说事物这种联系是必然如此、不可避免的。作为一种本质的、必然的关系，规律不是偶然的“一次性”存在，而是多次出现，具有可重复性。

规律是客观事物间的本质的必然联系。客观事物本身是不以人的意志为转移的客观存在。因此，作为客观事物本质的必然联系的规律也是不以人的意志为转移而存在着。可见，任何规律都具有客观性。这种客观性不管人们认识与否、承认与否，它都同样存在。规律的客观性不仅存在于自然规律中，而且也存在于社会规律中。对于自然规律的客观性，大家比较容易理解，但对社会规律的客观性，有些人难以理解。虽然社会规律需要有人的有意识、有目的的活动参与才能表现出来并发挥作用，但整个人类社会的历史发展是受内在的一般规律支配的，比如，人类社会形态的产生、发展和转化都是由于生产力与生产关系、经济基础与上层建筑的矛盾运动引起的。

世界上的事物和现象是多种多样的，它们之间的联系也是变化不断、异常复杂的。但规律是事物众多联系中本质的、必然的联系，它是事物现象中长久保持着的东西。所以，规律具有稳定性。

规律不以人的意志为转移，具有客观性，人们并不能制造或臆造规律，但是人们却能认识规律、利用规律。规律不仅是客观的，而且也是可以被认识的。规律是客观事物内在的本质联系，它无法直接被给予，但它可以通过大量的重复现象和因果现象表现出来。人们在实践过程中，可以通过认识事物的现象，并运用抽象的思维能力去把握事物的本质，即认识事物的运动规律。坚持规律的可知性，就是要反对唯心主义宿命论。唯心主义宿命论否认人们能够认识规律，主张规律（“命运”）主宰一切，人们必须听任命运的摆布。这对人们认识世界、改造世界极为有害。

二、辩证唯物主义唯物论的核心观点

辩证唯物主义唯物论的内容比较多，我们在前面已概述了其基本内容。邓小平同志说，学马列要精，要管用的。根据这个精神，我们学习辩证唯物主义唯物论，应抓住其核心观点。

辩证唯物主义唯物论的核心观点有两个。第一个核心观点叫作客观存在决定主观意识。这里的客观存在主要指的是生活环境、生活关系、生活方式等。这里的主观意识主要指的是思想、观念、精神状态等。第二个核心观点叫作主观愿望必须符合客观实际。这里的主观愿望主要指的是人的主观意图、观念设想、目标规划等。这里的客观实际主要指的是客观存在、客观环境、物质条件、客观规律等。

（一）客观存在决定主观意识

客观存在决定主观意识，有三个要点。

第一，人们的思想、观念不是“凭空产生”的，而是来源于社会实践和人们的客观生活。辩证唯物主义唯物论坚持物质决定意识的唯物主义原则，坚持唯物主义的反映论，认为人们的观念、主观意识、思想等都是来源于客观存在。简单地说，整个世界包括物质现象和精神现象。但是，世界的本原是物质，世界统一于物质。就是说，虽然精神现象（人们的观念、思想等）与物质现象有很大不同，但它们最终来源于物质世界，物质世界是精神现象得以产生的基础，是精神的来源。也许有的人说，不对啊，我们很多观念、知识来自书本，甚至有些观念、知识纯粹来自自己的主观思考。其实，书本上的理论、知识、观念也不是“凭空产生”的，而是前人社会实践的总结，最终来源于包括人们实践在内的客观存在。我们通过纯粹主观思考而获得的知识，也不是“凭空产生”的，一方面它依赖于我们的大脑，另一方面它的根源是我们对现实世界的反映。没有对客观世界的观察分析、社会生活的感悟，即便我们冥思苦想，也形成不了有效的知识、思想。

第二，不同的生活环境、社会条件，使人们的思想观念、价值认知也不相同。主观意识来源于客观存在。这表明，有不同的客观存在就有不同的主观意识。一般来讲，有什么样的客观存在，往往就会有什么样的主观意识。生活环境是什么样的，人们的主观意识就往往是什么样的。比如说，东北人、南方人、西部人、中原人，他们的思想、观念、精神状态是有差异的，而他们之间的差异与他们所处的不同的生活环境、生活方式息息相关。比如说，赵本山的二人转和小品在东北很有市场，在北京也很有市场，但在广东、上海的市场就没有那么大了。周立波的海派清口在上海有一定市场，但在东北就没有赵本山的二人转和小品的市场那么大。为什么会这样？这就反映了客观存在决定主观意识、不同的客观存在意味着具有不同的主观意识的道理。人们的主观意识不一样，对同一个作品的评价就不一样，而主观意识不一样，与他们的客观存在不一样息息相关。这叫作一方水土养一方人。同一个国家之不同地区的人们的思想、观念、精神状态的差异就如此之大，更不用说不同国家的人们了！如英国人的绅士风度、德国人的严谨、法国人的浪漫、美国人的开朗、中国人的矜持等等。在这些国家，人们的思想、观念和精神状态的差异，是由他们不同的生活环境、生活方式等客观存在决定的。

第三，人们的思想观念、价值判断会随着生活环境、社会条件的变化而变化。运动是客观世界的基本属性，我们所生活的自然条件、社会环境以及制度、文化背景是不断变化发展的。客观存在的变化发展决定了人们的思想、观念、意识、精神状态也是变化发展的。就个人而言，随着工作、生活和人际环境的变化，其思想观念也或多或少、或快或慢地随之改变。就社会而言，随着社会实践的深化、经济社会的不断发展，人们的主流价值观、主导思想观念、精神状态也会发生明显或细微的变化。比如，我们过去搞计划经济，这使得当时的人们具有单位意识、计划意识和依附观念等；随着我国由计划经济转向社会主义市场经济，即客观存在发生了变化，也会使人们的主观意识发生很大改变，即许多人具有了独立意识、自主意识、自我意识、交换意识、竞争意识和法治意识等。

（二）主观愿望必须符合客观实际

这一核心观点，也是由物质与意识，特别是客观规律与人的主观能动性之间的辩证关系所决定的。人是有意识、能思考的动物。人之所以高明，就在于他有意识、有思维、有意图，并且可以通过他的意识、思维、意图去认识世界、改造世界，从而满足自己的需要，促进社会与人的发展。但人们要实现自己的愿望和主观意图，就必须符合客观实际特别是客观规律。我们平常讲的许多成语就说明了这个道理。比如，量体裁衣、对症下药、因地制宜、因材施教等。我们还可以通过“讲座”的例子来说明主观愿望必须符合客观实际。现在党中央提出要建设学习型政党。我们各级党组织也积极贯彻中央精神，加强中心组的理论学习。其中，一个途径就是请相关领域的专家学者给党员和领导干部做报告、开讲座。专家学者坐在台上给领导干部讲课有一个主观愿望，就是希望他们讲的东西，能使领导干部爱听、听得进去、受启发。但他们这个主观愿望能不能真正实现，关键还在于他们所讲的内容和方式对领导干部是否有针对性，是否深入浅出，是否切合领导干部的客观实际。如果有针对性，深入浅出，切合领导干部的客观实际，他们的主观愿望就容易实现。否则，他们的主观愿望就很难实现，这就叫作主观愿望必须符合客观实际。

可是，一旦我们的主观愿望与客观实际相脱节甚至相冲突，不但难以实现自己的美好愿望、主观意图，而且在很多情况下，往往会事与愿违，甚至带来灾难性后果。就是说，好的愿望带来恶的结果，即“好心办坏事”“好心没好报”。搞农业耕作，只想多施肥，不考虑自然规律，肯定丰收不了；搞企业生产，只想多多益善，不考虑市场需求，不按经济规律办事，企业肯定会破产。“拔苗助长”，就形象地反映了这一类现象。有些领导干部在工作中或多或少有“拔苗助长”的行为。一些领导干部的出发点是好的，急于发展经济，提高老百姓的生活水平，但有些主观愿望、目标计划严重脱离客观实际，没有做到主观与客观的具体统一，这就不可能收到有益的效果。

把握主观愿望必须符合客观实际，也就是践行“两句话”：立足已有条件做事，不做好高骛远之事；按客观规律办事，不做“愿与事违”之事。

三、求实思维

前面，我们谈到了辩证唯物主义唯物论的两个核心观点，即客观存在决定主观意识，主观愿望必须符合客观实际。我们要善于学习并运用这两个核心观点，把它们转化为领导干部分析问题和解决问题的思维方式。所谓思维方式，就是指人们在一定的观念、一定的客观条件下看待问题、分析问题和解决问题的相对稳定的方法、程序的模式，即定型化的思考问题的方法和程序。根据辩证唯物主义唯物论的基本原则，把这两个核心观点转换为人们的思维方式，就是要树立“求实思维”。求实思维的根本要义，就是要从客观实际出发。

（一）求实思维的基本内涵和要求

为什么要树立求实思维、从客观实际出发呢？它的理论依据和实践依据是什么呢？

第一，辩证唯物主义关于物质和意识的辩证关系的基本原则，是一切从客观实际出发的理论依据。哲学基本问题是物质与意识、存在与思维的关系问题。辩证唯物主义不仅坚持物质决定意识的彻底唯物主义立场，而且还坚持意识对物质的能动反作用的辩证观点。物质决定意识、存在决定思维是我们一切从客观实际出发、实事求是的理论依据。我们知道，意识对物质具有能动的反作用，但我们也要清晰地认识到，只有正确的意识或思想才能促进客观事物的发展，错误的意识或思想只能阻碍客观事物的发展。我们要形成正确的意识或思想，必须坚持从客观实际出发。另外，物质与意识的辩证关系还体现在客观规律性与主观能动性的辩证关系上。客观规律具有客观性和普遍性，它要求我们必须尊重客观规律，按客观规律办事，否则就会受到客观规律的惩罚。人的主观能动性作用的发挥必须以尊重、认识和利用客观规律为前提，而不能做违反客观规律的事。“人有多大胆，地有多大产”“不怕做不到，就怕想不到”等说法，是违反客观规律的。

第二，一切从客观实际出发是我们做好各项工作的基本要求。我们开展并做好各项工作，必须从客观实际出发，只有这样，才能取得实效。不从客观实际出发，仅仅依靠本本甚至以往经验，是解决不了实际问题的，也是做不好实际工作的。

第三，一切从客观实际出发是我们党和国家制定正确的路线方针政策的前提。凡是我们党和国家的路线方针政策属于正确的时期，都是我们党坚持从客观实际出发、坚持实事求是的时期。反之，在某些历史时期，我们党未能制定出正确的路线方针政策，大都是没有坚持从客观实际出发、实事求是的思想路线。

第四，一切从客观实际出发是人们正确认识世界和改造世界的根本立足点。辩证唯物主义世界观和方法论告诉我们，认识世界和改造世界的前提和根本立足点，是反映和体现事物的本来面目，揭示现实世界的本质规律。

由上可见，树立求实思维方式、坚持从客观实际出发有着充分的理论和实践依据。求实思维方式是人们获得正确思想、开展正确行动的基础。正如毛泽东同志所说，一切根据和符合于客观事实的思想是正确的思想，一切根据正确思想的做法或行动是正确的行动。党的八大提出的发展社会主义生产力，党的十一届三中全会以后实现工作重点的转移等，都是运用求实思维的结果。

求实思维主要体现在认识事物的出发点上，那就是要求我们从事物自身的客观实际出发。对客观事物的认识，从哲学角度讲，基本上有两种出发点：一是从主观出发，主观地看待事物。这是一种主观主义思维方式。主观主义思维方式在人们的工作和生活中有很深的影响，它主要体现在两个方面：（1）脱离客观实际，满足于从书本公式、抽象理论出发去了解客观事物；（2）单凭主观想象、带有个人的先入之见，即戴着有色眼镜看事物。毛泽东同志在《反对本本主义》《改造我们的学习》等著作中，集中揭示了主观主义的实质，揭露主观主义给我们党带来的严重危害。比如，毛泽东同志在《改造我们的学习》一文中，批评了我们党内有些同志的主观主义的思维方式和工作方法。他说：“许多人是做研究工作的，但是他们对于研究今天的中国和昨天的中国一概无兴趣，只把兴趣放在脱离实际的空洞的‘理论’研究上。许多人是做实际工作的，他们也不注意客观情况的研究，往往单凭热情，把感想当政策。这两种人都凭主观，忽视客观实际事物的存在。”[1] 毛泽东同志批评了当时党内有些同志在分析和研究中国革命问题的时候，不是从中国客观实际出发，努力了解中国的历史和现状，而是从“本本”出发，完全忽视中国具体国情和实际情况，用“本本”来代替对中国实际问题的研究。毛泽东同志批评的主观主义思维方式在当今中国仍然存在，甚至还有蔓延趋势。比如，有些专家学者总是直接拿着西方的“本本”理论来看待中国革命、建设和改革过程中出现的问题；有些人幻想从马克思主义经典作家那里拿到“一劳永逸”的社会主义方案，用于我国的社会主义现代化建设；有些地区的经济社会发展规划完全照搬外国模式和理论，完全不顾本地区的客观实际。诸如此类的现象比比皆是。主观主义在现实工作和生活中，还体现为单凭主观想象、戴有色眼镜看待人和事。比如，选人是领导干部的一项重要工作，但有些领导在考察干部的时候，总是有先入之见，用自己的主观意志、主观想象和过去的经验代替对人的具体考察，用自己的主观好恶代替对人的客观评价。有些人总是带着自己的感情色彩和主观情绪看待周围的事物和环境。如在悲观主义者那里，世界似乎都是灰暗的，而在乐观主义者那里，世界似乎都是阳光灿烂的。自己心情好的时候，认为事物或人一切都好；心情不好的时候，认为事物或人一无是处。

二是从客观实际所存在的时间、空间和条件出发，客观地看待事物，力求认识事物自身的本来面目。毛泽东同志在《改造我们的学习》中，提出了与主观主义针锋相对的学习态度：马克思列宁主义。毛泽东同志所提倡的马克思列宁主义态度，就是在认识事物的出发点上，要求我们从客观实际出发，实事求是。对客观事物的认识与把握，不能凭主观想象，不能

[1] 《毛泽东选集》第3卷，人民出版社1991年版，第799—800页。

凭一时热情，不能凭死的书本，而是要从客观存在的事实出发，详细地占有客观对象的“材料”。从客观实际出发，就是认识和对待客观事物要实事求是。毛泽东同志具体解释了实事求是的含义：“‘实事’就是客观存在着的一切事物，‘是’就是客观事物的内部联系，即规律性，‘求’就是我们去研究。”[1]由此，我们要树立求实思维和实事求是态度，从客观存在着的实际事物出发，从中引出规律，并作为我们行动的向导。邓小平同志继承和发展了毛泽东同志的求实思维方式和实事求是的方法。邓小平同志回忆道，毛泽东同志在延安为中央党校题了“实事求是”四个大字。邓小平同志认为，毛泽东思想的精髓就是这四个字。邓小平同志对实事求是思想方法的运用，首先体现在对毛泽东同志和毛泽东思想的评价上。邓小平同志主张实事求是地评价毛泽东同志的功与过，完整准确地理解毛泽东思想。在他看来，无论是搞个人崇拜的“两个凡是”，还是带着个人情绪和主观色彩的“全盘否定”，都不是实事求是的做法，都是主观主义的思维方式。在中国社会主义现代化建设问题上，邓小平同志也主张从客观实际出发，实事求是地探寻适合中国的社会主义现代化发展道路。邓小平同志提出走自己的路，建设有中国特色的社会主义，实际上就是反对主观主义的教条主义做法（照搬“苏联模式”）。邓小平同志说道：“只有解放思想，坚持实事求是，一切从实际出发，理论联系实际，我们的社会主义现代化建设才能顺利进行。”[2]他继续说道：“实事求是，是无产阶级世界观的基础，是马克思主义的思想基础。过去我们搞革命所取得的一切胜利，是靠实事求是；现在我们要实现四个现代

[1]　《毛泽东选集》第3卷，人民出版社1991年版，第801页。
[2]　《邓小平文选》第2卷，人民出版社1994年版，第143页。

化，同样要靠实事求是。”[1]那么，如何坚持一切从客观实际出发呢？

第一，从客观实际出发，就是从发展变化着的客观世界出发。辩证唯物主义认为，整个世界是不断运动发展的，这决定了我们从客观实际出发，就是要从发展变化着的客观世界出发。这里，我们不能完全用从过去的实际中积累的经验来看待当前的、新的客观实际。比如，以毛泽东同志为核心的党的第一代中央领导集体从当时中国实际出发，探索出一条正确的中国革命道路。随着世情和国情的变化发展，中国的具体实际在很大程度上不同于以往，因此，我们不能把以往的革命经验当作认识当前中国国情和中国实际的出发点。再比如，党的十一届三中全会以来，面对我们党还缺乏社会主义现代化建设的经验以及我国经济发展刚刚起步等实际情况，我们提出以“摸着石头过河”方式来推进改革开放。随着改革开放的进行，我国的经济社会实践发生了巨大变化，改革开放出现了新情况、新问题，这要求我们不能再从以往改革开放的实际出发，而应从当下的改革开放出现的新情况、新问题等变化发展了的客观实际出发，在此基础上推进改革开放。变化发展了的实践决定了我们的改革方法由原先的“摸着石头过河”发展到坚持“摸着石头过河”与“顶层设计”的有机统一。

第二，从客观实际出发，就是从特定的客观条件出发。就制定国家大政方针而言，我们要从特定的社会历史条件出发。新中国成立以后，我们在社会主义现代化探索过程中之所以出现一些严重失误，就在于脱离了我国特定的社会历史条件。在社会主义现代化建设上，我们曾主观地照搬马克思主义经典作家关于社会主义和共产主义社会的设想，而不顾我国的具体实际。马克思主义经典作家关于社会主义和共产主义的设想，基本是以

[1] 《邓小平文选》第2卷，人民出版社1994年版，第143页。

西方资本主义的充分发展为具体语境的，社会主义和共产主义是建立在生产力高度发展的社会基础上的。而新中国却脱胎于半殖民地半封建社会，生产力水平低下，“一穷二白”。要在中国这样一个底子薄、人口多的东方大国回答“建设什么样的社会主义、怎样建设社会主义”这一根本问题，其前提就是从中国特定的社会历史条件出发。只有正确认识中国特定的社会历史条件，才能正确制定社会主义现代化建设的科学方案，才能推进我国社会主义现代化建设。就个人的学习、工作和生活而言，我们也要从特定的个人条件和社会环境出发。现在有些学校搞“奥数”，很多学生一窝蜂似地参加，但并不是所有学生的学习能力和兴趣都与之相符合。有些学生并没有从自身的学习情况和学习能力来考虑自己是否适合学“奥数”。在择业问题上，很多人不是根据自己的知识储备和个人情况来规划自己的职业，而是想当然地根据自己的所谓“理想”“好的职业标准”来择业，从而出现了许多“高不成低不就”的现象。在工作领导上，有的领导干部为了创造“政绩”，不顾现有的财力、物力状况和客观需要，盲目铺摊子、上项目，搞华而不实的“政绩工程”，结果劳民伤财，给当地经济社会发展造成重大损失。中国共产党人是“条件论者”，说什么话、做什么事，都应当从客观条件出发。

第三，从客观实际出发，要求我们按照客观世界的本来面目认识世界，而不附加任何外部的主观成分。从客观实际出发，要求我们尽可能地摒弃主观成分甚至主观偏见，按照客观事物的本来面目来认识和评价它。西方国家总有一些人带着主观偏见来看待中国，他们从不观察和分析中国的经济社会发展和人民群众的生活状况，而是根据他们头脑中根深蒂固的“偏见”，采用所谓的“价值标准”对中国的经济和社会发展横加指责，完全违背了辩证唯物主义唯物论的基本原则。在中国，用附加外在主观成分或偏见的方式去认识和评价人和事的现象也比较普遍。比如，现在有些政府部门按照干部年轻化原则，按照有关程序选拔了很多优秀的年轻干部。但现在不少网民一看到破格选拔年轻干部，不分青红皂白、不搞任何调查研究，就一味指责，认为该干部肯定有“后台”“关系”。这实际上是先入之见地看待问题，没有做到从客观实际出发，没有做到调查研究之后再“发言”。有些领导干部在考察人才的时候，也掺杂主观成分，先入之见地看待人、看待问题。比如，有些领导干部不是去考察你的知识水平和实际工作能力，而是根据你毕业的学校的“好坏”来评价其水平高低，往往认为毕业于“双一流”高校的学生的能力大大强过毕业于普通高校的。这实际上是以主观偏见代替了对客观对象的观察或调查。

第四，从客观实际出发，就是从客观事物存在和发展的规律出发，在实践中按照客观规律办事。前文所述，客观规律是事物运动所固有的本质联系和必然趋势。规律是客观的，它不以人的意志为转移。不管人们是否认识到，承认不承认，它都是客观存在的，并以一定的方式起作用。因此，我们只能通过学习和实践去探索和领悟客观规律，按客观规律办事。这就要求我们坚持实事求是的唯物论的科学态度。按客观规律办事，是求实思维的重要要求。唯心主义者和主观主义者就是从自己主观愿望、主观偏好出发，忽视或违背客观事物存在和发展的规律，不按照客观规律办事，最终结果必然是事与愿违甚至产生极为严重的后果。历史上有人甚至著名的科学家希望设计一种机器，它不消耗任何能量，却能源源不断地对外做功。这种机器被称为永动机。历史上，人们提出了很多永动机制作方案，但都没有成功。永动机的制作之所以没能成功，原因就在于人们忽视了客观规律即能量守恒规律：只能使能量从一种形式转化为另一种形式，而不能无中生有地制造能量。制造永动机的失败教训就在于，它脱离客观实际，忽视客观规律，只从人们美好的愿望出发进行所谓的“科学”研究。过去我们搞“大跃进”等，也是忽视和违背客观的经济规律，没有做到从客观经济规律出发。在现代社会，仍然有很多人和单位没有树立求实思维，没有从客观规律这一实际出发。比如，有些地方政府不尊重市场经济规律，运用过多的行政手段干预微观经济活动，而不是在市场经济规律基础上更好发挥政府职能。党的十八届三中全会提出的“使市场在资源配置中起决定性作用”，实际上，就是尊重市场经济规律的体现。更好地发挥政府作用的前提，就是要按照包括经济规律在内的一切社会规律办事。但不可否认的是，有些领导干部“拍脑袋”做决策、做经济发展规划。这样的例子并不鲜见。其实，古人就意识到，做什么事都要从客观规律出发，认为违背客观规律会带来事与愿违的后果。庄子在《至乐篇》中讲了一段寓言：鲁国国君遇到一只海鸟，他认为是神鸟，所以每天给它听最好的音乐，给它吃最好的肉，给它喝最好的酒，用最高的礼仪供奉海鸟。结果，这只鸟目光迷离，神色忧郁，不吃一口肉，不喝一口酒，就这样郁郁寡欢，三天就死了。庄子总结了原因：“此以己养养鸟也，非以鸟养养鸟也。”意思是说，国王只是按照养自己（人）的方式去养鸟，而不是根据鸟的天性、习惯和鸟的生长规律去养鸟。从唯物论来看，这个国君的失误，就在于没有从鸟的实际出发，没有按照鸟的习性和生长规律来养鸟。

第五，从客观实际出发，就是要从事物所存在的时间、空间、条件出发。任何一种事物都是在特定的时间、空间和条件中存在的，时间、空间和条件是任何事物的存在方式。要客观地把握事物的实际，就必须从这一事物所存在的时间、空间和条件出发，一切以时间、空间和条件为转移，或者说认识任何事物，都应具有时间观念、空间观念和条件观念。

总而言之，我们不管做什么事，都要从客观实际出发，从客观规律出发，按客观规律办事：搞经济工作，要从客观经济规律入手，不能违背商品经济和市场经济规律，单凭蛮干和热情的“多快好省”的方式不可取；搞文化工作，要从文化艺术特点和发展规律入手，尊重文化工作者的自我创作和文化发展规律，不能用强制手段进行干涉；搞教育工作，要从人才成长规律和教育规律入手，不能单凭“恨铁不成钢”的心态“拔苗助长”式地开展工作。

（二）牢固树立求实思维

我们在日常的工作和生活中，或多或少地受到错误思维的影响，这阻碍了我们对客观事物的认识和判断。我们要真正做到一切从客观实际出发，以求实思维方式看待人和事，必须警惕三种错误的思维倾向。

一是不唯实、只唯书的思维倾向。上级政策也好，书本理论也好，都有正确的一面要坚持。上级政策、书本理论往往反映的是一般性的东西，具有普遍性的特点。但是，一般性的东西、共性的东西会与某些地区、具体地方的个性有一定差别。在这种情况下，我们应采取什么态度呢？当上级政策、书本理论符合我们这个地方的特殊情况和具体实际的时候，我们应该坚持这种理论，贯彻这种政策。当书本理论、上级政策与地方的特殊实际存在某些不符合的时候，我们的态度是，既要立足于客观实际来丰富、发展书本理论，完善上级政策，也要根据正确的理论和政策引导实践的发展。这里就贯穿了不唯上、不唯书、只唯实的求实思维。当然，我们在思想上政治上行动上要与党中央保持高度一致。

当年，王明就是采取唯书唯上思维来看待中国革命问题的。王明对书本理论懂得比较多，他书房里的书就堆成山，你说哪一个观点在哪本书里，在哪几行，他倒背如流。王明在演讲过程中，总是引经据典，对于经典，他信手拈来，经常大段大段地背诵，口若悬河，滔滔不绝。应该说，他读的书不比毛泽东同志少。但王明只看重书本理论和书本公式，他唯书不唯实。他从书本理论出发来看待中国革命问题，所以他提出要走“城市武装暴动”的革命道路。他还唯上，总是拿着共产国际指示指手画脚，自认为是共产国际的代言人、“钦差大臣”。毛泽东同志也注重读书，注重书本和理论，但他更强调要从中国革命的客观实际出发。从中国革命实际出发，毛泽东同志提出了“农村包围城市”的革命道路。“城市武装暴动”使革命屡屡受挫，“农村包围城市”使革命转危为安、走向成功。

由此我们认为，当书本理论、政策与正确实践发生矛盾的时候，我们的出发点、立足点应该立足实践，从客观实际出发。我们经常讲从客观实际出发，那么，怎样理解从客观实际出发？马克思主义哲学告诉我们，一定要把握这一“客观实际”所存在的时间、空间和条件。任何客观事物都是在一定的时间、空间和条件下存在和发展的，时间、空间和条件不同，事物的存在方式和存在状态就不同。所以从客观实际出发，就是要从这一事物所存在的时间、空间和所面临的条件出发。只有这样，才能客观地把握这一事物。李瑞环同志一直坚持学哲学、用哲学，坚持用包括求实思维在内的哲学思维方式指导工作。2010 年出版的《务实求理》这本著作，集中反映了他注重从客观实际出发、注重务实的思想方法和工作方法。我们从他的大量讲话中，从他在天津指导改革开放的实践中，从他在中央工作期间的繁重的重要活动中，都可以清晰地看到，他的最大特点就是从客观实际出发。从李瑞环同志身上看不到只唯上、只唯书的影子，所看到的，就是他十分注重把马克思主义一般原理与中国社会主义具体实践相结合，把国家的一般政策与地区的具体实际相结合。

二是“感情用事”的思维倾向。即把个人的感觉兴趣、主观意志、情感偏好作为看待事物的尺度的思维倾向。人们在现实生活中比较容易“感情用事”，在观察和评价人和事的时候，往往用“感性”代替“理性”，用“情感”代替“认知”。辩证唯物主义告诉我们，客观事物是存在于我们的意识之外，不以人的意志为转移的。这要求我们在发挥主观能动性并认识事物的过程中，要力戒以个人的感觉兴趣、主观意志、情感偏好为绝对尺度来看待事物，而是要借助于理性分析，揭示事物的客观本质。如果把个人的感觉兴趣、主观意志、情感偏好绝对化，缺乏理性分析，就容易走向对事物的主观认识，而不是客观的认识，因而就看不到事物的本来面貌。所以，我们一定要避免先入为主，真正认识到个人的感觉兴趣、主观偏好所具有的局限性，然后把我们的感性认识上升到理性认识。在我们的工作和生活中，带着个人的情感偏好、主观好恶来看待人、看待对象、看待事物，往往是不可避免的。我们要正确认识事物，作为认识主体，就应该清醒地认识到，个人的主观偏好、情感是具有局限性的，是一种先入之见，应该尽量避免这样做，尽量去通过不断的由感性认识上升到理性认识，不断地比较，不断地反复，不断地总结，来检查自己的认识是否符合客观实际。主观主义有一种表现形式，就是经验主义。经验主义者也宣称从客观实际出发，也主张从事物“本来面目”出发，但他们只是抓住事物的片面和表面的东西，形成了片面和表面的甚至是错误的感觉认识。这时候就需要理性比较、理性分析和理性认识，从而完整地反映整个事物，反映事物的本质，反映事物的内在规律性。只有把握了事物的“本质”，我们才能说真正做到了从客观实际出发。所以说，一切从客观实际出发中的“客观实际”，不是人们感觉兴趣、主观意志和情感偏好的“选择”所“构成”的实际，而是反映事物的本来面目特别是本质内容的实际。

三是完全带着个人利益和局部利益看问题的思维倾向。马克思在 1846 年讲了一个观点：人总是从自己的利益出发来看待问题的。这就是说，从利益甚至个人利益出发来看问题是不可避免的。在现实生活中，我们每个人或多或少总是根据自己的利益来看问题、来认识和评价对象。比如看待一个人，当这个人的所作所为与我的利益是根本一致的时候，这个人跟我的关系相当好的时候，我就很容易把他的优点放大，而对他的缺点可能视而不见；而当他与我有利益冲突且有矛盾时，那么，就很容易把他的缺点放大，而对他的优点视而不见。从个人利益出发看待一个人，就很难达到对这个人的客观而正确的认识。所以，我们在认识事物、分析问题、看待对象的时候，要尽量把个人利益先放在一边，只有这样，才能达到对这一事物、这个对象的客观而正确的认识。求实思维要求我们领导干部在观察问题、分析问题的时候，从客观实际出发，避免因个人利益而混淆视听，影响我们对事物、对问题的客观认识和正确判断。

四、领导工作方法

应把求实思维即从客观实际出发的思维方式转化为领导干部的工作方法。领导干部的一项首要工作就是决策，决策是领导干部的一项基本职能。领导活动实际是领导者制定决策和实施决策的过程。作为一名领导干部，他每天面临的各项工作实际上都要不断地作出决策。决策过程，实际上就是选择和提出诸多处理方案或方法的过程。在这个过程中，领导干部面临着各种影响决策的因素，他必须依靠自身的感性经验、理性思维等对它们进行筛选。用哲学思维方式来指导领导干部的工作，首先体现在领导干部要运用哲学思维方式来作出正确决策。

我们首先来看看决策的含义和基本特征。决策，是指领导者在领导活动中，为了解决问题，尤其是重大现实问题，通过采用一系列的方法和技术手段，在诸多方案的比较中选择最优方案，并在实施中加以完善和修正，以实现预期目标的活动过程。一项完整的决策由五个要素构成：一是决策者。决策者是决策活动的主体，是决策最核心的要素。决策者是决策的内外信息的处理者，是决策系统的掌控者。决策主体的素质、能力、水平直接影响着决策活动的成败。二是决策目标。决策目标，是指决策所要达到的目的。决策目标的确立是科学决策的基点，是决策所指的方向，是筛选行动方案的衡量标准。三是决策备选方案。领导要在诸多备选方案中，选择出可行性方案。四是决策情势。决策情势即决策环境。决策所处的环境和条件直接影响到决策的正确性、实施的可操作性。五是决策后果。

决策后果，是指一项决策实施后所产生的效果和影响。[1]领导干部要完成一项科学决策，至少要遵循下面几个原则：客观性原则、预测性原则、信息性原则、系统性原则、可行性原则等等。就求实思维而言，客观性原则和可行性原则最直接地、最集中地反映了一切从客观实际出发的理论要求。客观性原则，说的就是一切从客观实际出发，实事求是，按照客观规律决策。任何一项决策都是为了实施，因而必须是可行的。要保证决策的可行性，必须分析现有的人力、物力、财力、科学技术水平等主客观条件，分析事物发展过程中可能发生的各种变化，分析决策实施后产生的各种影响，经过慎重的全面的科学的论证、审定、评估，作出可行性分析，确定可行性的程度，在此基础上作出的决策才是科学的。可以说，决策的客观性原则和可行性原则实际上就是要求我们在决策过程中树立求实思维，从客观实际出发展开决策活动。领导干部作决策要从客观实际出发，具有三层内涵：首先，从决策对象的客观实际出发。任何决策都有一个对象问题，都是针对特定问题进行的决策。决策对象的客观性和客观规律是决策者必须考虑的最根本的实际。只有符合决策对象的客观性，才能达到科学化的决策。比如，领导干部要进行经济领域的决策，那么一定要从经济规律以及特定经济活动的具体规律出发，只有这样，才能形成正确的、科学的决策。单凭“眉头一皱，计上心头”的做法，肯定不会作出正确的决策。其次，从决策环境的客观实际出发。辩证唯物主义告诉我们，任何事物都是在一定的时间、空间和具体条件下存在和发展的。这些都是事物存在和发展的“环境”。任何决策都是在一定的客观环境下形成的。从决策的客观环境出发，就是要对决策的形势作出正确的判断。比如，20 世纪七八十年

[1] 关于决策的相关定义，可参阅于洪生：《领导决策案例》，人民出版社 2010 年版；柏淘：《领导决策能力提升训练》，太白文艺出版社 2007 年版。

代，邓小平同志以战略家的眼光，冷静分析了当今世界的形势，作出了“和平和发展是当代世界的两大问题”的形势判断。正是有了这个正确判断，才有了实行改革开放和建设有中国特色的社会主义的重大决策。分析决策所处的客观环境，不仅要注意那些自然、社会、物质的条件或因素，还要注意人民群众的利益、呼声以及心理、心态等方面。因为我们政府的决策本质是代表和反映广大人民群众的根本利益、愿望和要求的。而且从实际角度看，领导干部的决策最终是与人民群众的生活和工作息息相关的，一旦我们的决策与人民群众的根本利益相冲突，超出了人民群众的觉悟程度、心理承受力等，那么，就很难贯彻和执行决策了。一些地方出现的项目污染事件，反映了有些政府部门在决策过程中没有真正从客观实际出发，没有从决策的客观环境出发，没有充分听取民意并反映民众利益，最终被人民群众抵制。最后，从决策主体的客观实际出发。决策主体可以是集体，也可以是个体。组织决策必须首先把组织内部的一些基本情况，如人力、财力、物力、体制、结构等方面弄清楚；个人决策则要首先对自己的时间、精力、素质、能力等情况做到心中有数。

由上所述可以看出，领导干部需要运用哲学思维方式，特别是求实思维进行决策，坚持从客观实际出发，只有这样，才能作出科学决策。那么，领导干部如何才能做到从客观实际出发进而作出科学决策呢？这就涉及领导干部的具体工作方法。领导干部要作出正确的决策，最主要的方法，就是注重吃透“上情”和吃透“下情”相结合：既要吃透“上情”，把握上级的一般号召，增强工作的方向性和目的性，克服工作中的盲目性；又要吃透“下情”，从当地的特殊实际出发，一切以时间、空间和条件为转移，增强工作的针对性和实效性。我们既不能借口本地方的特殊而自行其是，也不能不顾特殊实际而生搬硬套。任何客观事物都是在一定时间（过去、现在、未来走向）、空间（大势、环境、民情）和条件（客观和主观）中存在的，只有把握住这一客观事物存在的时间、地点和条件，才能比较容易客观地把握这一事物的实际。毛泽东同志指出，按照实际情况确定工作方针，是一切共产党员必须牢记的最基本的工作方法。其实，这种方法也是一切工作方法的基石。

这里具体谈谈如何做到“上情”和“下情”相结合。首先要把握上级一般号召，吃透上情，即吃透党的路线方针政策，把握上级组织的决议、文件、指示的精神实质。怎样把握上级的一般号召呢？听听报告、看看文件、讨论讨论、自学自学，基本上就可以了。更为关键的是要吃透下情。我们的两眼不仅要盯着上面，而且双脚要站在本地区、本部门、本单位。形式主义产生的一个重要原因，就是对下情没有吃透。怎样吃透下情呢？关键是要搞好调查研究。

首先，谈谈什么是调查研究。任何人要做好工作，首先要了解具体情况，认识工作对象。对领导干部来说，更是如此。调查研究就是为了了解具体情况，它是认识工作对象的根本方法。毛泽东同志一直强调要了解情况，唯一的方法就是向社会做调查，没有调查就没有发言权。习近平总书记也十分强调领导干部要经常进行调查研究。调查，就是要运用各种各样的科学的、可操作的方法和手段，掌握周围环境、工作对象、工作任务、工作条件等各个方面及其相互关系的有关材料。它要求对相关材料的掌握不是片面的而是全面的，不是零碎的而是整体的，不是表层的而是深入的。研究，就是运用马克思主义的立场、观点、方法以及其他科学理论和方法，对占有的材料进行思维加工，从中找出客观事物的本质和规律。调查研究是做好领导工作的一项基本功，是领导干部的一项看家本领，它关系到我们工作的成败得失。在工作中，我们只有进行科学的、深入的调查研究，才能认识客观事物的本质和规律，才能做好各项工作。

其次，说说调查研究的必要性和意义。调查研究是认识世界的根本方法，不调查研究就无从认识世界。调查研究更是改造世界的前提，不调查研究，无法认识世界，更无法正确、有效地改造世界。对于领导干部而言，调查研究尤为重要。调查研究是领导干部进行正确决策、解决问题、做好各项工作的基础。毛泽东同志曾形象地揭示了调查研究的重要性："你对于那个问题不能解决吗？那末，你就去调查那个问题的现状和它的历史吧！你完完全全调查明白了，你对那个问题就有解决的办法了。一切结论产生于调查情况的末尾，而不是在它的先头。"[1]毛泽东同志说，调查就像"十月怀胎"，解决问题就像"一朝分娩"。陈云同志也讲过类似的话。他说，我们一个人应该用90%的时间用来搞调查研究，弄清具体情况，然后用10%的时间来作出决策。这些话都说明，领导干部在决策之前，要做大量的调查研究工作。只有在大量的、深入的调查研究的基础上，我们才能作出正确的决策。否则，我们的主意、决策是要出问题的。"只有蠢人，才是他一个人，或者邀集一堆人，不作调查，而只是冥思苦索地'想办法'，'打主意'。须知这是一定不能想出什么好办法，打出什么好主意的。换一句话说，他一定要产生错办法和错主意。"[2]对于调查研究与正确决策的关系，毛泽东同志有过多次论述。毛泽东同志在写《湖南农民运动考察报告》的时候，曾经花了32天时间，搜集湖南各地农民运动的极其丰富的实际资料。他认为，进行社会的经济调查，目的是明白各种阶级之间

[1][2]　《毛泽东选集》第1卷，人民出版社1991年版，第110页。

的相互关系，得出正确的阶级估量，然后定出我们正确的斗争策略。共产党正确的斗争策略，绝不是少数人坐在房子里能够产生的，它是要在群众的斗争过程中才能产生的，这就是说要在实际经验中才能产生。他在1931年写的《兴国调查》的前言中，对调查与决策的关系做了科学说明。他指出，实际政策的决定，一定要根据具体情况，坐在房子里想象的东西，看到粗枝大叶的书面报告上写的东西，都不代表具体的情况，倘若根据“想当然”和不合实际的报告来决定政策，那是非常危险的。1941年8月，毛泽东同志在为中共中央起草的《关于调查研究的决定》中明确指出，系统的周密的社会调查是决定政策的基础。总之，调查研究是正确决策的基础。毛泽东同志有句名言，“没有调查，就没有发言权”，讲的就是这个道理。江泽民同志把这个道理进一步明确化了。他说：“没有调查就没有发言权，没有调查就更没有决策权。”薄一波同志在《若干重大决策与事件的回顾》一书中，更是从党的历史经验与教训出发来说明调查研究的重要性。他说，什么时候全党都重视调查研究了，我们的决策就比较正确，工作就比较顺利；什么时候调查研究不被重视甚至偃旗息鼓了，工作中的问题就多了起来，以致出现主观主义、本本主义、官僚主义、形式主义等问题。邓小平同志通过调查研究世界经济、政治、科技等的发展变化和国内经济社会发展状况，确立了改革开放的路线，开辟了中国特色社会主义道路。江泽民同志提出：“加强调查研究不仅是一个工作方法问题，而且是一个关系党和人民事业得失成败的大问题。”胡锦涛同志多次强调，领导干部要充分认识调查研究的重要性，加强和做好调查研究工作。习近平总书记指出，调查研究是做好领导工作的一项基本功，调查研究能力是领导干部整体素质和能力的一个组成部分。调查研究不仅是一种工作方法，而且是关系党和人民事业得失成败的大问题。领导干部要学习和掌握正确方法，努力提高调查研究水平和成效，也要建立和完善制度，保证调查研究经常化。在新形势下，各级领导干部要做好推动科学发展和促进社会和谐的各项工作，必须练好调查研究的基本功。面对改革开放和社会主义现代化建设中出现的一系列矛盾、难题和问题，我们更需要调查研究，更要充分意识调查研究的重大意义。当前，我国正处在全面建成小康社会的关键时期和全面深化改革开放、加快经济发展方式转变的攻坚克难时期。经济体制深刻变革、社会结构深刻变动、利益格局深刻调整、思想观念深刻变化，使中国特色社会主义事业和党的建设面临很多新情况新问题。这就迫切需要我们通过深入系统的调查研究，提出科学可行的解决思路和方法措施。新形势新挑战要求我们必须进一步重视和加强调查研究，拓展调查研究的途径、方式和载体，运用调查研究成果，形成符合实际的政策举措，解决好人民最关心最直接最现实的利益问题，解决好本地区本部门关乎改革发展稳定的重大问题，解决好党的建设的突出问题，不断推进中国特色社会主义伟大事业。

最后，讲讲如何进行调查研究。领导干部要做到吃透下情，关键就是搞好本地区、本部门的调查研究。如何做到这一点呢？怎样把调查研究提高到科学化水平呢？要做到一从时间、二从空间、三从条件出发进行调研。从时间出发进行调研，就是要把握本单位的过去、现在和未来。从空间出发进行调研，就是要把握势、境、情。势，就是发展大势、发展态势、发展形势；境，就是境况、境象，主要是把握在这个空间里我们所面临的主要矛盾；情，就是民情、民意。从条件出发进行调研，一是把握客观条件，二是掌握主观条件。客观条件，主要指本单位的物质条件、客观环境，就是硬件怎么样。主观条件，主要指民众的需求层次，民众的素质状况。

典　型　案　例

如何认识中国的社会主义？1978年以前一段时期，我们也在搞社会主义，但最终建立起来的是邓小平同志所谓的还“不够格”的社会主义。搞社会主义最后还“不够格”，问题出在哪里？问题就出在我们过去认识中国国情的出发点错了。1978年以前一段时期，我们认识中国国情的出发点要么唯上、要么唯书。这里的“上”，就是“苏联模式”，这里的“书”，就是马克思、恩格斯书本里关于未来社会主义的一些设想。当时，“苏联模式”的社会主义讲的是纯而又纯的生产关系公有制、权力高度集中的计划经济等。当时马克思、恩格斯书本里的关于未来社会主义的一些设想，主要讲的是“无产阶级革命”“消灭私有制”等。为什么呢？在马克思、恩格斯生活的那个时代，资本主义生产力获得了巨大发展。但要进一步解放和发展社会生产力，就必须消灭资本主义私有制的生产关系。因为在当时的资本主义社会，资本占有劳动并控制社会，资本家剥削工人，这就严重地阻碍了社会生产力的发展。只有消灭资本主义私有制的生产关系，才能解放无产阶级、解放劳动者、解放生产力。所以，在进一步坚持解放和发展生产力这一基础和前提下，马克思、恩格斯关于社会主义的一些设想就把重点放在生产关系革命、无产阶级革命上。所以在《共产党宣言》中，马克思、恩格斯说，共产党人的所有理论最终可以概括为一句话：消灭私有制。无论是“苏联模式”社会主义，还是马克思、恩格斯书本里的关于未来社会主义的一些设想，都有一个共同点，就是相对围绕着生产关系来搞社会主义。

不容否认，这有其合理因素！但问题是：由于受“唯上”“唯书”思维的影响，由于对当时我国的基本国情没有给出一种实事求是的科学判断（即处在社会主义初级阶段），致使以前一段时期，我们所理解的社会主义、我们所搞的社会主义，相对偏重在生产关系领域搞革命，没有把大力解放和发展社会生产力看作中国社会主义建设的首要根本任务。当时，我们就相对比较注重“一大”（基层组织如人民公社的规模越大越好）、“二公”（就是公有化的程度越高越好）、“三纯”（就是社会主义的经济成分越纯越好）。虽然我们也讲发展生产，但我们的提法是“抓革命、促生产”，即还是通过生产关系和阶级斗争等上层建筑的革命方式来组织生产。

1978 年 5 月 11 日，《光明日报》发表一篇特约评论员文章《实践是检验真理的唯一标准》（之前一天，中央党校的《理论动态》发表了这篇文章）。这篇文章引起中央领导，尤其是邓小平同志的高度关注。后来在全党掀起了“真理标准”的大讨论。实践是检验真理的唯一标准，是马克思主义哲学的基本常识。这场讨论的意义不在学术，而在政治。它的政治意义一在破、二在立。所谓破，就是破除当时以“两个凡是”为代表的“唯上”思维、“唯书”思维。所谓立，就是恢复并进一步确立解放思想、实事求是的思想路线。确立思想路线的实质，就是改变了认识中国国情的出发点，那就是不唯上、不唯书，而唯实，从客观实际出发，实事求是。这说明我们摆脱了主观主义的束缚，树立了求实思维，坚持一切从客观实际出发来认识客观事物。当然，唯上思维、唯书思维与在思想上政治上行动上与党中央保持高度一致有本质区别，与认真学习、全面把握马克思主义理论也有本质区别，因为后二者都坚持马克思主义的认识路线和思想路线。

那么，接下来的问题便是，怎样从客观实际出发来认识当时中国的国情呢？具体来说就是，要从时间、空间、条件出发来认识当时中国国情。从时间出发认识当时中国国情，我们得出一个重要判断，那就是我们的社会主义依然处在初级阶段。社会主义初级阶段，不是泛指任何国家进入社会主义都会经历的起始阶段，而是特指在我国生产力发展水平落后、商品经济不发达条件下建设社会主义必然要经历的特定阶段。它包括从 1956 年社会主义改造基本完成到 21 世纪中叶实现社会主义现代化的整个历史阶段。从过去来看，社会主义初级阶段以新中国的成立为政治前提，以社会主义改造为制度基础；从现在来看，我国制度已是社会主义制度，但还处于不发达的阶段；从未来来看，我们要实现的目标是摆脱不发达状态，实现社会主义现代化和中华民族伟大复兴。总的来说，过去，我们并没有很好地从时间上认识中国的基本国情，在很多问题上犯了超越历史阶段的错误。比如，我们掀起“一天等于二十年”的“大跃进”热潮；在宏观战略制定上，提出不切实际的赶超战略，提出 10 ~ 15 年赶超英国、20 年要跑步进入共产主义，“超英赶美”，成为我国社会主义现代化发展的重要战略。这就脱离了我国社会主义初级阶段的基本国情。当时，从空间出发认识中国国情，我们得出第二个重要判断，就是社会主义初级阶段主要矛盾，是人民日益增长的物质文化需要同落后的社会生产之间的矛盾。早在民主革命时期，毛泽东同志就作出判断：当时我国的基本性质是半殖民地半封建社会，社会的主要矛盾是帝国主义与中华民族的矛盾、封建主义与人民大众的矛盾。在社会主义建设的探索时期，我们也曾对社会主要矛盾作出正确的判断。比如 1956 年 9 月，党的八大通过的历史决议指出，国内的主要矛盾不再是无产阶级与资产阶级的矛盾，而是人民对于建立先进的工业国的要求同落后的农业国的现实之间的矛盾，是人民对于经济文化迅速发展的需要同当前经济文化不能满足人民需要的状况之间的矛盾。[1]总之，阶级矛盾不是社会的主要矛盾，主要矛盾是落后的经济文化与人民的需要之间的矛盾。所以，解决的方法是大力发展生产力，推进国家的工业化，不断满足人民的经济文化需要。但之后不久，我们就改变了党的八大关于社会主要矛盾的判断。正是没有坚持关于我国的社会主要矛盾的正确认识，结果导致我们所有工作的重心发生偏离，直到党的十一届三中全会以后，我们才正确地抓住了社会的主要矛盾。当然，我们也要与时俱进地认识到，由于改革开放以来我们所取得的历史性成就和所发生的历史性变革，便促进了社会主要矛盾发生了历史性转化，即转化为人民日益增长的美好生活需要和不平衡不充分的发展之间的矛盾。从条件出发认识中国国情，我们又得出第三个重要判断。就是我国底子薄、人口多，我们的生产力依然不发达，人民生活水平依然低下，首要根本任务应是解放和发展社会生产力。这三大判断，是当时我们中国共产党人从客观实际出发认识中国国情而得出的三个重要判断。正是基于这三个重要判断，邓小平理论的内容一个一个地陆续出场了。首先是社会主义“初级阶段论”，其次是“社会主要矛盾论”，再次是“根本任务论”。之后，“市场经济论”“判断标准论”也一一出场了。在邓小平同志看来，当时我国依然处在社会主义初级阶段；在这一阶段，社会生产力不发达，所以我国的根本任务就是解放和发展社会生产力。那么，采取怎样的手段和方式来解放和发展社会生产力呢？邓小平同志具有世界眼光，他一讲科学技术是第一生产力，二说市场经济是中性的，资本主义可以用，社会主义也可以用。邓小平同志说：“计划多一点还是市场多一点，不是社会主义与资本主义的本质区别。计划经济不

[1] 2017年10月18日，习近平同志在党的十九大报告中强调，中国特色社会主义进入新时代，我国社会主要矛盾已经转化为人民日益增长的美好生活需要和不平衡不充分的发展之间的矛盾。

等于社会主义，资本主义也有计划；市场经济不等于资本主义，社会主义也有市场。计划和市场都是经济手段。”[1]这就是说，在解放和发展社会生产力问题上，他主张可以选择市场经济。当然是社会主义市场经济。“总之，社会主义要赢得与资本主义相比较的优势，就必须大胆吸收和借鉴人类社会创造的一切文明成果，吸收和借鉴当今世界各国包括资本主义发达国家的一切反映现代社会化生产规律的先进经营方式、管理方法。”[2]搞市场经济，我们有些人认为市场姓“资”而不姓“社”。所以，搞市场经济以后，一场“姓资姓社”的争论就出来了。不打破这种争论，改革开放就迈不开步伐。正如邓小平同志所指出的：“改革开放迈不开步子，不敢闯，说来说去就是怕资本主义的东西多了，走了资本主义道路。要害是姓‘资’还是姓‘社’的问题。”[3]在这种情况下，邓小平同志在1992年发表南方谈话，提出了“三个有利于”判断标准，冲破“姓资姓社”的抽象思维定式，并解放思想、大胆改革。所以“判断标准论”就提出来了：“判断的标准，应该主要看是否有利于发展社会主义社会的生产力，是否有利于增强社会主义国家的综合国力，是否有利于提高人民的生活水平。”[4]初级阶段论、根本任务论、市场经济论、判断标准论，是邓小平理论的四个最核心的内容。正是基于邓小平理论，且随着社会实践的发展，中国特色社会主义理论体系不断得到完善和发展。正是中国特色社会主义理论体系引导着我国改革开放的伟大实践。我国改革开放的伟大实践总体上是成功的，这个成功，首先来自中国特色社会主义理论体系这一正确理论。而这一正确理论得益于我们恢复和确立了解放思想、实事求是的思想路线，而这个思想路线的实质是从客观实际出发来认识中国国情。

---

[1][2] 《邓小平文选》第3卷，人民出版社1993年版，第373页。

[3][4] 《邓小平文选》第3卷，人民出版社1993年版，第372页。

经过几十年的改革开放，我国的社会生产力发展水平、综合国力和人民生活水平得到大幅度提升。在这样的背景下，有些人提出我国的“基本国情”已经发生了变化，应重新认识“基本国情”。比如有些人提出，从1978年到2011年，我国的GDP年均增长9.8%，经济总量达到约7.5万亿美元，占世界经济的份额由1.8%提高至10%，在世界上的位次由第10位升至第2位。如果说1978年我国处于社会主义初级阶段是正确的话，那么，如今再说我国处于生产力不发达的初级阶段就不合时宜了。还有人提出，我国现阶段的主要矛盾不再是人民日益增长的物质文化需要同落后的社会生产之间的矛盾，而是人民日益增长的物质文化需要与落后的分配之间的矛盾。因为，现阶段“分好蛋糕”比“做大蛋糕”更重要、更迫切。这些具有探索性的学术见解具有一定的合理性，体现了解放思想、实事求是的思想路线，体现了从客观实际出发的求实思维。党的十八大报告坚持实事求是的思想路线，坚持从客观实际出发来认识中国国情，提出了“三个没有变”：“我们必须清醒认识到，我国仍处于并将长期处于社会主义初级阶段的基本国情没有变，人民日益增长的物质文化需要同落后的社会生产之间的矛盾这一社会主要矛盾没有变，我国是世界最大发展中国家的国际地位没有变。在任何情况下都要牢牢把握社会主义初级阶段这个最大国情，推进任何方面的改革发展都要牢牢立足社会主义初级阶段这个最大实际。”党的十八大报告从时间、空间和条件三个方面坚持了从客观实际出发。从时间、空间上说，改革开放初期，我国处于社会主义初级阶段，经过几十年的改革开放，虽然我国取得了巨大成就，但现如今我国仍处于初级阶段，并且，未来的很长一段时期，处于社会主义初级阶段的基本国情仍然没有变。也就是说，过去是、当下也是、未来一段时期仍然是处于社会主义初级阶段。这说明我们当下的改革开放、今后相当长时间的改革开放都必须牢牢把握“时间维度”，把握初级阶段的客观实际，任何超越阶段的做法都是不可取的。从条件上讲，我国仍然是世界上最大的发展中国家，与发达国家之间还存在很大差距。比如在科学技术水平、知识创新能力、金融体制、工业生产能力、人民群众生活水平等方面，我国与发达国家还是有较大差距的。党的十九大根据我国所取得的历史性成就和所发生的历史性变革，作出了我国社会主要矛盾发生了历史性转化的判断。这同样体现了解放思想、实事求是的思想路线，体现了从客观实际出发的求实思维。

社会主要矛盾是一个关乎中国社会发展的历史方位的重要概念，它从人民需要的总体状况和社会供给的总体状况两个根本方面，体现并反映着中国社会发展的整体状况，揭示着中国发展的历史方位。当今，无论是社会主要矛盾的需求方还是供给方，都发生了历史性转化。正如党的十九大报告所讲的，在人民需求方面，人民对物质文化的需要已历史性地转化为对美好生活的需要，这种转化不仅在外延上拓宽了，由对物质文化需要拓展为对民主法治、公平正义、安全环境的需要，而且层次也提升了，由满足物质文化需要即“生活下去”的需要提升为满足美好生活需要即“活得更好”的需要。在社会供给方面，由解决落后的社会生产转化为解决不平衡不充分的发展，这种转化表现为在“欠发展”的历史方位着力于解决落后的社会生产问题，升级为在“我国发展起来使大国成为强国”新的历史方位着力于解决不平衡不充分的发展问题。正由于当今人民的需要状况和社会的供给状况都发生了历史性转化，便直接促进中国特色社会主义进入了新时代，使我国发展进入新的历史方位。

这种转化具有重大意义，即我国发展起来以后要使大国成为强国，具体来讲，就必须聚焦到集中解决好“人民日益增长的美好生活需要和不平衡不充分的发展”这一社会主要矛盾。

社会主要矛盾在我们党治国理政的实践和理论中具有十分重要的地位：它是我们党判断基本国情的主要依据之一，是把握我国社会发展整体状况的主要依据之一，是我们党制定路线方针政策的主要依据之一，是判断我国发展历史方位的基本依据，尤其是党中央治国理政的基本遵循。在社会主要矛盾中蕴含着治国理政所要解决的根本问题（治国理政要具有问题意识和问题导向，它首要是解决问题的），治国理政所要解决的根本问题就成为党中央治国理政的工作重点。如 1981 年党的十一届六中全会所重新确定的当时我国社会的主要矛盾，是人民日益增长的物质文化需要同落后的社会生产之间的矛盾。在这一主要矛盾中，蕴含着当时我们党治国理政所要解决的根本问题，就是落后的社会生产，而集中解决落后的社会生产，就成为当时我们党治国理政的工作重点。正因如此，当年邓小平同志就把发展生产力作为社会主义的根本任务，并带领我们党实现工作重点大转移，由过去以阶级斗争为纲转向以经济建设为中心，把发展看作硬道理。同理，党的十九大提出的新时代我国的社会主要矛盾，是人民日益增长的美好生活需要和不平衡不充分的发展之间的矛盾。在这一主要矛盾中，蕴含着新时代党中央治国理政所要解决的根本问题，就是“不平衡不充分的发展”，而集中解决不平衡不充分的发展就成为新时代党中央治国理政的工作重点。社会主要矛盾之所以如此重要，其根据在于它在实质上表达或体现的是人类活动的两个最根本的方面，即需求和供给。人类活动千头万绪、千变万化、错综复杂，但归根结底最终可以还原到两个最根本的原点：一是需求，二是供给。而这又是以唯物史观作为理论基础的。马克思、恩格斯所著的《德意志意识形态》，是唯物史观诞生的标志。其创立的内在逻辑是：他们所研究的历史，是人类活动参与其中的历史，因此，现实的个人，是他们研究历史的前提；现实的个人是有生命的个人，这种个人具有肉体组织的需要；这种肉体组织的需要主要体现为衣食住行；要满足这种肉体组织的需要，必须获取物质生活资料；而人和动物的根本区别，首先在于获取物质生活资料的方式不同，人主要是通过物质生产劳动而获取物质生活资料的；由是，人首先要生活，然后要去从事生产，接着，马克思、恩格斯按照逻辑，进一步深入研究物质生产劳动；马克思、恩格斯着力于研究物质生产劳动的两个最根本的方面：一是物质生产劳动过程中人和自然的关系，他们用“生产力”来加以分析概括，二是物质生产劳动过程中人和人的关系，他们用“交往形式”进而用“生产关系”加以分析概括；马克思、恩格斯又进一步深入研究生产力和生产关系的内在矛盾运动及其历史过程，结果发现了人类活动和人类历史发展的一般规律，最终创立了唯物史观。显然，马克思、恩格斯是在深入分析研究人的生活和生产的内在矛盾运动关系中，或者是在深入分析研究人的需要和供给的内在矛盾运动关系中，创立唯物史观的。由此看来，社会主要矛盾既关乎我国发展全局，也关乎我国发展的根本，同时还关乎我国发展的长远。

社会主要矛盾既关乎我国发展全局，也关乎我国发展的根本，同时还关乎我国发展的长远，这就意味着它从根本性、具体性上揭示了我国由大国成为强国的逻辑。作为“人民日益增长的美好生活需要”的需求方，其实质就是使人民生活“过得好”进而具有幸福感，而解决好“不平衡不充分的发展”这一供给方，其实质就是使国家“强起来”。“人民生活过得好”和“国家强起来”，是关乎我国发展全局、根本和长远的大事，是大国成为强国的根本。具体来说：第一，大国成为强国，体现在“人”的方面，就是使人民过上美好生活。这种美好生活的基本内涵，就是在生存方面“无后顾之忧”，如民生能得到保障，安全环境的需要能得到合理满足；在发展方面“有用武之地”，如能各尽其能、各得其所，展现其价值；在各种关系方面“能得到尊重并和谐相处”，如公平正义、民主法治的需要能得到合理满足。第二，大国成为强国，体现在“社会”方面，就是国家要“强起来”。这种强起来，具体体现在发展既要充分，具有发展动力尤其是具有创新活力和创新能力；发展也要平衡，使发展达到和谐、平衡、稳定；发展还要拥有良好的治理能力，使国家治理体系和治理能力达到现代化。

从对我国“基本国情”的判断上，可得出诸多启示。

第一，领导干部要做到真调查、真研究，真正从客观实际出发，真想吃透“下情”。应该说，绝大多数领导干部都意识到调查研究要从客观实际出发的重要性，意识到科学的调查研究是正确决策的前提和基础。但有些领导干部只在表面、口头上重视调查研究，重视从客观实际出发的工作方法。有些领导干部也强调从客观实际出发，也搞调查研究，但只满足于看材料、听汇报、上网络。有些领导干部调查研究往往“走马观花”。正如习近平总书记所指出的，他们只看“盆景式”典型，满足于听听、转转、看看、蜻蜓点水、浅尝辄止。以上这些情况，并没有真正做到调查研究，没有真正从客观实际出发，因而也就不可能真正地吃透下情，更谈不上科学决策了。

第二，领导干部搞调查研究，要坚持实事求是的原则，树立求真务实的作风。调查研究一定要从客观实际出发，坚持实事求是的原则，不能事先“定调子”，“定调子”的调查研究是看不到实情、得不到真知、作不出正确决策的。邓小平同志之所以能够作出关于中国国情的科学判断，就在于他坚持实事求是的原则，他能通过调查研究，准确把握当时世界形势和我国具体情况。现在有些干部不是不了解情况，也不是看不到问题，而是不愿正视现实，只想听“好话”。下面有些干部投其所好，善于察言观色，准备了几个口袋，揣摩上面或领导的意图来提供材料。2011 年 11 月 16 日，习近平同志在中央党校 2011 年秋季学期第二批入学学员开学典礼上发表讲话时指出：“在调查研究中能不能、敢不敢实事求是，不只是认识水平问题，而且是党性问题。只有公而忘私，把党和人民利益放在第一位，才能真正做到实事求是。”所以，各级领导干部要进一步营造和保持讲真话、讲实话、讲心里话的良好氛围，坚决反对上下级和干部之间逢迎讨好、相互吹捧。

第三，领导干部要从时间出发进行调研，把握本单位的过去、现在和未来。领导干部从一个地区和部门到另一个地区和部门，首先要了解和熟悉该地区和部门的过去的历史、经验、成绩以及出现过的问题、教训等等；也要熟知该地区和部门在当下所处的发展阶段，出现的新情况、新问题、新矛盾，以及当下的定位和具体规划等等；还要对本地区和部门的目标规划、未来走向和面对形势发展提出的新课题新挑战有所把握。

第四，领导干部要从空间出发进行调研，把握本单位的势、境、情。在前文已经讲过，势就是发展大势、发展态势、发展形势；境就是境况、境象；情就是民情、民意。这里，我们主要讲讲境和情，也就是主要矛盾和人民群众的呼声。从空间出发吃透本地区、本单位的下情，一个重要的方面，就是了解本地区、本单位的主要矛盾或主要问题。邓小平同志从空间出发把握我国的基本国情，提出了我国社会主义初级阶段的社会主要矛盾。基于对社会主要矛盾的判断，提出了我国社会主义初级阶段的首要根本任务。领导干部了解“下情”，同样需要如此。从空间出发吃透下情，另一个重要方面就是调查民情，倾听民意，关注民生，这就要从群众中来，到群众中去，广泛听取群众意见。此外，还要了解和把握本地区、本单位的优势、短板和发展支点。习近平总书记告诫领导干部要放下架子、扑下身子，深入田间地头和厂矿车间，同群众一起讨论问题，倾听他们的呼声，体察他们的情绪，感受他们的疾苦，总结他们的经验，吸取他们的智慧。领导干部只有了解到群众反映的真实情况，倾听到他们的真实意见，反映了他们最盼、最急、最忧、最怨的问题，才能真正抓住实情，吃透下情，弄懂民情，才能作出正确且符合人民群众根本利益的决策。

第五，领导干部要从条件出发进行调研，把握本地区、本单位的客观条件和主观条件。客观条件主要是指本地区、本单位的物质条件、客观环境。主观条件主要指民众的需求层次，民众的素质状况。现在一些地方依然注重通过招商引资大力发展地区经济。领导干部在招商引资之前，一定要调查研究，搜集多方资料，反复比较，论证项目可行性，最终形成决策。在这一系列调查研究的诸多环节中，从客观条件出发进行调研是不可或缺的一环。从客观条件出发进行调研，也就是研究项目是否可行的物质基础，或者说，该地区是否具备投资某项目的物质条件。比如，某地区领导干部想引进钢铁制造项目，就必须首先考察该地区是否具有丰富的铁矿资源，即便你想从外地运输铁矿资源，你也需要调研该地区的地理位置，看它是否具备便利的运输条件和较高的运输能力。即便拥有丰富的铁矿资源、具备较高的运输能力，还需要有充沛的水源。这些都是从客观条件出发吃透下情的具体做法。如果在一个既没有铁矿资源，又没有运输通道，也没有水源的地区作出搞钢铁制造项目的决策，后果可想而知。除了客观条件，还有主观条件，这主要是民众的需求层次和素质状况。现在党中央提出促进社会主义文化大发展大繁荣，高度重视文化建设，大力发展文化产业，不断满足人民群众日益增长的文化精神需要，促进人的全面发展。有些地方响应党中央号召，全面贯彻党中央关于发展繁荣文化产业的精神。但有些地方领导干部基本吃透了“上情”，也把握住了精神实质，但却没有准确把握“下情”，没有从该地区的民众需求层次出发。有些地方特别是某些贫困偏远的县也模仿北京、上海、广州等一线城市建歌剧院、豪华电影院、大型娱乐场所，花了大力气，投了很多钱，试图发展该地区文化产业，满足该地区老百姓的文化需求。结果这些影院、剧院冷冷清清，老百姓根本“不买账”。这实际上说明，该决策根本没有考虑到该地区民众的文化需求层次。实际上，当地老百姓需要的不是歌剧院、豪华电影院、大型娱乐场所，他们更需要的是小型电影院、图书馆、农村的文化活动室等等。地方领导干部从主观条件出发吃透“下情”，还需要摸透该地区民众的素质状况。如果在一个经济发展水平低、教育发展水平不高、农业人口占绝大比重的地区搞高新技术开发区项目，那就是没有从该地区的民众素质状况出发。

第二章
辩证思维与全面、联系、发展地处理问题
——唯物辩证法

马克思主义哲学的第二块内容，是唯物辩证法。这一部分内容，主要是帮助大家提升驾驭和正确处理各种复杂的矛盾关系的能力。今天，我国的现代化建设正处在矛盾凸显期，矛盾无处不在、无时不有。领导干部在工作和生活中，每天都坐在矛盾的火山口上，处在矛盾的包围当中，而驾驭和正确处理各种复杂的矛盾关系，就成了领导干部的一项基本功。

“辩证法”这个术语，在西方哲学史上源远流长，但是在不同时期、不同哲学家那里，其含义是不一样的。简单地说，辩证法在哲学史上经历了古代朴素辩证法、近代唯心主义辩证法和唯物辩证法三种形态。辩证法有三大规律，即对立统一规律、质量互变规律、否定之否定规律。这三大基本规律是由黑格尔首先提出，而后由马克思继承、发展的。

辩证法不仅是西方哲学中的基本概念，也是我们在日常生活中经常提及的概念。我们在日常生活中，经常将“辩证法”和“形而上学”作为一对相反的概念来使用。比如，我们说某人看问题比较极端的时候，就说他没有坚持辩证法，我们说某人看问题比较全面的时候，会赞扬他能辩证地看问题。另外，我们又将“辩证法”和“唯物主义”作为相辅相成的概念来使用，在马克思主义哲学中，这是一对“孪生兄弟”。因为马克思主义哲学中的辩证法是唯物辩证法，马克思主义哲学中的唯物主义是辩证唯物主义。那么，究竟何谓“辩证法”？如何坚持“辩证法”？唯物辩证法包括哪些基本内容？如何运用唯物辩证法来指导我们的工作和生活呢？如何区分“辩证法”和狡辩、诡辩的关系？如何避免让“辩证法”变成了“变戏法”？这些问题都值得我们思考。我们先从辩证法的基本内容谈起。

一、唯物辩证法的基本内容

从宏观上说，唯物辩证法是关于自然、社会和人类思维最一般规律的科学，它包含着对自然、社会和人类思维的认识、评价和反思，它是马克思主义“活的灵魂”和“根本的理论基础”。虽然说唯物辩证法是马克思主义哲学的重要组成部分，但从哲学史上讲，辩证法却有着悠久的历史。我们知道，人之所以异于动物，除了会制造工具并能从事生产劳动之外，人还会思维，思维是随着人类的出现而出现的，而辩证法是人类的思维方式之一。所以，辩证法作为人类的一种思维形式很早就出现了。恩格斯就说：“人们远在知道什么是辩证法以前，就已经辩证地思考了。”[1]只是古代的辩证法是朴素的辩证法。之所以说它朴素，是因为从整体上说，它既不系统也不科学，但是古代的辩证法闪耀着人类先贤智慧的光芒。

一提到唯物辩证法，我们就想到了马克思。众所周知，在哲学史上，确实是马克思将辩证法奠定在唯物主义基础之上，又将其系统化、科学化了。马克思是在深入批判西方哲学史上，尤其是黑格尔的“非科学化辩证法”基础之上，完成了辩证法的科学化的，所以我们总是从西方文化中去理解辩证法。其实，在中国古代，也有丰富的辩证法思想。这里，我们首先从中西传统文化的视角，介绍一下辩证法的发展历史。

（一）中国古代的辩证法思想

提及中国古代的辩证法，我们自然会想到中国古代的奇书——《易经》。让我们首先从《易经》开始谈中国古代的辩证法。众所周知，“辩证法”这个词不是本土词，是个外来词。所以，纵观中国古代整个易学研究史，自远古至清末，《易经》从来都没有被称作“辩证法”。然而，时至今日，只要说起《易经》的哲学思想，人们便会不假思索地认为，它就是中国古代朴素的辩证法。实际上，用辩证法来解释《易经》是近代的事情，起始

[1]　《马克思恩格斯文集》第9卷，人民出版社2009年版，第150页。

于“唯物史观派”。伴随着“唯物史观”的传入，“辩证法”这个词语便开始在中国流行，人们也开始用“辩证法”这套思维体系、话语体系来认识《易经》。由于词语和思想是两码事，中国古代虽然没有“辩证法”这一称呼、这个词语，但并不代表中国古代没有“辩证法思想”。郭沫若先生是站在辩证法立场上研究《易经》的第一人。郭先生说：“八卦的基础本来是建立在男女两性的象征……所以《易经》的观念就根本是阴阳两性的对立。一切万事万物都是由这样的对立而成……八卦是四对相对立的现象，六十四卦又是三十二对相对立的事物，就这样宇宙是充满了矛盾。”[1]确实，《易经》中的辩证法思想，最突出的体现就是它的矛盾观点，也就是对立统一。《易经》认为，世界万事万物均有阴、阳两种属性。从最高的本体“道”到每一具体事物，都是阴、阳两极对立，所谓“一阴一阳之谓道”。譬如天和地、暑和寒、昼和夜、山和谷、南和北、雄和雌、男和女，都是阳和阴的两极，世界万物都可用阴、阳两种属性来表达。这一思想，为绝大多数中国古代哲学家所接受。中国古代哲学家论述阴、阳对立，大致分三个层次：一指事物之间的对立。如天与地，男与女，有阳物必有阴物，这叫作“以类对”。二指事物内部阴、阳两种性质的对立，张载称之为“二端”，任何事物内部都有相反的两种性质（因素、势力）存在，如正与反，上与下，这叫作“以反对”。三指阴、阳各自也有对，阳中有阴、阳，阴中也有阴、阳。阴、阳对立具有普遍性，这是《易经》关于矛盾多层次思想的体现。《易经》认为，万物变化的根源在于阴、阳对立的相互作用，即“刚柔相推以生变化”。有矛盾有变化才是吉利，无矛盾无变化则不吉。事物在不断发展变化，当发展到一定程度，就会走向它的反面，这就是物

[1] 郭沫若：《郭沫若全集·历史篇》第1卷，人民出版社1982年版，第65页。

极必反。当然，《易经》所表达的辩证法思想还有关于联系的观点。如《易传·系辞下》曰："仰则观象于天，俯则观法于地，观鸟兽之文，与地之宜，近取诸身，远取诸物，于是作八卦，以通神明之德，以类万物之情。"这就包含了寻找事物之间联系的思想。《易经》中还含有运动的观点，如"天下之理，未有不动而能恒者也"。

当然不得不说，《易经》所体现的辩证法是一种不彻底的辩证法。因为，它将变化绝对化，使之成为"道"，"道即是易，易即是神"，"结果辩证法一变而与形上学妥协，再变而与宗教妥协"。[1]而正是这种不彻底性，致使它必然地走向折中主义。当然，这种不彻底性、折中性只是说明《易经》辩证法的朴素、原始和落后，不及唯物辩证法科学、完整和深入。

《易经》的辩证法是中国古代辩证法思想的发源地。诸子百家对辩证法亦有贡献，比如孙武在《孙子兵法》中所展现的军事辩证法，就代表了中国古代辩证法的辉煌成就。《孙子兵法》使得《易经》辩证法中内隐的、抽象的理念具体化、现实化，使得辩证法成为指导军事的可操作化的思想。具体来说，《孙子兵法》的军事辩证法思想主要体现在辩证的战争观上。

首先，《孙子兵法》辩证法思想要求从整体、全局着眼，全面地看待战争。只有全面地分析取得战争胜利的诸多因素，才有可能做到把握全局。在分析战争胜负的决定因素时，《孙子兵法》提到五个方面，即"一曰道、二曰天、三曰地、四曰将、五曰法"[2]，对战争取得胜利具有重要价值。这里的"道"，是指"令民与上同意"，即上下同心，包括君主与臣民同心、将帅与士卒同心、上级与下级同心。如果政令符合民心，那么将士上下一心，民众拥护战争，死生同致，绝对不会畏惧危亡。"天"，是指天气，即昼夜、

[1] 郭沫若：《郭沫若全集·历史篇》第1卷，人民出版社1982年版，第78页。
[2] 孙武原著，吴兆基编著：《孙子兵法与三十六计》，京华出版社2002年版，第5页。

寒暑、晴雨、四季更替的天气、气候情况，用兵应当考虑到天时的因素。“地”，指的是地形条件，要研究地形的高下、远近、险易等，根据地形条件来决定采取何种战争策略。“将”，是指将军的素质，战争是需要靠指挥员指挥的，指挥员的素质对战争的胜利与否具有重要作用，所以，要考察指挥员是不是“智、信、仁、勇、严”五德俱备，只有五德俱备才可以为将，就像今天考察干部的“德、能、勤、绩、廉”一样。“法”，是法令制度、将帅职责和军需物资的管理使用，也就是包括法律、纪律在内的制度体系，这也是决定战争胜负的重要方面。这五者也就是我们通常所说的要占到“天时、地利、人和”。但是，这五个方面不是同等重要的，这里面就有全面和重点相统一的思想。在孙子看来，“道”是决定战争胜负的最重要的因素，国君有道，能得民心，战争胜利就有了根本保障。相反，如果国君无道，那就失去了战争胜利的可能性。

其次，孙子从纷繁复杂的战争现象中概括出一系列具有本质意义的对立统一范畴：强弱、攻守、利害、生死、进退、众寡、迂直、远近、勇怯等。这些矛盾双方互相依存，在一定条件下可以向对立面转化。正因为“军争为利，军争为危”，军事指挥员就要善于发现和充分利用这些矛盾，牢牢掌握矛盾的主要方面，争取战争的主动权，争取取得战争的胜利。同时，对战争的利害也要进行辩证分析，看待战争要看到其有利的一面，也要看到其有害的一面。利与害是一对辩证的范畴，战争对国家利益会带来有益的作用，同时也会引起严重的后果，要发动战争，就要考察战争的利与害，不能只看到战争的利，而对战争的弊端不加考虑就盲目地发动战争。

中国古代辩证法思想是直观地反映事物的矛盾变化及运动过程的，具有直观性和朴素性等特点。《孙子兵法》的军事辩证法思想也不例外。它是在战争实践中体现和运用了辩证法思想，也创造了许多关于战争问题的辩证法范畴。但是，《孙子兵法》毕竟不是哲学论著，而是军事学著作，虽然其辩证法思想的运用具有生动、实用、丰富等特点，但也无法摆脱朴素性、直观性的弊端，其涉及的一些辩证法的命题，也不够科学和完整，所以它所体现的军事辩证法思想未能上升到一般规律的高度。

（二）西方哲学史上的辩证法思想

众所周知，哲学的故乡是古希腊，辩证法思想作为与哲学发展相生相伴的哲学思想，也诞生于古希腊。古希腊哲学家们对世界的思考就是考察世界的本质，他们关注世界的本体，也就是说他们探究什么才是世界的本原，什么是组成万事万物的最基本、最核心、最原始的元素这个问题。对这个问题的关注，在很多古希腊哲学家那里表现为朴素的唯物论。当然，除了这个问题以外，他们还关注这些元素是以什么样的状态存在，是动还是静，是永恒还是变化，能不能离开空间和时间而存在。当然，辩证法和朴素的唯物论是分不开的，因此，古希腊哲学对世界的存在状态的思考就蕴含着辩证法思想。比如泰勒斯之所以被称为“哲学之父”，是因为泰勒斯第一次以哲学的方式，而不是像《荷马史诗》那样以神话的方式来表述世界的本原，所以西方哲学史上将泰勒斯看作西方哲学的创始人。泰勒斯认为世界的本原是水，万事万物都是由水组成的。直观地看，水具有流动性，所以水不仅是事物的最基本组成成分，也是事物运动变化的原因，这样就将事物看成是运动变化的，这就是一种朴素的辩证法。哲学的发展总是站在前人的肩膀上前行。泰勒斯的学生阿那克西曼德对泰勒斯仅仅将水说成万物本原的说法不太满意，他认为泰勒斯把水看作万物本原，是因为水是

“无定形”的，也就是说水没有固定的形状，比如水可以被装进任何形状的容器中，但是反过来，具有“无定形”这一性质的不仅仅是水，为什么其他具有这一性质的物质不是世界的本原呢？所以，阿那克西曼德发展了泰勒斯的学说，他直接将“无定形”之物看作万物的本原。虽然他没有具体说明“无定形”之物到底是什么，但是他明确说明“无定形”不是任何具体的东西，因为任何具体的东西都是有生有灭的，这也是被现代科学所证实的。现代科学证明包括太阳在内的宇宙万物都有一个从产生到灭亡的过程，而“无定形”是无限的。由此，本原和具体事物之间就是无限和有限的辩证关系。

泰勒斯和阿那克西曼德的学生毕达哥拉斯进一步推进了两位老师的思想，认为“无定形”也不是万物本原。因为“无定形”连自己都没定形，如何给万物定形？所以万物本原应该是有定形的东西，而唯一能给万物定形的东西就是“数”，“数”是万物的共同特点，没有物体是不能用“数”来说明的。“数”和万物的关系超过他的老师泰勒斯所说的“水”和万物的关系，所以“数”是决定万物的原则，而“数”之最基本、最简单的特征就是奇数和偶数，奇数和偶数是一对对立的范畴，他又从这一最基本特征衍生出十组对立范畴。

上述几位哲学家的思想都蕴含着辩证法的萌芽。古希腊哲学中辩证法的奠基人是赫拉克利特。赫拉克利特出生于爱非斯王族，原本是王位的继承人，但是他因为喜欢哲学而隐居山林，放弃王位。他特立独行、恃才傲物、目中无人，宣称一个最优秀的人抵得上一万个碌碌无为之辈。由于他远离城邦政治，潜心于沉思，使得他的哲学思想非常晦涩难懂，但同时包含着非常丰富的辩证法思想。他的辩证法思想主要体现在以下几个方面：首先，他认为一切事物都处在运动、变化、发展中。比如人不可能两次踏入同一条河流，整个世界都处在变化之中。列宁就称赞这是对辩证唯物主义原则的绝妙说明。其次，他认为运动、变化、发展的原因在于事物的对立性。他认为，自然也追求对立的东西，它是从对立的东西产生和谐，而不是从相同的东西产生和谐。再次，他也看到了事物对立面能够相互转化。他认为，在我们身上，生与死，醒与梦，少与老，始终都是同一的东西。后者变化了，就成为前者，前者再变化，又成为后者。最后，赫拉克利特还看到评价事物的标准具有相对性，不能简单地、唯一地评价一个事物。例如猴群中有美的猴子，也有丑的猴子，但是猴子再美，与人相比也总是丑的。当然，辩证法不是“变戏法”，也不是诡辩论。赫拉克利特的学生克拉底鲁将赫拉克利特的思想发展到极端，他用绝对的运动来否认相对静止。他说，人一次也不能踏进同一条河流，这就显得可笑了。

在赫拉克利特之后的哲学家中，对辩证法做出重要贡献的不得不提苏格拉底和柏拉图，这两位是古希腊的哲学巨匠。苏格拉底采用对话的方式来探讨问题。这种在一问一答中让对方谈论自己对某一问题的看法，然后揭露出对方认识中的矛盾，从而修正自己的看法，最终达到真理的方法，就是“辩证法”。这就是在思想的交锋中发现矛盾，在解决矛盾的过程中上升到更高的思维层次。苏格拉底在与人讨论问题时，先从对方的前提出发，然后通过不断追问，让对方从自己的前提中引出自相矛盾的结论，再通过引导，一步一步从对方所举的具体事例中探究普遍原则，归纳出“普遍定义”。苏格拉底的这种方法说明了认识是从特殊到一般的过程。

柏拉图进一步认为，真正的知识是完全摆脱一切感性事物的，仅仅与理念有关，这种知识不是别的，正是辩证法。“辩证法”一词最早就是出现在柏拉图的著作中。柏拉图认为，辩证法是人类认识理念世界的方法。他说，当一个人“企图只用推理而不要任何感觉以求达到每个事物的本身，并且这样坚持下去，一直到他通过纯粹的思想而认识到善本身的时候，他就达到了可知世界的极限”，“这个思想的进程叫作辩证法”。[1]

到了近代，黑格尔建立了全面系统的唯心主义辩证法学说，它代表着马克思以前辩证法发展的最高阶段。黑格尔对辩证法的贡献主要有以下几点：第一，黑格尔是近代哲学史上第一位深刻地揭露形而上学的反科学性质，全面论述辩证法的基本特征，并把辩证法提高到客观真理和普遍规律高度的哲学家。第二，他重新提出普遍联系和发展的思想。马克思高度评价说：“黑格尔第一次——这是他的伟大功绩——把整个自然的、历史的和精神的世界描写为一个过程，即把它描写为处在不断的运动、变化、转变和发展中，并企图揭示这种运动和发展的内在联系。”[2]黑格尔强调发展是自己运动的结果，这是辩证法史上的一个重要进步。在黑格尔以前，几乎没有一个人明确地提出来说运动是发生于事物自身内部的。第三，黑格尔把矛盾看作世间一切事物运动、发展的动力和源泉。他说，矛盾是“一切运动和生命的根源；某物只因为自身具有矛盾，它才会运动，才具有动力和活动”[3]。他在回答为什么说矛盾是自己运动的根源时指出：“自在的肯定物本身就是否定性，所以它超出自身并引起自身的变化。某物之所以有生命，只是因为它自身包含有矛盾，并且诚然是把矛盾在自身中把握和保持住的力量。”[4]第四，黑格尔的辩证法包含着深刻的否定观。

---

[1] 《古希腊罗马哲学》，商务印书馆 1982 年版，第 203 页。

[2] 《马克思恩格斯文集》第 3 卷，人民出版社 2009 年版，第 542 页。

[3] 〔德〕黑格尔：《逻辑学》下卷，杨一之译，商务印书馆 1976 年版，第 66 页。

[4] 〔德〕黑格尔：《逻辑学》下卷，杨一之译，商务印书馆 1976 年版，第 67 页。

黑格尔认为，矛盾就是“在其本质规定中的否定的东西”[1]。第五，黑格尔明确把质和量联系起来，并从二者的对立统一和转化来说明辩证发展过程。这里，黑格尔把质变理解为“飞跃”。第六，黑格尔把辩证法引入社会历史领域。他认为，社会历史和自然界一样，处于永恒运动和发展之中，并有其深刻的必然性和规律性。

（三）马克思的唯物辩证法思想

在总体上，唯物辩证法是关于联系和发展的科学；在理论形态上，唯物辩证法不仅反映世界的联系和发展的一般状态，而且揭示了联系和发展的内容、实质和规律，它是由一系列规律和范畴组成的科学理论体系。由此可知，在研究对象上，唯物辩证法其实是关于世界状况怎么样的总观点。毛泽东同志说过：“在人类的认识史中，从来就有关于宇宙发展法则的两种见解，一种是形而上学的见解，一种是辩证法的见解，形成了互相对立的两种宇宙观。”[2]这两种见解的对立性主要表现为：第一，辩证法用联系的观点看待世界，认为世界上的一切事物都相互联系、相互依赖、相互制约，构成一个统一的整体。而形而上学则用孤立的观点看世界，表现为：只见局部不见整体，只见树木不见森林，只见个别的、零散的事物而不见事物的系统性。第二，辩证法用发展的观点看世界，认为世界上没有一成不变的事物，任何事物都有发生、发展和灭亡的过程，并且事物的发展变化有其内在的规律性。而形而上学则用静止的观点看世界，认为一切事物都是静止不变的，表现为：龙生龙、凤生凤，老鼠的儿子会打洞；即使有变化，也只是数量的增减和位置的移动，并无性质上的变化。第三，

[1]　《列宁全集》第55卷，人民出版社1990年版，第116页。
[2]　《毛泽东选集》第1卷，人民出版社1991年版，第300页。

辩证法用全面的观点看世界，要求从多角度、多方位、多层次、多要素来考察一个事物或系统，并把这些多角度整合为一个有机整体，避免出现“盲人摸象”现象。而形而上学则用片面的观点看世界，表现为：“同”就是绝对的同，“异”就是绝对的异，看不到同中有异、异中有同的辩证关系。第四，辩证法用矛盾的观点看世界，认为一切事物内部都存在着矛盾，矛盾的展开及其斗争推动了事物的变化，即一事物向另一事物的转化。而形而上学则根本否认矛盾的存在，表现为：是就是是，不是就是不是。

马克思第一次给辩证法概念以科学的规定，极大地丰富了辩证法的科学内容，从根本上揭示了宇宙万物发展的一般规律，把它们概括为质量互变规律、否定之否定规律等；马克思还确定了唯物辩证法的基本范畴；他还第一次把辩证法区分为“客观辩证法”和“主观辩证法”，并阐明了二者的辩证关系。恩格斯在研究自然界的运动，探索自然科学发展的一般规律的基础上，提出并确定了“自然辩证法”的概念，从而为人类认识自然规律，推动科学技术的发展提供了有力的思想武器。

作为科学的世界观和方法论，马克思的辩证法具有实践性、历史性和批判性。

从创立之日起，马克思的辩证法就指引着无产阶级改造世界的实践活动，它是实践的辩证法。马克思指出：“辩证法是内在的纯朴之光，是爱的慧眼，是不因肉体的物质的分离而告破灭的内在灵魂，是精神的珍藏之所。”[1]马克思的辩证法的核心是实践，实践辩证法是马克思主义唯物辩证法的根本标志，它扬弃了黑格尔的唯心主义的概念辩证法，使其成为实践形态。马克思认为，人类的理论活动是根源于实践的，并且最终也会

[1] 《马克思恩格斯全集》第40卷，人民出版社1982年版，第144页。

统一于实践。实践是马克思哲学体系的根基，更是马克思主义辩证法的根基。从事实践活动的现实的人在实践活动中发展了自身，而现实的人又通过感性实践活动来实现对现实世界的改造。因此，哲学史上的基本问题，也就是思维和存在的关系问题，在马克思的“实践转向”中获得了现实性，即思维和存在的关系，也就是以实践为基础的人与世界之间的关系。辩证法是以人类改造世界的实践活动为连接纽带的，是以人与世界的关系为基础的。马克思将辩证法不再只限定于理论范围内，不再局限于人的思维本身，而是将辩证法置于人的实践活动之中。

马克思把唯物辩证法应用于社会历史领域，揭示了人类社会历史发展的一般规律与资本主义发生、发展和必然灭亡的特殊规律，创立了辩证唯物主义历史观即历史辩证法。马克思对他之前的哲学，尤其是对德国古典哲学的超越，主要体现于他在历史观上的变革。他认为，历史是一个统一的过程，所有的历史事件都源于经济基础和利益的冲突，都处在有机统一之中，作为认识历史事件并把握其本质的科学方法，作为研究社会历史的工具，辩证法将历史事实看成不能脱离社会历史过程而孤立存在的社会现象。所以，所有历史事件会受到社会发展进程中诸多因素的影响，由此也要对复杂的社会历史进程进行辩证的分析，故辩证法从其本质上来讲是一种历史的方法，是历史辩证法。

马克思的辩证法具有批判的、革命的特质，离开批判性就无所谓辩证法。1873 年，马克思为了回击资产阶级及其夸夸其谈的代言人对辩证法的攻击，在《资本论》第一卷第二版“跋”中强调说：“辩证法，在其合理形态上，引起资产阶级及其空论主义的代言人的恼怒和恐怖，因为辩证法在对现存事物的肯定的理解中同时包含对现存事物的否定的理解，即对现存事物的必然灭亡的理解；辩证法对每一种既成的形式都是从不断的运动中，因而也是从它的暂时性方面去理解：辩证法不崇拜任何东西，按其本质来说，它是批判的和革命的。”[1] 按照理论的设计，我们对现实世界进行改造，即改造现实世界的过程和行动也就是否定现实世界的过程和行动，它将自在自然改造成人化自然，这是一种实践批判。而实践批判是以理论批判为前提的，即人在观念中构思了活动目的、活动方案、活动过程。马克思说：“最蹩脚的建筑师从一开始就比最灵巧的蜜蜂高明的地方，是他在用蜂蜡建筑蜂房以前，已经在自己的头脑中把它建成了。”[2] 这是一种思维的批判活动，是实践批判的指导，所以批判性是辩证法的外在化，是辩证法的外在属性。形而上学的错误之一，就是它直观地看待世界和客体，毫无批判性。

二、唯物辩证法的核心观点

唯物辩证法是一种内涵丰富的科学体系，包含两大观点和三大规律。

（一）两大观点

1. 联系的观点

联系的观点，又分为联系的系统性观点和联系的条件性观点。

---

［1］　《马克思恩格斯文集》第 5 卷，人民出版社 2009 年版，第 22 页。

［2］　《马克思恩格斯文集》第 5 卷，人民出版社 2009 年版，第 208 页。

联系的系统性观点要求我们进行系统思维，制定整体性工作方法，顾全大局。联系的条件性观点要求我们进行条件性思维，树立具体问题具体分析的工作方法。

（1）联系的系统性观点

世界上的万事万物无不处在普遍联系之中，整个世界就是一个普遍联系的统一体。有一个著名的“六度分离理论”，说的就是人与人之间的普遍联系。我们走在大街上，都不认识行色匆匆的路人，他们与我们有联系吗？美国社会心理学家米尔格伦所提出的“六度分离理论”回答了这个问题。他认为，你和任何一个陌生人之间所间隔的人不会超过五个，也就是说，最多通过五个人你就能够认识任何一个陌生人。简单地说，你和世界上的任何一个人之间只隔着五个人。按照这种理论，每个人都可以利用关系网与陌生人搭上关系，甚至著名导演、知名作家等从某种意义上说都是我们的“熟人”。作为哲学范畴，联系不仅仅指人与人之间的认识、熟悉，还包括事物之间和事物内部各要素之间的相互影响、相互作用的关系。

联系具有普遍性。儿歌“大鱼吃小鱼，小鱼吃虾米，虾米吃草泥”，形象地说明了自然界的食物链现象，也说明了自然界中事物联系的普遍性。我们都听说过蝴蝶效应：一只南美洲热带雨林中的蝴蝶，偶尔扇动几下翅膀，可以在两周以后引起美国得克萨斯州的一场龙卷风。其原因就是蝴蝶扇动翅膀的运动，导致其身边的空气系统发生变化，并产生微弱的气流，而微弱的气流又会引起四周空气或其他系统产生相应的变化，由此引发连锁反应，最终甚至会导致全球气候系统的极大变化。这是自然界作为一个普遍联系的整体所展现的情况。在人类社会中，情况亦是如此。在全球化时代，每一个国家、每一个人都处在联系之中。2008 年，美国次贷危机引发的全球经济危机就是一个很好的例子。这场危机源自虚拟经济，而后影响到了实体经济；发生源自美国，而后影响到了全世界；源自经济领域，而后扩展到了政治、社会领域。还有，在党的十八大报告中所提出的要进行经济建设、政治建设、文化建设、社会建设、生态文明建设的“五位一体”总体布局，实际上是普遍联系的观点在中国特色社会主义建设事业中的具体运用。

联系具有客观性。联系是事物之间固有的、稳定的关系，是不以我们的意志为转移的，不是我们想让事物之间有联系它就有联系，不想让它有联系它就没联系。联系的客观性和联系的普遍性构成了一对相辅相成的概念。联系固然具有普遍性，但也不是说任何两个事物之间都有联系。比如各级官员要想使自己所做的工作得到上级领导认可，使百姓满意，靠的是扎扎实实为老百姓办事，为老百姓谋利益，而不是其他。但是在现实生活中，有些官员不信马列信鬼神，迷恋风水，将自己能否升迁与风水相连，而不与自己为党和人民所做的贡献相联系，这样的联系其实就是一种主观臆造的联系。这方面典型的案例，是山东省泰安市委原书记胡建学。有人曾预测说胡建学可当副总理，只是命里缺一座“桥”。他因此下令将已按计划施工的国道改道，使其穿越一座水库，并顺理成章地在水库上建起了一座大桥。但他终究与副总理职位无缘，倒是因犯贪污受贿罪而被判死缓。胡建学就是忽视了联系的客观性，而用一个主观臆造的联系来摆布自己的人生。

联系具有多样性。事物的联系有内部联系与外部联系、本质联系和非本质联系、必然联系和偶然联系等。其中内部的、本质的、必然的联系决定事物的性质和发展趋势，外部的、非本质的、偶然的联系对事物性质和发展则起次要作用。我们做工作的前提，就是要抓住事物的内部的、本质的、必然的联系，但又不能忽略事物的次要的联系。当然，正因为联系具有多样性，这也使得联系具有了可变性。原来在事物发展中是次要的联系，会随着社会发展而成为主要的联系。比如在社会关系中，人一生的发展，在不同阶段会和不同的人打交道。单从家庭关系来说，我们一生中会依次处理与父母、爱人、子女的关系，这些关系在人生的不同时期，其地位和作用是不相同的。这些联系处理得好坏，直接关系到我们的事业成功与否、家庭幸福与否甚至身体健康与否。

既然联系是普遍的、客观的、多样的，那么，在实际工作和生活中，我们一定要用联系的而不是孤立的、片面的观点看待问题。要想认识事物或打开思路，往往要进行一番由浅入深、由表及里、由此及彼、由远及近的“联想”，即要多方面、多角度地分析认识事物，要见微知著、举一反三。领导干部在推动工作时，也必须紧绷“联系”这根弦。例如，我们在上马一个项目时，不能只看这个项目或工程能带来多少经济效益，能拉动多少 GDP 的增长，还要看其对环境的影响。如果解决了温饱却破坏了环境，或实现了小康却使生态遭殃，显然不是一种科学的发展。普遍联系的观点，实际上是统筹兼顾方法的哲学基础，即统筹兼顾本身就要求用联系的观点来认识和处理问题。

还有，在城市管理中，也存在着大量的不用联系观点指导工作的情况。如我们经常看见，好好的马路，今天被这个单位挖开，明天又被那个部门挖开。这说明，这些部门之间互不通气，各自为政，缺乏联系。这样的做法只会导致效率低下或怨声载道。

（2）**联系的条件性观点**

辩证法主张具体问题具体分析，或者说一切以时间、地点、条件为转移。

这是人们认识和处理问题的基本方法。坚持这一方法论原则，当然要反对“一刀切”的教条行为，就是说不能不顾实际情况，而随意套用某种方法或做法。比如，我们去游泳，一定要穿游泳衣而不能穿长衣，这是正确的。但如果我们去大街上穿个泳衣而不穿长衣就明显不合适了。可见，即使穿衣服这样的小事也要讲究条件，也要考虑到环境、场合，即自己所穿的衣服要与具体的环境相适应。

具体问题具体分析是矛盾特殊性原理在方法论上的体现，它要求我们的行为实施不实施，要取决于不同的时间、地点和条件。既然时间和空间是物质运动的存在形式，那么，我们就要高度关注事物存在和发展的时间与空间。就是说，只有从具体的时间和空间出发，才能认识事物，解决问题，即一切要以时间和地点为转移。时间和空间发生了变化，就意味着事物也发生了变化。所谓在什么山唱什么歌，说的就是这个道理。我们切不可犯生搬硬套、“一刀切”等经验主义和教条主义的毛病。比如，我国实行的“最低工资标准制度”，就是采取具体问题具体分析的方式。1994 年 7 月 5 日第八届全国人民代表大会常务委员会第八次会议通过的《中华人民共和国劳动法》第四十八条明确规定：“国家实行最低工资保障制度。最低工资的具体标准由省、自治区、直辖市人民政府规定，报国务院备案。用人单位支付劳动者的工资不得低于当地最低工资标准。”由于我国幅员辽阔，地区间经济发展不平衡，各地消费水平差异很大，“最低工资标准”自然应该由各省、自治区、直辖市人民政府根据本地区经济发展水平而定，而不能实行全国“一刀切”，各省也不能盲目照搬他省标准。另外，国家规定最低工资标准每两年至少应调整一次，这就意味着“最低工资标准”也要随着经济发展而不断提高。可见，不同地方、不同时间的“最低工资标准”

都是不一样的。再如，我们当前所走的道路是“中国特色社会主义道路”。从历史到现实，从理论到实践都已证明，这条道路是适合中国国情的。西方资本主义国家的某些先进经验值得我们学习，但是我们不能盲目照搬西方的发展道路。在地方经济发展过程中，我们也要避免出现“教条主义”的做法。现在各地到外地学习取经都比较普遍，但是取经不是盲目照搬照抄。比如有报道称：甲、乙两县相邻，自然条件差不多，同是农业县，又同有种植棉花的传统。但甲县向A县学习，A县的优势是大棚蔬菜的种植，于是甲县出台政策，也鼓励农民培育大棚蔬菜。在政府不断“加大工作力度”的推动下，大棚搭起来了，菜也种上了，但终因技术不精、管理不善和群众积极性不高等失败了。乙县则继续在传统产业棉花上做文章，引进了美国抗虫棉，减少了农药投资和劳动强度；推广了立体种植，实现了一年两熟甚至三熟，增加了效益；还充分利用棉花的副产品发展食用菌养殖，把棉花的优势挖掘到了极致。种大棚蔬菜并没有错，A县就是一个成功的例子。学A县也没有错，但必须立足于本地实际，否则就会出现“邯郸学步”的窘况，别人的没学会，自己原来拥有的东西也丢了。2012年，习近平同志在中央党校春季学期第二批入学学员开学典礼上就指出，对待西方经济学、政治学等方面的理论著作和资本主义经济发展的经验，要注意分析、研究并借鉴其中有益的成分，但决不能离开中国具体实际而盲目照搬照套。

2. 发展的观点

几十年来，“发展”已经成为中国官方、群众口中及舆论的高频词，“发展才是硬道理”“发展是党执政兴国的第一要务”“第一要义是发展”等观点已深入人心。党的十九大又进一步强调高质量发展。但这里所说的“发展”，更多指的是经济社会的发展，它和作为哲学范畴的“发展”并不完全一样。那么，该如何理解唯物辩证法中的“发展”范畴呢？在谈到联系范畴的时候，我们已经说过，联系是事物之间或事物内部各要素之间的相互影响、相互作用。这种相互影响、相互作用必定导致事物的运动、变化、发展。运动和变化无所谓褒贬，它只是事物的存在方式，而发展单指事物的前进的、上升的、进步的变化。既然是事物由低级形式向高级形式的变化，也就是事物低级形式的淘汰，高级形式的出现，所以，发展的实质是新事物的产生、旧事物的灭亡。

同时，发展是有方向性的，发展的方向性表现为发展的过程性。过程，就是指事物的产生、发展和消亡的顺序性，一个事物向另外一个事物转化，或不同事物之间的相互转化。过程就是事物的变化，就是一种事物变成“非自身”，事物就是作为过程而存在的，世界是过程的集合体。而且随着科技的迅猛发展，社会日新月异，整个世界更新换代日益加快，尤其是20世纪以来，信息技术异军突起，人类传播知识、交流思想、处理信息的能力都获得空前提高，人类的学习能力正实现着巨大的飞跃。人类在提高科技水平的同时，科技也在迫使人类适应它的复杂性，反过来促使人类社会加快发展的步伐。这是一个新事物层出不穷、旧事物不断被淘汰的时代。

发展作为一个过程而体现为事物的发展是前进性和曲折性的统一。任何事物的发展总趋势是前进的、上升的，但具体的道路是曲折的、迂回的，这也是辩证否定即扬弃的过程。事物发展的总趋势是上升的，是因为事物的发展是由辩证否定所构成的链条，事物的每一次发展都是对事物不好的、消极方面的舍弃，对好的、积极方面的保留，同时又吸收了新的积极因素。因此，相对于过去而言，每一次发展都是一个提高过程。事物发展的具体道路是曲折的，因为发展是新事物和旧事物的斗争，在社会历史领域，这种斗争还非常激烈，甚至以战争的形式出现，所以新事物战胜旧事物不可能一帆风顺。比如，相对于封建主义来说，资本主义是新事物。而在20世纪初，在中华大地上，资本主义战胜封建主义的过程就经历了封建主义的复辟，如张勋复辟就是一个逆历史潮流而动的“笑话式”举动。再比如，相对于社会主义而言，资本主义是个旧事物。放眼全球，虽然中国特色社会主义“异军突起”，但当前仍然是一个资本主义占据主导地位的全球体系。

当然，新事物对旧事物的否定不是全盘否定，新事物也不是旧事物的极端对立面，而是一种辩证否定，也就是扬弃。扬弃，就是既克服又保留，既批判又继承。所以，对待任何事物我们都不能走极端，不能“非此即彼”，采取肯定一切或否定一切的态度，要把肯定和否定统一起来。比如，科技的发展就是一个不断超越前人的过程。在社会形态更替中，社会主义是对资本主义的扬弃和超越，但社会主义不是对资本主义的全盘否定，它只是否定了资本主义经济、政治制度中的非人道性和“恶”，却保留了资本主义所创造的优秀文明成果。马克思就说，资本主义在它统治不到100年的时间里所创造的财富比过去所有世代加起来还要多。改革开放以来，我们就不断学习借鉴资本主义在技术、资金、管理经验等方面的优势，而没有像过去那样，拒绝、否定资本主义社会中的一切。

事物发展的前进性和曲折性相统一或并存的原理，要求我们不管在顺境还是在逆境的时候，都要抬头看天、低头看地，正确对待成功与挫折，成功时要想想可能潜藏着失败的因子，失败时则要想想前途还是光明的，只是具体的道路曲折罢了。爱迪生发明电灯的故事或许对我们有启发。爱迪生为了找到合适的耐热材料，他把自己所能想到的各种耐热性的东西几乎全部写了下来，总共有1600多种。他对如此多的耐热材料分门别类地进行试验，试来试去，发现采用白金最为合适，但以白金为材料所做的灯，价格太昂贵了。于是，马拉松式的试验又开始了，直到1906年，爱迪生找到了钨丝，才做出了既耐热又便宜的灯。后来，当人们拉亮电灯时，每每会想到这位伟大的发明家，是他给暗夜中的人们带来了光明。但为了这个光明，爱迪生也经历了无数次的失败。我们今天所建设的中国特色社会主义，就是充满了前途和希望的伟大事业。当然，这项前无古人的伟大事业没有现成的经验和模式可以借鉴，在前进中必然会出现各种风险、挫折，所以在中国特色社会主义现代化建设的伟大进程中，我们不能忽视挫折、失误的存在，要正视挫折、失误，看到挫折和失误是伴随前进过程的必然产物，只要有前进，就会有挫折。发展与问题并存，发展本身就是不断出现问题、不断解决问题的过程。

（二）三大规律

辩证法作为一种方法论体系，是一个规律体系。其中最基本的三个规律是质量互变规律、否定之否定规律和对立统一规律。

1. 质量互变规律

质量互变规律回答了事物发展的形式是什么的问题。任何事物都既有质的规定性又有量的规定性，由此形成了量变和质变这两种事物变化的基本形式。发展的实质是新事物的产生和旧事物的灭亡，这就是质变。质变不是突发的，而是渐进的，是量变的结果，同时是新的量变的开始。量变和质变的相互交替是事物发展的常态，积土成山、集腋成裘；不积跬步，无以至千里；千里之堤，溃于蚁穴；善不积不足以成名，恶不积不足以灭身等，表达的都是质量互变的道理。这就要求我们一方面要有定性思维，不能“指鹿为马”，因为“指鹿为马”搞混了鹿与马的性质，即把鹿与马混为一谈了；另一方面我们也要有定量思维，马就是马，鹿就是鹿，它们是两种不同性质的东西，但马有大马与小马的区别，大和小就属于量的范畴了，即大马与小马只是一种量上的区别而非性质上的区别。小马的未来就是大马，大马的过去就是小马，大和小又是有联系的。

质变和量变的辩证关系表现为：第一，质变不是突如其来的，它是以量变为基础的，离开了量变的质变是不存在的。一口吃不成胖子，一步跨不到天边，做任何事情都不能急于求成，急功近利。在“大跃进”时期，我们曾提出了一些不切合实际的口号，想要在短时间内“超英赶美”，想跑步进入共产主义社会，就是轻视了量变甚至是漫长的量变这一必经的前提。第二，量变不可能永恒地持续下去，它以引起质变为后果，不引起质变的量变也是不存在的。就是说，量变达到一定程度就会引起质变。俗话说“常在河边走，哪有不湿鞋”“夜路走多了必然要碰见鬼”，实则从一个侧面表达了量变必然会引起质变的道理。第三，要分清质变的两种趋向，即前进性的质变和倒退性的质变。我们从半殖民地半封建社会向社会主义社会过渡属于前进性质变，而苏联从社会主义社会退回到资本主义社会则属于倒退性质变。

任何事物既有质的规定性，又有量的规定性，其实都是质和量的统一体。质回答“What”的问题，即“是什么”的问题；量回答“How”的问题，也就是“怎么样”的问题。我们认识事物、处理问题、与人交往，都是在质与量相统一的范围内进行的，因此，我们务必将对质的把握和对量的认识统一起来。征婚启事关于征婚对象的界定就鲜明地体现着质与量的统一，如要求对方身体健康、品质端正、待人诚恳等，这些都属于质的规定性；

要求对方年龄多大、身高多少等，这些都属于量的规定性。任何征婚启事，都是这两点的统一，否则是不完整的，不能提供准确的信息。再比如，我们去商店买东西，只能说要买一条裤子、两双袜子等，裤子、袜子这些物品的名称就是物品质的代号，一条、两双作为量的符号，是修饰质的，是对质的进一步说明。我们不能说要“一条”、要“两双”，也不能说只要袜子或裤子，否则我们可能什么也要不了。我们布置工作同样要求质与量的统一，如什么人和多少人（质和量的统一），完成什么工作（质的规定性）、用多长时间（量的规定性）。可见，没有质和量及其统一性，我们既不能认识事物，更不能开展工作。总之，离开质的量和离开量的质都是没有意义的，也是不存在的。或者说，单纯的量或单纯的质都无法完整准确地规定事物。唯一正确的做法，就是要把质与量统一起来。

当我们把质和量统一起来的时候，在哲学上就出现了“度”的范畴。事物的度是事物的质和量的统一，是事物保持自己质的量的限度、幅度、范围、分寸，是和事物的质相统一的限量。度的两端就是临界点，超出这个临界点，事物就发生质变，在这两个临界点之内，事物的变化属于量变的范畴。如喝一杯酒会有益健康，但如果喝了一瓶酒，则要危害健康了。再比如，水的度为0℃ ~100℃，或者说，“0℃”和“100℃”是它的两个关节点，超越了这两个关节点，液体的水要么变成水蒸气，要么变成固体的冰。所以，我们做任何事情都要把握好度、拿捏好分寸。例如，我们在做饭炒菜时，太硬了不行，太烂了也不行；太咸了不行，太淡了也不行，这就要求我们把握火候，所谓火候指的就是度。古代有个“画蛇添足”的故事，就是讽刺人的行为过了“度”。它说的是战国时期有个人在画好蛇后，硬要给蛇添加上脚，结果所画出来的蛇不伦不类，给后人留下了笑柄。人的行为或活动的适度性是一种普遍要求，如农民种庄稼，苗与苗的间距不能过密，过密不利于苗的生长；也不能过疏，过疏则浪费地力或使耕地不能充分利用。“豪猪取暖”的寓言故事讲的也是同样的道理。冬天里一群豪猪挤在一起取暖，但各自身上的刺又扎得它们疼痛不堪，于是便相互分开，但分开后又寒冷难耐。这样，在尝试了多次之后，这群豪猪终于找到了最佳的取暖方式：既能相互得到温暖，又不至于扎得太疼。这样一种取暖，实际上是对适度原则的运用。

既然事物的质变都是从量变开始并以量变为基础的，量变是质变的准备和前提，那么，我们在平常的工作和生活中，一定要做好平时的点点滴滴的量的准备工作。要坚持不懈，持之以恒。那种三天打鱼、两天晒网的做法，是不符合事物的质量互变规律的。我们要全面建成小康社会，我们要实现中华民族伟大复兴的中国梦，如果每个人能从眼前工作做起，从现在做起，一步一个脚印地往前走，每天都争取一点点进步，每个村、每个镇、每个县每天都进步一点点，那么聚少成多，由点到面，一定会在量变的基础上发生质变，我们的目的一定能达到，我们的事业一定能成功。这叫作“积小胜为大胜”。

不仅量的积累会引起质变，而且量的顺序、比重、关系和排列组合的变化也会引起质变，也就是说结构的改变会引起功能的改变。我们知道，事物纯粹量的增减在达到一定程度后，一般会引起质的改变。除此之外，事物还存在着另外的量变引起质变的情况，即构成事物的要素的数量没有发生增减，但构成事物的要素在空间结构上发生了排列变化，从而产生了质变。比如在化学中，金刚石和石墨是同素异形体，都是由碳元素组成，但是由于结构不同，彼此间物理性质迥异，金刚石坚硬无比，是自然界已知的硬度最强的材料，而石墨却是最软的物质之一。田忌赛马的故事更典型。战国时期，齐威王与大臣田忌赛马，双方各出上中下三马。第一轮比赛是以上马对上马、中马对中马、下马对下马，结果田忌以 0 ∶ 3 败北。第二轮比赛时，田忌改变了出马的次序，以下马对上马、上马对中马、中马对下马，结果以 2 ∶ 1 取胜。同样的马，为何两次比赛的结果大不一样？关键在于排列组合或结构发生了改变，从而引起了质变。改革开放前，我国农村实行的是以生产队为基础的生产经营方式，人们吃“大锅饭”，平均主义严重，致使生产效率低下，人们甚至吃不饱肚子。改革开放后，虽然是同样的人和地，但由于采取了包产到户的家庭联产承包责任制的经营方式，效率就大为改观。据报道，1978—1984 年，中国农产品产值以不变价格计算增长了 42.23%，其中 46.89% 归功于家庭联产承包责任制取代集体耕作制度的体制改革。

可见，在我们关注量变引起质变的同时，还要坚持结构观点。即要想提高工作效率，在同样的人力、物力的条件下，不妨在结构上进行调整。如此，就会收到意想不到的效果。我们经常开玩笑说，男女搭配，干活不累。这其实也是有科学依据的，也是利用结构思维的典型例子。美国科学家曾发现一个有趣的现象，在太空飞行中，当宇航员全部为男性时，60.6% 的宇航员会出现头痛、失眠、恶心、情绪低落等症状。经心理学家分析，这是因为宇宙飞船上都是清一色的男性。之后，有关部门采纳了心理学家的建议，在执行太空任务时挑选一位女性加入，结果，男性宇航员先前的不适症状消失了，还大大提高了工作效率。心理学家是这样解释的：男性比女性更喜欢通过视觉获得异性的信息，容貌、发型等外部特征都能引起他们的兴趣，对他们的感官造成冲击，从而引起心理上的愉悦与兴奋。此外，男性的表现欲和征服欲往往比女性强，潜意识里希望得到异性的赞美和欣赏。一旦得到女同事的赞赏，男人们的心理体验将得到极大满足，心理上的成就感冲淡了工作上的劳累和压力，所以感觉不到累。同样，对于女人来说，由于女性的心思远比男性细腻，被同性关注和被异性关注的感觉是不同的，同性的评价无关痛痒，而异性的评价往往能令其做出惊人的表现。得到男同事的关注或赞赏后，女性就会觉得自己是优秀和出色的。这种心理体验得到满足后，她们便觉得有“奔头”，有一个新的努力方向，工作中的委屈和劳累便会“大打折扣”。所以“男女搭配，干活不累”，既有哲学依据，更有科学依据。这给我们的启示是，在工作中我们也可以通过类似结构的改变来提高工作效率。

2. 否定之否定规律

否定之否定规律回答了事物发展过程是什么的问题，揭示了事物发展的全过程和总趋势，是唯物辩证法基本规律的综合体现。任何一个事物的内部都包含着相反的两个方面或趋势：一是维持自身存在的方面，二是促使自身转变为他物的方面。维持自身的方面谓之为“肯定”，促使自己灭亡的方面谓之为“否定”。否定之否定规律要求我们以辩证的否定观来看待人和事物，即在否定的同时要肯定，在肯定的同时要否定，对人对事不能全盘肯定或全盘否定，不能像费尔巴哈那样泼洗澡水时连同洗澡盆中的孩子一块倒出去。[1]这些年来，历史虚无主义思潮时隐时现。一些人以“反思历史”为名，歪曲“解放思想”的真意，从纠正“文化大革命”“左”的错误，演变为“纠正”社会主义，认为我国不该过早地搞社会主义，而

[1] 这是一个比喻，费尔巴哈在反思黑格尔的唯心主义辩证法时，只看到黑格尔观点的局限，即其唯心主义的一面，在改造黑格尔的思想时，他矫枉过正，将黑格尔思想中的合理部分，即辩证法也舍弃了，这就是只否定，没有认识到否定的同时也要肯定。

应该让资本主义充分发展；从纠正毛泽东同志晚年的错误，发展到全盘否定毛泽东同志的历史地位和毛泽东思想；从诋毁新中国的伟大成就，发展到否定中国革命的历史必然性；从丑化、妖魔化中国共产党领导革命和建设的历史，发展到贬损和否定近代中国一切进步的、革命的运动；从刻意渲染少数中国人的不文明行为，发展到否定五千年的中华文明等。历史虚无主义就是只看到我们发展中的问题，对这些问题不是抱着辩证否定的态度，而是抱着只否定不肯定的态度，这显然是错误的。我们要正视错误，但不能一叶障目，在指出了错误的同时将正确的东西也否定掉了。同样，对于社会思潮而言，近代中国思想史上产生的全盘西化和对传统文化的彻底否定都是不对的，只有马克思主义中国化理论所主张的马克思主义基本原理与中国传统文化相结合才是正确的，才是坚持否定之否定规律的。

3. 对立统一规律

对立统一规律回答了事物发展过程的原因是什么的问题，揭示了事物发展的根源是事物内部的矛盾运动。对立统一规律是唯物辩证法的实质和核心。列宁就说："统一物之分为两个部分以及对它的矛盾着的部分的认识……是辩证法的实质。"[1]因为辩证法是关于联系和发展的学说，联系的观点和发展的观点是唯物辩证法的基本观点，但如何联系、如何发展，只能由对立统一规律才能说清楚。在对立统一规律看来，事物联系的实质是对立统一的联系，或者说，事物内部和外部的矛盾联系才是联系的根本内容，事物联系的一切形式如因和果、必然和偶然、现象和本质、可能和现实等的联系，其实都是对立统一联系的具体表现。世界是永恒运动、变化、发展的，这也是唯物辩证法的一个基本观点。而要认识事物的发展，就必

[1] 《列宁专题文集·论辩证唯物主义和历史唯物主义》，人民出版社2009年版，第148页。

须深入认识事物运动发展的原因和动力。在对立统一规律看来，事物内部矛盾双方的既对立又统一，导致了事物的运动发展。或者说，发展的实质就在于事物内部对立着的两个方面的既斗争又统一。正是在事物内部矛盾的作用下，事物才由量变引起质变进而实现了发展。所以，学习唯物辩证法，就要坚持矛盾观，树立矛盾思维，要认识到有矛盾、有斗争、有纠纷、有摩擦很正常。

这里还要注意作为哲学范畴的“矛盾”和逻辑上讲的“矛盾”是不一样的。逻辑矛盾来源于一个小故事。在《韩非子》里讲了一个矛与盾的故事。说的是有个楚国人，既卖盾又卖矛。他先夸耀自己的盾，说他的盾坚固无比，任何锋利的东西都穿不透它。后又夸耀他的矛，说他的矛锋利无比，不管多么坚固的东西都能刺穿。这时有人问他，用你的矛刺你的盾，结果如何？这个楚国人哑口无言，一句也答不上来。这个故事表达了一个人说话办事自相抵触而又不能自圆其说的意思，即自己说服不了自己，前后矛盾。悖论也是一种逻辑矛盾。公元前 6 世纪，克里特哲学家艾皮米尼地斯说了一句很有名的话：所有克里特人都说谎。这句话有名是因为它自相矛盾，是一个悖论。因为如果艾皮米尼地斯所言为真，那么克里特人就全都是说谎者，身为克里特人之一的艾皮米尼地斯自然也不例外，于是他所说的这句话应为谎言，但这跟先前假设此言为真相矛盾；又假设此言为假，那么也就是说所有克里特人都不说谎，自己也是克里特人的艾皮米尼地斯就不是在说谎，就是说这句话是真的，但如果这句话是真的，又会产生矛盾。

哲学上的“矛盾”，是指事物自身包含的既对立又统一的关系。所谓对立，是指矛盾双方相互排斥、相互斗争。所谓统一，是指如下两种情形：第一，矛盾双方在一定条件下相互依存，一方的存在以另一方的存在为前提，双方共处于一个统一体中。第二，矛盾着的双方，依据一定的条件，各向自己相反的方向转化。马克思说过，假如没有小偷，锁会达到今天这样的完善吗？假如没有假钞票，钞票的制造会有这样精美吗？马克思的说法反映了矛盾双方的博弈斗争对事物发展的推动作用。就是说，这一方的发展变化要到另一方去寻找原因，矛盾是推动事物双方发展的原因。这也正是“道高一尺，魔高一丈”的道理。

唯物辩证法除了上述三个基本规律外，还包括一系列范畴。如原因和结果、必然性和偶然性、可能性和现实性、内容和形式、现象和本质等。

三、辩证的思维方式

学习唯物辩证法，要把唯物辩证法的观点转化为思考、分析问题的思维方式，掌握辩证的思维方式。辩证的思维方式包括以下内容。

（一）辩证思维

辩证法要求我们全面、联系和发展地看待事物，树立辩证思维。所谓辩证思维，就是要运用既对立又统一的矛盾眼光来看问题，在注重矛盾双方对立的时候不能忽视二者之间的统一，在注重矛盾双方统一的时候不能忽视二者之间的对立。因为同一性和斗争性是矛盾的两种基本属性，矛盾的同一性即统一性，是指对立面双方相互依存，矛盾双方都不是孤立存在的，一方的存在以另一方的存在为前提和条件。矛盾的斗争性，是指对立面的相互排斥和转化。物理运动中的正电和负电就是矛盾的斗争性。统一性和斗争性是矛盾的两种属性，但两者相互联系，统一性离不开斗争性，同一本身就包含着差别，完全一样的事物是不存在的，斗争性也离不开统一性，斗争是统一体内部的斗争，所以矛盾的统一是对立中的统一，对立是统一中的对立。

在半殖民地半封建社会中成长的民族资产阶级，在自身经济实力的发展上依赖于外国资本主义，也被资本主义列强的商品输出所遏制；本国的自然经济与统治者是限制民族资产阶级成长的内因。这些条件使民族资产阶级没有与外国资本主义一样强大的经济实力，决定了民族资本主义的两面性，并自始至终存在着。它们既具有革命性，又具有妥协性。一方面，他们生长于半殖民地半封建社会，希望改变为适合资本主义发展的社会，有反对外国资本主义与本国封建统治者双重压迫的革命性一面；另一方面，他们自身资金少、规模小、技术力量薄弱，既不敢也无力推动社会变革，他们的生产发展依赖于外国资本主义与本国封建统治者，又具有妥协性一面。中国共产党在处理与民族资产阶级的关系时，就是在对立中讲统一，在统一中讲对立，该统一时就统一，该对立时就对立，很好地处理了与民族资产阶级的关系。

（二）系统思维

事物都是一种系统存在，这就要求我们必须树立系统思维。系统思维，是一种基于全面看问题的观点而要求从整体性去认识事物的方法，是一种既见树木又见森林的思维方式。与系统思维相对立的是片面思维，这是一种只见树木不见森林的思维方法。“盲人摸象”就是片面思维的具体表现。

有几个盲人，从来没有见过大象，也不知道大象长什么样，他们就决定去摸摸大象。第一个盲人摸到了鼻子，就说大象像一条弯弯的管子；第二个摸到了尾巴，就说大象像根细细的棍子；第三个摸到了身体，就说大象像一堵墙；第四个摸到了腿，就说大象像一根粗粗的柱子；第五个摸到了耳朵，就说大象像一片很大的树叶。盲人摸象之所以得出错误的认识，是因为他们割裂了事物，以点代面，把局部当作整体。因此，我们认识事物、指导实践，一定要坚持全面、整体的观点，在今天，尤其要反对“盲人摸象”思维。

自从生态文明被写入党的十七大报告之后，在我国政界、学界再次出现了研究生态文明的热潮。尤其是党的十九大进一步强调要大力加强生态文明建设。我们应该用系统思维来看待所有的文明及其建设活动。在系统思维看来，要坚持一种整体文明的理念。所谓整体文明，是一种综合性或复合性的文明形态，它是人的文明、物质文明、政治文明、精神文明和生态文明的统一。整体文明最重要的特征，无疑是它的系统性或整体性，这一特征是对整体文明存在和发展之样态所做的概括。具体而言，整体文明的五个子系统组成了有机的统一体，五个子系统相互交融、相互渗透，呈现出一种“你中有我，我中有你”的态势。就是说，整体文明的结构要素不是单一的而是复合的；整体文明所获得的效应、功能是一种具有新质的整体效应、整体功能，这是单一的文明子系统所无法比拟的。因此，在现实中，我们必须以整体的理念来推进文明建设，那种“单打一”的做法，是不利于文明的科学发展的。

（三）差异思维

差异性思维，是根据物质世界的具体存在样态而提炼出的思维方法，这种思维方法是对唯物辩证法的联系观点和发展观点的具体运用。我们所置身于其中的物质世界，是由多不胜数且存在着种种差异的具体事物组成的。我们描述物质世界所常用的那些形容词，如纷繁复杂、千奇百怪、形形色色、千变万化、大千世界等，无不表达着事物之间或事物内部的差异性。换言之，我们所面对的物质世界不是“一”，而是“多”。所谓差异，就是事物及其运动过程的不同或差别。差异具有普遍性、客观性、多样性、相对性等特征。差异的多样性表达的是有多少种事物就有多少种差异的意思，即差异是极其复杂多样的，有自然差异和社会差异，有本质差异和现象差异，有内在差异和外在差异，有正向差异和负向差异，有结构差异和功能差异，有质的差异和量的差异，等等。

差异不仅是事物存在的基本样态，而且成为人们从事认识和实践活动所要坚持的基本的方法论原则。这种方法论原则蕴含着人们认识事物的差异性思维。“差异性思维”或“识差法”，是人们认识事物的重要方法。所谓认识事物，首先要“识差”，即要搞清楚某物与他物的不同，如此才能对某一事物的具体性质、状态、水平等有一个准确的把握。在“识差”的基础上再采取综合法，即在掌握了事物的差异之后，再设法找出它们之间的共同之处，如共有的本质、规律等，然后再以这种共同的认识去指导把握新的差异性事物。这实际上是一个从感性到理性再到新的感性的过程。

差异与联系具有密切关系，差异性思维是我们认识事物联系的重要方法。事物的差异是在与他物的对比性联系中加以体现或验证的。美国著名战略学家亨廷顿就基于差异性思维指出，人们根据在特定的背景下用把自己区别于其他人的东西来界定自己。他引述这样一段话：“一个人根据把他自己区别于其他人的特性，特别是区别于他通常所处的社会环境中的人的特性……来看待自己。在一个有 12 名妇女从事其他职业的公司里，一个女性心理学家把她自己看作是心理学家；当她同 12 名男性心理学家在一起时，她把自己看作是一个女人。”[1]可见，正是在事物的普遍联系中，我们看到了事物的差异，并验证了这种差异。

差异与发展具有密切关系，差异性思维也是我们认识社会发展的重要方法。在关于差异的多样性的论述中，我们提到了正向差异和负向差异的区别。正向差异在方向上是向前或向上的，在内容上是积极的或有益的；负向差异在方向上是向下或向后的，在内容上则是消极的或有害的。具体而言，所谓正向差异，其实就是一种积极的进步性差异，即社会或社会的某一领域、某一要素经过发展而表现出与自己既往或与别人不同的具有正向意义的差别；所谓负向差异，其实是一种消极的落后性或倒退性差异，即社会或社会的某一领域、某一要素由于没有实现发展或发展得不好，而在与其他发展主体或自身以往的比较中所表现出的具有负向意义的差别。可见，在社会领域，所谓“进步”，其实表现的是具有正向意义的或积极向上的差别。在某种意义上说，社会发展就是一个“求差”的过程，即打破原来的平衡格局而取得一种“正向差异”。在这里，差异性思维成为我们把握社会何以发展、社会怎样发展的一种独特视角。例如，当某一发展主体出现了与自身以往或与其他发展主体相比而言的具有正向意义的不同，我们基本上可判定该发展主体具有了进步性。如改革开放中国社会取得了巨大进步，这种进步主要是与过去的中国社会相比而言的具有正向意义的差异；再比如，当某一发展主体出现了与自身以往或与其他发展主体

[1] 〔美〕亨廷顿：《文明的冲突与世界秩序的重建》，周琪、刘绯等译，新华出版社 2002 年版，第 57 页。

相比而言的负向意义的不同，我们可知该发展主体具有了退步性或停滞性。如改革开放初期，当国门打开之后，在与西方发达国家的比较中，我们深切感受到了中国经济社会文化等的落后。可见，“识差法”是我们认识某一发展存在所处水平或状态的重要方法。

（四）适度思维

万事万物的发展变化都有一个过程，不能冒进也不能滞后，做人做事都要讲究个“度”或分寸。通俗地说，太多了不好，太少了也不好，不多不少就是适度思维。与适度思维相反的就是过度思维。任务太多，干不完或者太累，不利于工作的长期开展，布置的任务太少，会导致人浮于事，不利于调动工作人员的积极性。

过去，我们在对领导干部工作的考核中，因为“经济建设”这一中心工作的导向，便将经济发展的好坏作为评价干部的唯一因素，而 GDP 增长率被等同于经济发展的好坏，所以在经济发展过程中，就形成了唯“GDP”是从，出现了只关注 GDP 而忽视生态和民生等做法，认为只要 GDP 上去了，政绩也就上去了，官途就会顺畅了。这就导致我们片面追求 GDP，而没有看到这种过度追求 GDP 的做法会导致 GDP 变成“黑色 GDP”。2007年，我们党提出了科学发展观，并作为党的指导思想。从适度思维来看，科学发展观就是将过度追求 GDP、唯一追求 GDP 变成适度追求、合理追求、科学追求 GDP。据报道，北京等地坚持适度思维，主动摆脱 GDP 崇拜，将经济增速放缓，积极把握好“快”与“稳”、“舍”与“得”、“长”与“短”、“显”与“隐”、“内”与“外”五种关系。毛泽东同志在《论十大关系》中也坚持了适度思维，强调要解决好十个问题，也就是处理好十大关系。比如在处理农、轻、重关系上，他指出，要适当地调整重工业和农业、轻工业的投资比例，更多地发展农业、轻工业。这样，重工业是不是不为主了？它还是为主，还是投资的重点。但是，农业、轻工业投资的比例要加重一点，这就是适度。后来到了“大跃进”“大炼钢铁”时期，就偏离了适度思维，变成了过度发展重工业，尤其是钢铁产业。

（五）创新思维

唯物辩证法的两个基本观点和三大规律，是确立创新思维的哲学基础。由量变到质变包含着创新；否定之否定规律的本质是批判的、革命的、发展的，蕴含着创新；对立统一规律是事物发展变化的内在动因，推动着创新。

马克思、恩格斯在《共产党宣言》中，认为人类在过去一个世纪所创造的生产力比过去所有世代都多。如今，社会生产力发展的步伐要比马克思所生活的时代更快。发展的本质是新事物的产生和旧事物的灭亡，也就是推陈出新的过程。长江后浪推前浪。这就要求我们跟随前浪的脚步，不断创新，破除旧事物、旧观念、旧思维、旧模式对我们的束缚，坚持创新思维。

创新思维要求我们在各个方面、各个领域都要勇于进取、积极创新。对于领导干部而言，最主要的是在工作方法上的创新，在制度设计上的创新，也就是在我们能力范围之内破除阻碍工作的体制性机制性障碍。邓小平同志在提出“‘两个凡是’不符合马克思主义”的论断时就坚持了创新思维。其实，我们与“四人帮”的区别，不是在口头上喊要不要以马克思主义为指导，而是他们对马克思主义的理解是错误的，他们既不坚持马克思主义基本原理，也不坚持创新的观点，不注重马克思主义的中国化时代化大众化，只固守马克思、恩格斯、毛泽东同志的只言片语，不是根据中国实际的发展来与时俱进地坚持和发展马克思主义。邓小平同志坚持创新思维，认为要理解毛泽东思想，最主要的不是搞语录标准，而是要理解毛泽东思想的精髓。所以，坚持创新思维，就要破除迷信“本本”的教条主义思维，从实践出发，从国情、省情、市情、县情出发，做到“不唯上、不唯书”。

四、领导工作方法

可以把辩证的思维方式转化为领导干部解决问题、做好工作的工作方法。总的工作方法，就是在工作和生活中要“照辩证法办事”。具体来说，领导干部需要掌握以下几种工作方法。

（一）抓重点带一般

这是对主要矛盾原理的具体运用，也是一切工作方法的核心。今天，我们的领导干部面临的任务、矛盾、问题和挑战都是前所未有的，要做的工作也千头万绪，错综复杂，各级领导干部都比较累。党的十九大之后，一些关于领导干部心理压力情况的调查显示，领导干部的压力问题确实不容乐观，主要集中体现在这样几个方面，即职业压力、责任压力、社会关系压力、角色意识冲突压力以及私人生活压力。那么，这些压力的本质是什么，其根源何在？或者他们为什么比较累？

从根本上看，这根源于转换发展模式的严峻性。原有的发展模式既给领导干部带来了获得业绩的便利，也给他们带来了问责临头的风险；领导干部社会关系的压力本质上折射了中国社会转型的复杂性；领导干部私人生活的压力来源于权力分界的不明和对人性弱点的约束不足。

具体来说，一是职业压力：业绩的显成效与责任的潜风险，折射发展模式转换实施高质量发展的严峻性、紧迫性。从理论上说，任何职业都面临任务与责任的双重压力，这是普遍现象，仅仅从这一层面不足以说明领导干部的职业压力会有问题。决定领导干部职业压力成为问题的因素在于，其产生的社会根源具有特殊性，也就是说，党的十九大之后，领导干部业绩之所以容易取得和问责之所以高概率临头，均来自发展模式的特殊性。这种特殊性可以从宏观和微观两个方面观察。从宏观上看，一个时期以来，我们形成了出口导向与投资驱动的发展模式，这意味着经济发展中我们缺少应有的内需驱动，发展模式内在不足。在世界产业链条化的前提下，我们采用制造化模式尽管直接获得了外汇，增加了收入，提高了国力，但相对的代价并不合算，其结果就是生态的失调与资源浪费。所以，作为该模式的直接操作者，领导干部群体尽管成绩显著，但也不得不面临公共性问题凸显所带来的责任重压。不仅如此，这也使得中国的就业路径与市场发展面临着相当大的风险。体现在社会问题上，就是人们议论的“大学生毕业即失业”现象开始出现。而这无疑给领导干部带来了巨大的社会压力，增加了担当领导责任的可能性。由此可见，上述发展模式既给领导干部带来业绩获得的便利，也给他们带来了问责临头的风险。党的十九大之后，“问责”又进一步加强了，这也会带来一些压力。从微观看，上述现象的背后还有更深的问题，这即是出口与引资优势背后的体制支撑面临着可持续危机。事实上，我国内需市场在不断提升，这意味着人力成本低的局面将不得不翻转。正是在这个意义上，我们以为，当前领导干部职业压力，从根本上看，根源于发展模式转换的严峻性和紧迫性，其求解的关键是相关体制的与时俱进的转换。

二是社会关系压力：现代性的明约束与人治的潜规则，折射组织转型中的复杂性。所谓社会关系的压力，指的是这样一种情形，即："无论处在哪一级位置上的干部，都不得不重视营造、平衡和妥善处理上下左右复杂的社会人际关系；'左右逢源、四处结缘'，已成为一些干部典型的生活状态特征。"这对干部无形中造成很大的社会压力。按理说，处理复杂的社会关系不应成为一种压力。那么，为什么领导干部会在这种社会关系中有压力呢？原来，处理这种社会关系遵循的是一种潜规则，而领导干部在实践中面对社会公众的则是一种显规则。正是这种人前背后的双重性状态使得领导干部心理发生严重冲突，产生压力。因此，所谓社会关系的压力，准确说是潜规则的压力。而从本质上看，潜规则的核心是传统社会的人治原则，它以权力为中轴，以角色依附为前提，以私利为基准，通过权力的层级设置来实现社会资源的配置。潜规则的存在规模可以反衬出一个社会的合理的市场化程度（对市场化要做出哲学理解：即它内在要求注重利益、能力、理性和自立）。在这个意义上，我们以为，当前我国潜规则的大量存在说明合理的市场化的任务还很重。公权转型意味着，公民授权观念成为社会的基本共识。这就意味着，领导干部所面对的显规则就是以这些为核心内容。因此，也就不难想象，当一个领导干部公共生活是这样现代化，而私下行动又是这样前现代，人格心理的扭曲也就不可避免了。因此，在宏观意义上，要真正破除潜规则必须实现社会的结构转型，即推动现代组织的转型。在这个意义上，我们以为，领导干部社会关系的压力本质上折射的是中国社会转型的复杂性。

三是角色意识冲突的压力：官员的客体化与公民的主体化，凸显社会转型中的博弈特征。公民主体意识的觉醒和增强意味着，领导干部要合乎时代发展要求，就需要对自身角色重新定位，需要实现由“管治者”向“治理者”转变，由“管治者”向“服务者”转变。但遗憾的是，在实践中有不少干部，内心还总是把自己当成管治者，处理问题简单粗暴，甚至动用一些国家机器，因此引发了一些“社会事件”。这就启发我们，在透过社会转型观察领导干部的压力时，还需要关注他们角色意识的外部冲突所产生的问题。公民主体意识的增强，实际上带来的是对领导干部传统角色的颠覆。而在这种颠覆过程中，领导干部因传统意识的惯性还未及时完成角色意识的转换，还时不时保留着惯性思维，因而形成了因角色意识的外部冲突而导致的社会公共性危机，最终造成对领导干部职业前景的损害。在这样的意义上，我们认为，领导干部因角色意识的冲突而形成的压力，本质上体现的是社会转型过程中私权与公权博弈的复杂性。

四是私人生活压力：权力的分界不明与人性的约束不足，折射市场化路径选择的风险性。领导干部私人生活的压力反映的是，领导干部掌握一定人、财、物支配权，在现实中面临着金钱、情色的诱惑，诱惑增多、心理压力增加。该情形反映出两个问题：（1）客观上权力是诱惑源；（2）主观上抗惑能力是关键。从理论上说，权力既是有边界的同时也是受监督的。合理的市场条件下的权力不见得会导致金钱与情色对它的追逐。深入分析发现，问题源于我们的市场化本身。也就是说，尽管我们在推动合理的市场化，促进市场的健康发育，但我们实现市场化的路径存在着风险。具体说，我们的市场化路径很特殊，是一种自上而下型的释放模式，即我们采用的是政府主导的市场化模式。在实践上，这就意味着必须设计出一种制度，约束或者限制权力的执行者的利益需求。因此问题的关键就是，我们的合理的市场化是否有效取决于我们的配套制度能否时时跟进。回到中国实际，我们发现，该制度还不太理想。由此，我们不难想象，为何在合理的市场化逐渐深入的今天，权力不仅没有有限化，相反，在一定意义上更强势，因为它主导着合理的市场化方向和决定着哪些领域和什么时候进行合理的市场化。正是在这样的背景下，现实生活中，权力对资源的控制较为突出。反映在个体身上，就是领导干部成为金钱与情色叮逐的对象。而从主观上看，基于人性的普遍规律，在缺乏完全有效监督与约束的背景下，人性弱点将被放大。所以，掌握缺乏应有约束的权力的领导干部，在多方面的诱惑下出现复杂的心理和行为失衡也就难免。如一些领导干部心理狂妄，自认为位高权重，盛气凌人；一些领导干部无休止地追求更高的权力、更多的财富，不能自拔；等等。这说明，当前领导干部私人生活的压力除了客观的原因，主观上的原因也不可小视。我们的基本判断是，领导干部私人生活的压力来源于权力分界的不明和对人性弱点的约束不足，深层次反映的是，当前中国市场化路径存在潜在风险这一社会问题。

此外，“时空压缩”[1]“上下压挤”“政府无所不管的体制”和“网

[1] 这是20世纪80年代末美国著名的全球化和现代化研究的代表人物戴维·哈维在《后现代状况》一书提出的概念。核心内涵是：发展中国家由于实行赶超战略和跨越式发展，会在较短时间里走过发达国家在很长历史时期里走过的路程，相对于发达国家而言，似乎时间和空间都被压缩了。改革开放后，我国就实现了这种时空压缩式的发展，用几十年时间走过了西方发达国家近300年时间经历的蒸汽技术革命、电力技术革命、电子技术革命和信息技术革命四次技术革命的历程，而主要西方国家实现相应过程则需140多年。这是时空压缩的正面效应。同时，也把西方发达国家近300年间不同阶段产生的问题，如农民失地、工人失业、社会失稳、结构失序、生态失衡，以复合型、压缩型的形式集中到了同一时空当中，使矛盾和问题十分尖锐和严峻。这是时空压缩的负面效应。

络恐惧”，也是导致领导干部身心疲惫的一些原因。

那么，领导干部如何从繁杂的事务中“超脱”出来，减轻压力，进而掌握驾驭全局工作的主动权，提高工作效率？这就要学会抓重点带一般。这是一切工作方法的核心。最基本的方法就是学会抓重点带一般，即集中精力抓住每一时期的主要矛盾或中心工作。抓重点，抓住主要矛盾或中心工作，把其他工作带起来，一切问题就容易迎刃而解。胜出，必有所重。抓好重点的方法，就是要抓得准、抓得狠和跟得上。抓得准，就是要把所有矛盾加以比较鉴别，找出并准确抓住影响全局、事关成败的主要矛盾，再找出矛盾的主要方面。集中力量和资源解决主要矛盾和矛盾的主要方面，就是我们工作的重点或中心工作。抓得狠，就是抓住主要矛盾或中心工作扭住不放，咬定青山不放松。跟得上，就是解决主要矛盾和中心工作的政策、措施和方法要跟得上，不懈怠。1978 年以来至党的十八大之前这期间，我们党始终把人民日益增长的物质文化需要同落后的社会生产之间的矛盾作为我国社会的主要矛盾，坚定不移地强调以经济建设为中心，必须聚精会神搞建设、一心一意谋发展，就是抓重点带一般（抓得准、抓得狠和跟得上）工作方法的具体运用。

（二）学会“两面性”看问题，注重矛盾双方协同发展

这是矛盾关系原理的具体运用。

在工作中要善于学会抓重点，但同时要避免把重点当成唯一，即要以重点与全面统一的眼光处理问题。过去，我们常常极端地用矛盾一方排斥矛盾另一方：要么精神万能而轻视物质利益，要么物质崇拜而精神懈怠；要么只搞计划经济而反对市场经济，要么只讲市场经济而排斥计划经济；

要么谈资色变，要么资本至上；要么只强调集体而忽视个人，要么注重自我而淡化集体。结果付出了不小代价。新中国成立以后，我们有不少“把重点当成唯一”的教训。改革开放以前一段时期，我们曾把政治当成唯一，搞政治挂帅，宁算政治账不算经济账；改革开放以后，我们有些地方把经济建设当成唯一，一手硬一手软。改革开放以来，我们确实取得了巨大成绩。另一方面，我们取得的成就有多大，付出的代价也有多大。完整来讲，我们在实践中付出了以下三个方面的代价：一是在人与自然的关系方面的代价，即出现了环境污染；二是在人与社会关系方面的代价，即出现了人成为物的奴隶的现象；三是在人和人的关系方面的代价，即出现了社会不公。产生这些代价的原因是多方面的，其中一个主要原因，是与过去一些地方片面追求 GDP 至上的发展观有一定关系。GDP 本身没有错，GDP 是人类在 20 世纪的伟大发明之一，问题就出在 GDP 至上背后的那种“把重点当成唯一”的思维方式。只要片面追求 GDP 至上的经济增长，就往往会把环境质量、民生和使社会发展成果惠及全体人民等问题放在一边。

党的十九大报告指出：经过长期努力，中国特色社会主义进入了新时代。在这个新时代，在中国特色社会主义建设过程中，我们经常且必然面临一系列基本的“矛盾关系”，如马克思主义基本原理与中国具体实际、解放思想与实事求是、改革开放与四项基本原则、效率与公平、劳动与资本、又好又快、经济全球化与独立自主、跨越式发展与循序渐进等。这是中国特色社会主义建设进程中经常面临的“基本事实”，也是中国特色社会主义建设的“本质特征”。这些“矛盾”双方相互制约、相互影响、相辅相成。正确处理这些“矛盾关系”，事关中国特色社会主义建设事业的成败。

党的十七大报告曾经提出的“十个结合”，就是我们党在处理这些基本的“矛盾关系”而逐渐积累起来的基本经验，也蕴含着注重“两面性”看问题，注重矛盾双方协同发展的工作方法。在改革开放历史进程中，我们党把坚持马克思主义基本原理同推进马克思主义中国化结合起来，把“坚持四项基本原则”同坚持改革开放结合起来，把尊重人民首创精神同加强和改善党的领导结合起来，把坚持社会主义基本制度同发展市场经济结合起来，把推动经济基础变革同推动上层建筑改革结合起来，把发展社会生产力同提高全民族文明素质结合起来，把提高效率同促进社会公平结合起来，把坚持独立自主同参与经济全球化结合起来，把促进改革发展同保持社会稳定结合起来，把推进中国特色社会主义伟大事业同推进党的建设新的伟大工程结合起来，积累了我们这样一个十几亿人口的发展中大国摆脱贫困、加快实现现代化、巩固和发展社会主义的宝贵经验。

今天，我们在工作和生活中，要善于学会“两面性”看问题，注重矛盾双方的相互制约、相互协调和协同发展。就是说，看待任何事物、任何问题，都要从这一事物和问题的矛盾双方彼此来看，既看双方的对立又要看双方的统一，并注重矛盾双方的相互制约和协调发展。只有这样，才能实现全面、协调、可持续的发展。

（三）集中精力发现、分析和解决矛盾

这是对矛盾推动事物发展原理的具体运用。

这种工作方法要求我们在工作和生活中，既要善于发现、分析事物内部的矛盾，并集中精力来解决矛盾，又要学会全面地、一分为二地看待人和事物。领导干部要做好本职工作，首先要集中精力、全力以赴去发现本

单位的主要矛盾，然后对这一主要矛盾及主要矛盾的主要方面加以科学分析，接着合理确定解决主要矛盾及主要矛盾的主要方面的措施和办法。这一矛盾解决了，必然推动本单位的发展。然后再去发现、分析和解决新的矛盾，进一步推动本单位的发展。一个单位、一个地区乃至一个国家发展的过程，就是不断发现、分析和解决矛盾的过程。所以，领导干部的一项基本功，就是要善于发现、分析和解决矛盾，尤其是主要矛盾。不仅如此，领导干部还要学会一分为二地看问题。这一点说起来容易做起来难。难就难在一些人往往“情感用事”“利益用事”，常常非理性而不是理性地看待事物和问题。对毛泽东同志的评价，我们就要坚持一分为二的方法，坚持“三七开”。毛泽东同志在晚年有过失误，但功劳是主要的。1978 年以前，党内外有些同志对社会主义和我们党产生了一些疑惑，对毛泽东同志一生的功绩和毛泽东思想也有种种不正确的想法。如何评价毛泽东思想，就成为当时中国政治生活中的一个大是大非的政治问题。1981 年 6 月 27 日，中国共产党第十一届中央委员会第六次全体会议通过的《关于建国以来党的若干历史问题的决议》，就很好地解决了这一问题。《决议》客观地、实事求是地评价了毛泽东同志的历史地位，指出，毛泽东同志是伟大的马克思主义者，是伟大的无产阶级革命家、战略家和理论家。他虽然在“文化大革命”中犯了严重错误，但是就他的一生来看，他对中国革命的功绩远远大于他的过失。他的功绩是第一位的，错误是第二位的。他为我们党和我们军队的创立、发展，为中国各族人民解放事业的胜利，为中华人民共和国的缔造和我国社会主义事业的发展，建立了永远不可磨灭的功勋，他为世界被压迫民族的解放和人类进步事业作出了重大贡献。

（四）具体问题具体分析

这是对矛盾特殊性原理的具体运用。

中医看病讲究对症下药，不能企求同一个方子治百病。作为领导干部，在日常工作和生活中，也同样要坚持对症下药，也就是坚持具体问题具体分析。中国现阶段出现的问题具有时代性特征，所以我们不能“复古”，因为古人的理论不能完全解决今天的问题。但是，五千年的中华文明博大精深，蕴含着丰富的智慧，我们可以从中汲取营养。同时，中国现阶段出现的问题又具有民族性特征，中国的问题西方可能出现过，也可能没出现过，因而不能“全盘西化”，完全用西方的理论来解决中国的问题。西方理论中的合理因素可以“为我所用”，但不能完全照搬。同样一件衣服，适合有些人但不适合另外一些人；同样一双鞋，适合有些人的脚但不适合另外一些人的脚。自然界具有生物多样性，人类社会及各个国家更具有多样性。所以，具体问题应具体分析。

各地在发展过程中一定要结合本地实际，依托本地特色，发挥比较优势。河北阜平县就是这方面的典型。据相关报道，阜平县是国家扶贫工作重点县，是革命老区、山区、贫困地区“三区合一”，如何发展、致富，一直是摆在政府和老百姓面前的头等大事。习近平总书记在阜平县调研时指出，宜农则农、宜林则林、宜牧则牧、宜游则游。这正是坚持了具体问题具体分析的方法。根据习近平总书记的这一思路，旅游扶贫被确立为阜平县脱贫的新路径。

阜平县与许多老少边穷地区一样，交通不便，缺乏工业基础。正因为没有大规模发展工业，所以这里的自然和生态保护相对完好。阜平县森林覆盖率达 35.09%，植被覆盖率达 80.8%，是保定市最青最绿的地方之一，被誉为“太行山深处的香格里拉”。如何将良好生态与扶贫、发展结合起来？阜平人开始旅游扶贫，旅游扶贫是一种全新的扶贫模式。虽然十几年前已经提出，但一直是呼声不太响、动作不够大。2012 年 7 月，国务院扶贫办和国家旅游局签署了合作框架协议，共同探索新时期旅游扶贫新模式，扶贫攻坚开始与旅游业转型升级共同推进。

习近平总书记在阜平县考察时强调，全面建成小康社会，最艰巨最繁重的任务在农村，特别是在贫困地区。作为一种全新的扶贫模式，旅游扶贫正成为有良好自然环境和生态基础的贫困地区脱贫致富奔小康的一大亮点。2012 年，阜平县全年游客接待人次 39.5 万，旅游总收入 2.1 亿元，同比增长 11%。日益兴盛的旅游业让当地群众感到，山区生态环境是旅游致富的好靠山。比如，朱家营村紧邻华北最大的瀑布群——天生桥景区，过去这里是“闺女往外跑，儿子打光棍”的穷乡僻壤。如今短短几年，这里就发展成为令人羡慕的旅游特色村、富裕村，人均收入由 2003 年不足 500 元增长到 2011 年的 2305 元。

在旅游立县方面，阜平县将以整合大天生桥生态旅游区、深度开发古北岳文化生态旅游区、整合提升城南庄红色旅游区为契机，积极推动龙泉关、天生桥、城南庄等 6 个旅游小镇建设，推进骆驼湾、顾家台、朱家营等 40 个旅游村寨的发展，促进以 10 万亩大枣基地、万亩核桃基地、华北最大甲鱼养殖基地等为依托的 13 个生态农业观光园尽早发挥作用，以构建阜平大生态旅游的发展格局。

（五）注重共性与个性相结合

这是矛盾共性个性关系原理的具体运用。

矛盾具有普遍性，即它存在于一切事物中，并且贯穿于事物发展过程的始终。换言之，矛盾无处不在，矛盾无时不有，事事有矛盾，时时有矛盾。矛盾的普遍性思维是一种共性思维。在唯物辩证法看来，共性存在于个性之中，个性表现着共性。运用共性个性辩证关系原理具有重要的方法论意义。

统计学中的抽样调查，就是一种从个性中了解共性的方法。抽样调查作为一种非全面调查，它是从全部研究对象中，抽选一部分样本进行调查，并据以发现共性并对全部研究对象做出估计和推断的一种认识方法。虽然抽样调查不是全面调查，但它的目的却在于取得反映总体情况的信息资料，因而也可起到全面调查的作用。

解剖麻雀的做法，也符合共性个性辩证关系的原理。“麻雀虽小，五脏俱全。”就是说，我们要认识麻雀的生理结构，只要解剖一两只就行了，不必非得把全天下的麻雀都一一解剖，因为我们所解剖的个别麻雀体现着全部麻雀的共性。

毛泽东同志就把对“典型”的调查研究比作“解剖麻雀”，即通过研究、调查、分析有代表性的个案得出共性的结论。典型调查的前提就是能够找准典型、抓住典型，不能将非典型当作典型。典型要具有标杆意义，蕴含着共性，可以通过正反两方面的典型总结经验教训。1927 年 1 月 4 日到 2 月 5 日，毛泽东同志花了 32 天时间，考察了湖南湘潭等五县的农民运动，写成了《湖南农民运动考察报告》。毛泽东同志之所以能通过调查湖南农民运动，提出了解决中国民主革命的中心问题——农民问题的理论和政策，是因为在当时，湖南农民运动是全国农民运动的典型，是全国农民运动的中心，蕴含着全国农民运动的共性。中国革命是农民革命，中国的问题是农民问题，只有了解农民才能了解中国。湖南农民是典型，所以，了解了湖南农民就等于了解了中国农民。毛泽东同志所做的社会调查就是抓典型法的楷模。

有的同志会提出这样的问题：为什么一些掌握辩证思维方法的哲学大师和领袖人物也会在现实中犯错误？其实，任何人包括掌握辩证思维方法的哲学大师和领袖人物也会在现实中犯错误，这有四个基本原因：只掌握一种思维方法而忽视其他思维方法，比如毛泽东同志晚年犯错误：他懂得求实思维，但没有掌握过程思维，用革命方法搞建设；只具有哲学素养但其他素质不高，如有些搞哲学研究的人，有丰富的哲学知识，但是其他素养不够，就像有些科学家迷信一样；缺乏理智、失去理性思考，如父母都是疼爱自己的孩子的，但是有时候孩子不听话，父母会打孩子；双重人格，掌握辩证思维方法，但受立场和利益驱使，如有些懂哲学的领导干部，他们不是不懂辩证思维，只是为了利益而出卖思想。我们学习唯物辩证法虽然也会犯错误，但不能得出结论说不需要掌握唯物辩证法，应当说掌握唯物辩证法可以少犯错误。

（六）善于运用“和”的方式化解矛盾

这是矛盾转化原理的具体运用。

事物的矛盾是普遍存在的。为避免发生矛盾冲突和矛盾对抗，就要学会善于用“和”的方式化解矛盾。

在和平建设年代，虽然我们还不能忽视斗争，但以和谐的方式推动社会发展是主要的。中国传统文化的最高追求是达到“和”。如故宫里的太和殿讲的是人与自然之和，中和殿讲的是人与人之和，宝和殿讲的是人自身的身心之和，而养心殿是三和养心，属皇帝居所。在当前我国社会主义和谐社会建设进程中，领导干部要善于运用“和”的方式来化解矛盾，并推进社会的和谐发展。其主要方法是：促进公平正义；寻求矛盾双方的共同点和结合点；注重维护矛盾双方的共同利益和根本利益；具有共生理念，学会换位思考；以情感人，以柔克刚；具有包容意识和包容心。比如，对农民要多予少取；知识分子要避免过于自以为是；处理人际关系要学会站在他人的角度思考问题，注重寻求人们之间的共同利益，注重共享发展成果；在家庭生活中要坚持做到以和为贵，家和万事兴；领导干部在工作中要具有亲和力。不同领导干部具有不同的风格，有“强势型”，有“权威型”，有“亲和型”等。注重强势和权威无可厚非，但下属更喜欢具有亲和力的领导，不大喜欢让下属有“伴君如伴虎”之感的领导。所以，作为领导，要注重培养自己的亲和力。当然，我们讲用“和”的方式化解矛盾，并不是不讲原则，在不可调和的根本原则问题上，还是要坚守我们的政治立场。

典　型　案　例

为更好理解唯物辩证法的基本观点、思维方式和领导干部需要掌握的工作方法，下面分别讲一个理论案例和一个实践案例。

（一）科学发展观是唯物辩证法在当代中国世界观和方法论的集中体现

这是理论上的案例。

在科学发展观和唯物辩证法的关系上，一方面，唯物辩证法是促进科学发展的重要理论基础，它在哲学方法论的高度为科学发展提供指导作用，表现出科学发展实践与唯物辩证法关于发展的方法论的一脉相承；另一方面，科学发展观又把唯物辩证法关于发展的方法论中国化、时代化、实践化，实现了哲学方法论与发展实践的有机结合和统一，赋予唯物辩证法以鲜活的时代主题和强大的生命力，把唯物辩证法关于发展的世界观和方法论在科学发展的时代主题下，推到了一个新的高度。

科学发展观是关于如何实现科学发展的方法论内容，集中体现在其全面协调可持续的“基本要求”和统筹兼顾的“根本方法”等方面。这些“基本要求”和“根本方法”充分体现了唯物辩证法关于发展的种种方法论的原则和要求。换言之，当运用唯物辩证法的方法论原则来指导当代中国发展时，就必然要提出科学发展观的“基本要求”和“根本方法”。

从科学发展观“基本要求”的角度看，科学发展具体表现为全面发展、协调发展和可持续发展。“全面”，是就发展的要素而言的，这些要素包括经济、政治、文化、社会、生态等，是对唯物辩证法的“全面”观点的具体运用，表达的是全面发展，不能搞“单打一”或“一花独放”式的发展，这就提出了科学发展的全面性的原则或要求；“协调”，是就发展的横向关系而言的，表达的是发展之各要素的关系要和谐、比例要合理，发展速度和效益要统一；“可持续”，是就发展的纵向关系或代际关系而言的，主要解决的是今天的发展和明天的发展的统一性问题，表达的是当代人在实现自身发展的同时，不能对后代人满足其需求的能力和条件造成危害。当然，无论是协调，还是可持续，其实都是对唯物辩证法的“联系”观点的具体运用，是基于横向联系和纵向联系的视角而看待、对待发展的具体表现。

从科学发展观“根本方法”的角度看，科学发展具体表现为坚持统筹兼顾的方法。统筹兼顾也是对唯物辩证法的全面观点、联系观点和发展观点的具体运用。进一步来说，统筹兼顾是唯物辩证法的矛盾分析法的集中体现。在唯物辩证法看来，“全面”实质上是指事物内部既对立又统一的矛盾双方；“联系”的根本内容就是互相对立又互相统一的矛盾双方之间的本质联系，事物“发展”的源泉、动力在于事物内部矛盾双方的对立统一。矛盾具有普遍性，矛盾双方的地位具有不平衡性。这种不平衡性表现为：在诸多矛盾中，有主要矛盾和非主要矛盾之分；在矛盾的两个方面中，有主要方面和次要方面之分。其中前者处于支配地位，起主导作用，后者处于被支配地位。矛盾地位不平衡性的客观事实，形成了关于矛盾分析的“两点论”和“重点论”。辩证法的两点论，就是面对复杂的事物，既要研究主要矛盾，又要关注次要矛盾；在面对任何一种矛盾时，既要研究矛盾的主要方面，又要关注矛盾的次要方面。如果只关注一点而忽略了另一点，就会导致形而上学的“一点论”。辩证法的“重点论”，就是在面对复杂事物时，要着重把握它的根本矛盾、主要矛盾；在面对任何一种矛盾时，要着重把握矛盾的主要方面。不去把握这个重点甚至否认这个重点，而是平衡用力，就会导致形而上学的“均衡论”。实现科学发展的统筹兼顾方法，正是对辩证法的“两点论”和“重点论”的具体运用。它在立足主要矛盾或矛盾的主要方面的同时（体现了“重点论”），又总揽全局、兼顾各方、科学筹划（体现了“两点论”），在方法论的原则上，实现了“重点论”和“两点论”的有机统一；在发展实践上，又能体现并实现全面协调可持续发展的基本要求。

坚持科学发展的基本要求和根本方法，就必须反对形而上学的发展观和发展倾向。这种形而上学的发展观和发展倾向在发展实践中，坚持的是片面的、孤立的和静止的观点看待发展，要么表现为“唯经济主义”（或唯 GDP）而忽视社会发展和人的发展，要么只见物不见人，要么只顾今天的经济发展而忽视生态问题。

其实，党的十九大报告所讲的“坚持新发展理念”，更是唯物辩证法在当代中国世界观和方法论的集中体现。新发展理念，是对科学发展观的坚持和发展。

（二）“积小胜为大胜、积小变为大变”

这是实践上的案例。

王充在《论衡》中说：“冰冻三尺，非一日之寒。”荀子曾说：“不积跬步，无以至千里；不积小流，无以成江海。”黑格尔提出：“问一粒麦是否可以形成一堆麦，又如问从马尾上拔去一根毛，是否可以形成一秃的马尾？当我们最初想到量的性质，以量为存在的外在的不相干的规定性时，我们自会倾向于对这两个问题予以否定的答复。但是我们也须承认，这种看来好像不相干的量的增减也有其限度，只要最后一达到这极点，则继续再加一粒麦就可形成一堆麦，继续再拔一根毛，就可产生一秃的马尾。”[1]《百喻经》里有这样一个寓言：有一个人饿了，狼吞虎咽地吃了一个饼子，觉得没饱，又吃了一个，一连吃了六个，还是没饱。于是拿起第七个饼子吃，吃到一半，饱了。这个人非常后悔，一面用手打自己嘴巴，一面自作聪明地说：我今天饱了，是因为吃了这半张饼子。前面吃的六个

[1] 〔德〕黑格尔：《小逻辑》，贺麟译，商务印书馆 1981 年版，第 236—237 页。

饼子，都是白白浪费。如果早知道这半个饼子就能吃饱，我应该只吃这半个就行了。上述故事讲的都是量变和质变的关系问题。

中国革命发展也是量变到质变的过程。毛泽东同志1930年发表了《星星之火，可以燎原》，批判了当时党内一些同志对时局估量的一种悲观思想。当时的时局是1927年大革命失败，革命力量严重受损。毛泽东同志认为，不能因为剩下的一点小小的力量，仅依据某些现象，就发生悲观的念头。实际上，虽当时只有一点小小的力量，但是它的发展会是很快的。它在中国的环境里不仅具备了发展的可能性，而且具备了发展的必然性，可谓“星星之火，可以燎原”，一点点火苗逐渐燃起（量变）也会燎原（质变）。由此，“星星之火，可以燎原”便成了中国革命力量由小到大、由弱到强，最终取得彻底胜利的代表性表述。

实际上，在我们的工作和生活中，只要逐步积小胜，必然会产生大胜的结果，如我们在革命战争年代所取得的胜利。一个一个小的变化积累起来，也必然会产生大的变化，如1978年以来我国改革开放发生的巨大变化。再如党的十九大报告所讲的“历史性成就”，都是久久为功的结果。

第三章

实践思维与掌握合理的实践方法

——实践认识论

马克思主义哲学的第三块内容，是实践认识论。这一部分内容主要是帮助人们正确认识和把握事物的本质与规律，并为人们创造价值。

从词源学的角度看，认识论一词最初来源于希腊文 Episteme 和 Logos，即知识和逻辑的结合。在西方哲学史上，人们曾经用不同的术语来表述认识论。认识论一词的德文形式是 Erkenntnis Theorie，英文形式是 Epistemology。18 世纪 80 年代末 90 年代初，康德主义者 K.L. 莱因霍尔德先后在《人类想象力新论》《哲学认识的基础》两本书中，较早地使用了认识论一词的德文形式 Erkenntnis Theorie；之后，随着 E. 泽勒于 1862 年在其《论认识论的任务和意义》一书中对于这个术语的采用，认识论一词的德文形式 Erkenntnis Theorie 便成为一种广为流行的用法。认识论的英文形式 Theory of Knowledge 是从德文 Erkenntnis Theorie 翻译而来的，而最为我们所熟知的认识论的英文形式为 Epistemology，这个词是由苏格兰哲学家 J.F. 费利尔 1854 年在其《形而上学原理》一书中首次使用而流行起来的。更为重要的是，在这本书中，费利尔也首次将哲学区分为本体论和认识论两个部分。

从思想内容的角度看，认识论属于哲学的一个重要组成部分。作为哲学重要组成部分的认识论亦称知识论，主要是指研究人类认识的本质及其发展过程的哲学理论，其主要研究内容包括：认识的前提和基础，认识的本质与结构，认识发生、发展的过程及其规律，认识的真理性标准，认识与客观实在的关系，等等。从一定意义上讲，自从人类诞生以后，认识活动也就随之开始了并且从未停止过。但是毫无疑问，对认识本身的认识和研究，并形成作为哲学一个组成部分的认识论，则是同哲学的产生紧密相连的。实际上，早在古希腊罗马时期，哲学家们就开始研究认识论问题。由于认识论力求揭示认识的本质和规律，进而使人们的认识成为符合客观实际的认识，因此，认识论必然涉及哲学基本问题，即思维和存在、精神和物质的关系问题，并力图将这一哲学基本问题贯穿于全部认识论的内容之中。事实上，历史上和当代的许多认识论并不是按照认识本身的实际情况来研究认识的，由此便引出用不同方式研究认识并得出不同结论的认识论，有的甚至是对认识的本质和规律的歪曲和误解。因此，总体上看，认识论从一开始就表现出了两条不同的路线，即唯心主义与唯物主义、不可知论与可知论。唯心主义认识论否认物质世界的客观存在，坚持从意识到物质的认识路线。与唯心主义不同，唯物主义认识论承认物质世界的客观实在，坚持从物质到意识的认识路线，强调认识是人对客观实在的反映。不可知论否认客观世界是可以被认识的。与不可知论不同，可知论强调客观世界是可以被认识的。

马克思主义哲学的认识论坚持的是唯物主义和可知论的认识路线。作为马克思主义哲学的重要组成部分，认识论的出发点、初始点在于承认物质的客观实在性。试想，如果客观上不存在“物质”，那么无论你怎样认识、怎样实践，也是难以认识出来的。世界是物质的，而且是可知的，这就是马克思主义哲学的“物质观点”。马克思主义哲学认识论明确指出，客观世界是可知的，任何事物任何问题都是可以认识的，没有不能认识的东西，只有尚未认识的东西。因此，一般而言，马克思主义哲学认识论首先坚持的是唯物主义的认识路线，即从物质到意识的认识路线。更为重要的是，马克思主义哲学认识论则进一步把实践作为认识的基础，从彻底的唯物主义认识路线出发，辩证地、历史地按照认识本身的过程考察认识，从而真正科学地揭示了认识的本质以及认识发生、发展的一般规律，因而也才真正使人类对认识的自觉性建立在科学的基础之上。从这个意义上讲，马克思主义哲学的认识论也可以看作是以实践为基础的认识论，即实践认识论。实践认识论是马克思主义哲学体系中的重要组成部分。

在马克思主义哲学认识论这一部分，我们将从马克思主义哲学认识论的基本内容、核心观点以及其中所蕴含的哲学思维方式、领导工作方法等几个方面，分别做以下介绍和阐述。

一、实践认识论的基本内容

马克思主义哲学认识论是认识论的高级阶段和科学形式，是关于认识的本质、来源、发展过程及其规律的科学理论。马克思主义哲学认识论，是马克思主义的创始人马克思和恩格斯在概括、总结、批判、继承哲学史上的认识论的基础上建立起来的，后来又由列宁、毛泽东、邓小平等马克思主义者不断推进并取得了长足发展。马克思主义哲学认识论从根本上消除了非马克思主义哲学中认识论和本体论的对立，也彻底结束了非马克思主义哲学中认识论所存在的问题，即认识同社会存在、社会现实、实践的历史发展风马牛不相及、互相脱离的现实处境和尴尬状况。马克思主义哲学认识论从物质决定意识、意识是物质的反映这一唯物主义基本原理出发，把认识的发展同社会实践的历史发展紧密结合起来，把认识过程的辩证法与客观实在过程的辩证法统一起来，成为彻底唯物主义的实践认识论。

（一）认识的主体、客体和中介

何谓认识的主体？马克思主义哲学认识论认为，认识的主体，是指处于一定历史条件和社会关系中的、从事着认识活动与实践活动的人，他是体力和智力、物质和精神相统一的社会存在物。认识主体的主要特征是：第一，自然性。人是客观实在的自然存在，人的自然机体是自然界长期发展的产物。同时，自然界也为人提供了一定的生活环境和条件，人从自然界中不断摄取生活资料，与自然界进行物质和能量交换，把自然界当作自己生命和力量的源泉。第二，社会性。只有在由人所结成的社会活动及其发展的过程中，人才有可能作为主体而存在，也只有在社会中，人才可能具有社会性的本质，才能获得主体的地位。第三，意识性。作为认识与活动的主体，人的活动是在思想的支配下进行的，因而是有目的的。

何谓认识的客体？马克思主义哲学认识论认为，认识的客体，是指进入主体的认识活动领域的对象，也就是进入主体认识活动和实践活动范围的客观事物。认识客体的主要特征是：第一，客观性。它是不依赖主体的主观意志为转移的客观存在，是客观物质世界的一部分。第二，动态性。客体随着主体发展与活动自由度的提高而不断扩大。第三，多样性。客体可划分为自然客体、社会客体，以及以物质形式为载体或外壳的精神客体。

何谓认识的中介？马克思主义哲学认识论认为，认识中介，是指主体和客体在相互作用过程中所利用的一切条件，包括物质条件和精神条件。物质条件一般是指认识工具，即主体借以认识客体的手段和方式的总和。精神条件是指主体认识客体过程中所运用的背景知识和理论因素，一般表现为思维的知识框架和理论范畴或基本概念，在认识过程中一般表现为认识推理的基本前提和理论评价的准则。认识作为主体和客体之间的相互作用，是需要通过中介来实现的。

（二）能动的反映论

客观地讲，一切唯物主义认识论都是反映论。辩证唯物主义是彻底的唯物主义，因此，反映的原则是辩证唯物主义认识论的基石。辩证唯物主义认为，人的认识是人脑这一特殊物质对外部现实世界的反映，是物质最高级的反映形式。辩证唯物主义认识论在肯定物质世界在意识之外并且不依赖于意识而客观存在这一前提下，肯定物质世界的可知性和人们认识世界的可能性；认为人们的意识或思维能够认识客观的现实世界，人们关于现实世界的表象、概念，能够正确地反映现实，认识的内容来自外部现实世界。辩证唯物主义认识论坚决否定一切形式的唯心主义认识论，也坚决否定断言世界的本质不可认识的不可知论，坚持从物质到意识、从客观到主观的认识路线。辩证唯物主义认识论不同于形而上学唯物主义的带有直观性质的反映论。辩证唯物主义认识论认为，人所特有的反映不是以单个人消极直观外部客体的形式进行的，而是在复杂的社会联系中和能动的实践活动基础上实现的。反映过程同物质的和观念的创造过程密切联系。辩证唯物主义认识论以能动的社会实践活动的历史发展为基础，科学地揭示了为社会的并作为主体的人所特有的反映形式和反映过程的辩证法。

追根溯源，从反映一词的词源来看，反映有反照、反射、反省、反思等多种不同含义。近代机械唯物主义把反映与映入、射入、照镜子作同一意义理解，认为认识是纯客观性的、一次完成的照镜子式的镜面反映。当然，机械唯物主义对于反映的这种特殊理解即机械反映论，早已为现代科学和现代哲学的发展所彻底否定。实际上，早在1844年，马克思就曾指出："不仅五官感觉，而且所谓精神感觉、实践感觉（意志、爱等等），一句话，人的感觉、感觉的人性，都只是由于它的对象的存在，由于人化的自然界，才产生出来的。五官感觉的形成是迄今为止全部世界历史的产物。”[1]从一定意义上讲，彻底否定反映的机械形式、消极被动形式，这既是马克思的新唯物主义与一切旧唯物主义的根本区别，也是马克思主义哲学（辩证唯物主义）认识论与旧唯物主义认识论的本质差异，当然，也是马克思主义哲学的历史性贡献。

马克思主义哲学认识论首先是反映论。我们知道，马克思主义哲学认识论坚持唯物主义的基本立场，强调认识是对客观存在的反映。它把反映论的基本原理贯彻到社会历史领域，不仅指出了人们对自然界的认识是对物质世界的反映，而且指出了人们的社会意识、社会认识也是对社会存在、社会关系的反映，从而对人们的社会认识现象作了唯物主义的解释。在《共产党宣言》中，马克思、恩格斯曾这样写道：“人们的观念、观点和概念，一句话，人们的意识，随着人们的生活条件、人们的社会关系、人们的社会存在的改变而改变，这难道需要经过深思才能了解吗？”[2]的确，从唯物主义的基本立场来看，人们的社会存在包括生活环境、生活方式、社会关系等决定人们的社会意识包括思想、观念等，这是不言而喻、不证自明的常识。鲁迅先生曾说，美国的石油大王是不会理解北平捡煤渣老太太的辛酸的，贾府里的焦大是不会爱上林妹妹的。他说的正是这个道理！

众所周知，唯物主义和唯心主义在认识论上是对立的。具体表现为：唯心主义的认识论是先验论，主张“从感觉、思想、意识、精神到物”的认识路线；唯物主义认识论是反映论，主张“从物到感觉、思想、意识、

[1]　〔德〕马克思：《1844年经济学哲学手稿》，人民出版社2000年版，第87页。
[2]　《马克思恩格斯选集》第1卷，人民出版社1995年版，第291页。

精神”的认识路线。客观地讲，马克思主义哲学以前的旧唯物主义认识论也主张反映论，把认识看成是人脑对客观世界的反映，承认世界是可知的，这是正确的。但是，旧唯物主义认识论是消极被动的反映论，它把人对客观事物的反映看成如同照相和镜子照东西一样的消极被动的反映。由此可见，旧唯物主义认识论有两个根本缺陷：一是离开实践观察认识问题，认为人不要通过改造世界的实践活动，只要靠感觉器官的直观，就能获得知识；二是离开辩证法观察认识问题，认为认识是一次完成、一成不变的。

马克思主义哲学认识论还是能动的反映论。马克思主义哲学认识论认为，认识是在实践基础上主体对客体的能动反映。实际上，人对客观事物的反映又是同人所特有的能动性、创造性不可分离的。由实践所决定的人的认识活动，是要通过现象认识本质，形成概念，并运用概念进行判断、推理，这就产生了人所特有的能动的抽象活动和创造性思维。人们必须认识事物的本质和规律，并使这种认识符合主体的需要，这也是一种能动的、创造性的反映活动。人的认识既是客观事物的“摹本”，又是在为改造客观事物提供“蓝图”。在认识的本质中，反映的、摹写的方面与能动的、创造的方面是不可分割的。能动性、创造性不能离开对事物的正确的反映，并且必须以后者为基础。同时，反映和摹写只有在能动和创造的思维过程中才能实现。能动性和反映性不是人的认识的两种过程，而是人的同一认识过程的两个不同方面，它们是在实践的基础上有机地结合在一起的。实际上，人对客观事物的能动的反映过程始终伴随着信息的交换过程。一般而言，反映的发生，就是一个物质系统以某种方式接收和保留另一物质系统信息的过程，反映能力也就是接收和保留信息的能力。两个系统发生相互作用的过程必有信息交换，信息的交换过程也就是人对事物的反映过程。当然，主体和客体在认识中的统一是以信息为媒介的。主体认识客体，就是主体通过一定手段从客体中获取信息，并经过加工、改造即信息交换，使之在主体头脑中建构出一个与客体具有同构异质关系的观念系统的过程。认识的主体就是凭借能动的、自觉的活动对观念信息进行逐级深化的思维操作，不断深化着对客体本质的反映。人对客观事物的反映又离不开建构。从信息相互作用的角度看，建构确实是体现主体能动性的一种认识机制、认识环节。建构，一般是指主体在思维中对客体信息的重构过程。在主体与客体的相互作用中，主体既要对来自客体的信息进行选择、加工和变换，又要按照正确反映客体的要求，把这些信息在大脑中重新组合成为观念。没有这一过程，主体以观念方式把握客体的目的就不可能实现。建构或重构，是认识过程中主体能动性和创造性的突出和集中表现。

马克思主义哲学认识论更是能动的革命的反映论。马克思主义哲学认识论的创立，揭示了唯心主义先验论与不可知论的根本错误，克服了旧唯物主义认识论的局限性，实现了认识论发展史上的伟大变革，是唯物主义认识论发展的崭新阶段。在这里，主要包含两个层次：第一，思维反映存在。这里的“反映”表明，认识的本质都具有客观内容，是对客观实在的反映，不管认识是正确的还是错误的，是形象的还是逻辑的。也就是说，不管什么认识、什么认识形式，都是在反映这一基础上形成的，这就是反映的基础性。具体而言，反映是在主体、客体、反映形式的相互作用过程中，客体的部分信息被主体接受，主体依据自己的反映形式对之进行加工的信息变形过程。问题在于，反映的内容与被反映的客体的属性既有联系又有区别，换言之，反映的内容与反映的对象并不是完全同一的，反映的内容可以脱离被反映的客体属性相对独立。正是由于反映内容相对独立于事物本身，这才使抽象、概念、逻辑，包括认知图式、概念结构等的产生成为可能。所有这些，都是基于反映的内容既是对象又不是对象这一根本特点的。第二，思维如何反映存在。根据马克思主义经典作家的教诲，这里不仅包含着“从主体方面去理解”，而且首先要从主体的实践需要去理解。换言之，思维如何反映存在首先是由实践需要来定向的，选择、建构、超前作用都是由实践需要来规范的。正是实践的需要，使反映沿着一条特殊而复杂的道路发展。因此，马克思主义哲学把实践看作是反映的基础和生命，马克思主义哲学认识论由此成为能动的革命的反映论。

从这个意义上讲，与旧唯物主义的直观、机械反映论不同，也与唯心主义的先验论有着本质区别，马克思主义哲学认识论首先是反映论，但又同时强调人的主观能动性，是能动的革命的反映论。原因何在？其实很简单，倘若没有人的主体能动性或主观能动性，就不可能有人类认识的发生。实际上，我们也可以想象，如果缺少人的主体能动性或主观能动性，外界的物质自身是绝不会毫无任何条件、自愿自动地结合在一起，从而产生出为人所需的新的物质。马克思主义哲学认识论认为，人们的生活需要，特别是人的吃、喝、住、穿、行等基本生活，构成了人的自觉能动性的源泉。所以说，认识的意义就在于遵循物质的客观规律，充分发挥人的主体或主观能动性，使之更好地改造自然、改造社会，为人类的生存和发展服务。由此可以看出，马克思主义哲学认识论既是反映论，坚持了唯物主义的“物质的观点”，它同时又不同于旧唯物主义的反映论，而是能动的反映论，坚持了“能动的观点”。归根结底，马克思主义哲学认识论是能动性和反应性相统一的能动的反映论。

实际上，这种能动的反映论凸显的是作为主体的人的自觉能动性，而人的自觉能动性是人类区别于动物的特质和特点所在。毛泽东同志曾指出："我们反对主观地看问题，说的是一个人的思想，不根据和不符合于客观事实，是空想，是假道理，如果照了做去，就要失败，故须反对它。但是一切事情是要人做的，持久战和最后胜利没有人做就不会出现。做就必须先有人根据客观事实，引出思想、道理、意见，提出计划、方针、政策、战略、战术，方能做得好。思想等等是主观的东西，做或行动是主观见之于客观的东西，都是人类特殊的能动性。这种能动性，我们名之曰'自觉的能动性'，是人之所以区别于物的特点。"[1]为了进一步说明问题，毛泽东同志以战争为例。他认为，人类在战争中强烈地表现出"自觉的能动性"这一特点。在他看来，战争的胜负，固然取决于双方军事、政治、经济、地理、战争性质、国际援助等条件，然而不仅仅决定于这些；仅有这些，还只是有了胜负的可能性，它本身没有分胜负。要分胜负，还须加上主观的努力，这就是指导战争和实行战争，这就是战争中的自觉的能动性。他进一步指出："指导战争的人们不能超越客观条件许可的限度期求战争的胜利，然而可以而且必须在客观条件的限度之内，能动地争取战争的胜利。战争指挥员活动的舞台，必须建筑在客观条件的许可之上，然而他们凭借这个舞台，却可以导演出很多有声有色、威武雄壮的戏剧来。"[2]毛泽东同志还从认识论的角度指出："军事的规律，和其他事物的规律一样，是客观实际在我们头脑中的反映，除了我们的头脑以外，一切都是客观实际的东西。因此，学习和认识的对

[1]　《毛泽东选集》第2卷，人民出版社1991年版，第477页。
[2]　《毛泽东选集》第2卷，人民出版社1991年版，第478页。

象……都应该看成研究的对象，只有我们的头脑（思想）才是研究的主体。”[1]那么，我们的头脑这个研究主体到底是如何发挥作用或者说发挥怎样的作用的呢？对此，马克思主义经典作家曾把思维过程作为“加工”过程来表述。毛泽东同志形象地说：“我们的脑子是个加工厂。”[2]并分析指出：“概念的形成过程，判断的形成过程，推理的过程，就是调查和研究的过程，就是思维的过程。”在此基础上，他又针对性地指出：“在我们的干部中，大概还有不少的人，不明白这样一个简单的真理：任何英雄豪杰，他的思想、意见、计划、办法，只能是客观世界的反映，其原料或者半成品只能来自人民群众的实践中，或者自己的科学实验中，他的头脑只能作为一个加工工厂而起制成完成品的作用，否则是一点用处也没有的。人脑制成的这种完成品，究竟合用不合用，正确不正确，还得交由人民群众去考验。”[3]

（三）实践认识论

认识与实践的关系、知和行的关系问题，是哲学认识论的一个基本问题。在中国传统哲学中，认识与实践的关系一般表述为“知”与“行”的关系。从孔子到孙中山，都十分重视对知行关系问题的探讨，提出了许多深刻思想。需要指出的是，中国古代先贤在研究知行关系时，有的强调知先行后，认为行就是知，知就是行，强调人的主观能动性对于行的意义，提出了带有唯心论色彩的以知为基础的知行统一论；有的强调行对于知的重要性，认为行是知的功夫，知是行之始，行是知之成，提出了以行为基础的知行

[1] 《毛泽东选集》第1卷，人民出版社1991年版，第181—182页。
[2] 《毛泽东文集》第8卷，人民出版社1999年版，第393页。
[3] 《毛泽东文集》第7卷，人民出版社1999年版，第358页。

统一论。这些理论思维成果对理解实践和认识的关系具有重要的理论参考价值。

总体上看，马克思主义哲学认识论在坚持唯物主义反映论的同时，克服了以往一切旧唯物主义的缺点，即离开人的社会性、离开人的发展历史去观察认识问题，因而一切旧唯物主义不可能发现社会实践对于认识的基础作用，也不可能了解认识对于社会实践的依赖关系。马克思主义的新唯物主义把科学的实践观引入认识论，认为人的全部社会生活在本质上是实践的，同时强调社会生活和社会实践在认识领域中的重要地位和基础作用，进而从根本上改造了对认识论的理解。正如马克思和恩格斯指出的那样，“思想、观念、意识的生产最初是直接与人们的物质活动，与人们的物质交往，与现实生活的语言交织在一起的”[1]。

实践的观点是马克思主义认识论的首要的和基本的观点。实践性是马克思主义认识论的鲜明特征，根据列宁的说法，“生活、实践的观点，应该是认识论的首要的和基本的观点”[2]。马克思主义哲学认识论的着眼点、出发点是实践。人类的认识，离不开人的社会实践，没有实践，就没有外界物质与意识的相互作用，没有相互作用，也就形成不了认识，也就解释不了世界，更侈谈改造世界了。毋庸赘言，改造世界的过程就是一个实践过程，但从根本上而言，认识世界的过程同样也是一个实践过程。试想，即使我们接受的是前人的经验、认识和理论，那么，前人本身获得一定的经验、认识和理论也都不是空穴来风、凭空捏造出来的，换言之，都有一个实践的过程。当然，我们必须承认：认识对于实践也有着巨大的反作用和指导作用。具体而言，正确的认识对实践活动起促进作用，错误的

[1] 《马克思恩格斯全集》第3卷，人民出版社1960年版，第29页。
[2] 《列宁全集》第18卷，人民出版社1988年版，第144页。

认识对实践活动则起阻碍作用。这就是马克思主义的实践认识论。当然，在这里，我们必须强调一点，即马克思主义哲学认识论中的“实践的观点”，旨在强调实践对于认识的基础地位、决定作用及其极端重要性，但绝不是要拿马克思主义哲学认识论中的“实践的观点”来代替其“物质的观点”“能动的观点”。事实上，从根本上看，我们承认实践，就是承认外界物质与意识之间的相互联系、相互作用，而同时又不否认外界物质与意识作为物质的客观性存在和相对独立性存在。深刻地领会了这一点，才是真正的马克思主义的辩证唯物主义的认识论。

马克思主义哲学认识论坚持从实践出发去认识世界，即“不是在每个时代中寻找某种范畴，而是始终站在现实历史的基础上，不是从观念出发来解释实践，而是从物质实践出发来解释观念的形成”[1]。对于马克思主义哲学认识论通过实践真正通达现实的本质特征，英国著名学者莱蒙曾经这样评价道：“马克思认为他的新方法……源于实践的真实事实，而不是固定的或先验的概念。说它是‘科学的’，还因为它能够从这种‘真实的现实’中，提炼出揭示事物间联系的一般‘概念’或主要原则框架。”[2]马克思主义哲学认识论认为，实践是认识的基础，只有实践才使人的认识成为可能。马克思主义哲学从人与现实世界的关系出发，继承了以往唯物主义的反映论观点，强调实践的意义，突出了实践观点在认识论中的重要地位，指出认识的可能性和认识的可靠性不是单纯的理论问题，从根本上说是一个实践的问题。在《关于费尔巴哈的提纲》这部“包含着新世界观天才萌芽的第一个文件”的“十一条”中，马克思在第一条，首先就明确

[1] 《马克思恩格斯选集》第1卷，人民出版社1995年版，第92页。

[2] 〔英〕莱蒙：《历史哲学：思辨、分析及其当代走向》，毕芙蓉译，北京师范大学出版社2009年版，第398页。

了马克思主义哲学根本不同于一切旧哲学的实践认识论原则，即“从前的一切唯物主义（包括费尔巴哈的唯物主义）的主要缺点是：对对象、现实、感性，只是从客体的或者直观的形式去理解，而不是把它们当作感性的人的活动，当作实践去理解，不是从主体方面去理解。因此，和唯物主义相反，能动的方面却被唯心主义抽象地发展了，当然，唯心主义是不知道现实的、感性的活动本身的”[1]。在这里，马克思明确指出，“对对象、现实、感性”，应当“把它们当作感性的人的活动，当作实践去理解”，只有这样，才能解决认识的可能性问题。

马克思主义哲学认识论认为，实践是认识的直接来源，认识只有在实践的基础上才能发生，也只有依赖于实践的推动才能发展。实践的需要和发展既不断地向人们提出新的认识课题，又不断为解决这些课题提供必要的经验材料、工具、手段。而且，实践还在改造客观世界的过程中不断推动对人们主观世界的改造，锻炼和提高主体的认识能力。随着主体认识能力的发展，认识客体的广度和深度也会因之扩大和加深，从而推动认识更加全面、更加深入地发展。认识的任务是要使主体的思想符合客体的实际，达到客观真理，并用以指导进一步改造世界的实践，从而达到主观和客观、主体和客体的一致。但是，人的思维是否具有客观的真理性，要靠实践来证明。同时，观念的认识本身不能直接实现任何物质的东西。只有把观念的认识应用于指导改造世界的实践，才能转化为物质的东西。实践是主观和客观、主体和客体一致的基础，只有坚持实践的观点，才能对认识的发生和发展、认识的目的和作用以及认识的真理性的标准等一系列认识论问题作出科学解释。从这个意义上讲，

[1] 《马克思恩格斯选集》第1卷，人民出版社1995年版，第54页。

马克思主义哲学认识论就是实践认识论。

马克思主义哲学认识论认为，认识不是由离开人的某种纯粹的“自我意识”或“无人身的理性”来实现的。马克思主义哲学认识论强调，认识的主体是人，而这里的“人”并不是生物学意义上的自然人，也绝非离群索居、脱离社会生活的抽象的人，而是有血有肉、从事物质生产、生活并实践于具体的历史的社会关系中的人，是利用社会的、历史的形成的认识活动的各种形式和手段、各种思想资料的人。因此，人之所以能够作为认识的主体，首先在于人是社会实践的主体。只有通过社会实践，人才能形成和发展自己作为主体的本质力量，从而确定自己的主体地位。马克思主义哲学认识论认为，作为认识客体的对象、现实、感性，也不能像旧唯物主义那样从单纯直观的形式去理解，而应该从主体的感性的实践活动去理解，从主体的主观能动方面去理解。对象、现实、感性能够成为认识的客体，首先在于它们是主体能动的实践活动的客体。认识是主体对客体的一种观念的或理论的关系，它虽然是通过主体的意识、思维的活动实现和表现出来的，但它发生的基础和根源则是主体和客体之间的物质的相互作用，即实践活动。

总之，马克思主义哲学认识论坚持“从物质到意识”的认识路线，认为实践是认识的基础，对认识的发生和发展起决定作用；认识产生于实践并随着实践的发展而不断发展；认识的根本目的是为了实践；认识的真理性也只有在实践中才能得到检验和证明。概言之，主要表现在以下四个方面：第一，实践是认识的来源。马克思主义哲学认识论强调从实践中取得直接经验的重要性，但并不排斥学习和掌握间接经验的必要性，从根本上而言，间接经验是以直接经验为基础的，如果说直接经验是认识之“源”，那么，间接经验就是认识之“流”。第二，实践是认识发展的动力。实践永无止境，认识也永无止境。实践的发展不断为人们提出新的认识课题，实践的发展也不断创造出日益完备的新的认识工具和技术手段，从而为人的认识及其发展提供了必要条件，同时，实践的发展也在不断拓宽和深化人们认识客观对象的深度和广度，从而不断提高人们的认识能力和水平。第三，实践是检验认识的真理性的根本标准。我们知道，实践是联系客观实际和主观认识的桥梁、中介，实践为检验人们的认识是否具有真理性提供了客观上、物质上的证明。同时，实践本身又具有普遍性和直接现实性的优点，实践对认识的检验，实际上就是把指导实践的理论同现实进行直接对照，检验出认识是否符合实际，符合的程度怎么样，是不是具有真理性的认识。第四，实践是认识的目的和归宿。实践是认识的源头活水，是认识的出发点，同时，实践也是认识的最终目的和归宿，是认识的落脚点。众所周知，人们的认识不仅仅是为了解释世界，给出一种判断。事实上，对客观事物作出某种认识的根本目的在于，在解释世界的基础上能动地改造世界。实际上，从根本上看，一切理论和认识成果都是从实践中来又到实践中去的，归根结底是为实践服务的，如果离开实践这一最终目的，任何认识的形成和发展都将成为不可能。

（四）认识的辩证发展过程

马克思主义哲学认识论认为，认识的发展过程是从感性认识到理性认识，再由理性认识到能动地改造客观世界的辩证发展过程。对此，列宁曾在《黑格尔〈逻辑学〉一书摘要》中明确指出：“从生动的直观到抽象的思维，并从抽象的思维到实践，这就是认识真理、认识客观实在的辩证的途径。”[1]实质上，把辩证法应用于反映论，应用于认识的过程和发展，是马克思主义哲学认识论的一个重要标志。就此而论，马克思主义哲学认识论从根本上克服了旧唯物主义未能把辩证法应用于反映论、应用于认识的过程和发展这一缺点，而且克服了哲学史上经验论和唯理论各执一端的片面性。马克思主义哲学认识论强调，辩证法是人类的全部认识所固有的，进而科学地阐明了认识的辩证发展过程，深刻地揭示了认识过程中各种因素之间的辩证关系。

认识过程的第一次飞跃，是从感性认识到理性认识的能动飞跃。人的认识过程始于在实践中产生的感性认识，再由感性认识能动地发展到理性认识，这是认识过程的第一次飞跃。感性认识，是人们在实践过程中通过感觉器官接触外界事物而得到的对事物表面现象、外部联系的认识。感性认识包括感觉、知觉和表象三种形式，它的特点是形象性和具体性。感性认识是认识的起点，是认识的低级阶段，它只是对事物表面现象的反映，没有反映事物的本质，因而又具有局限性。理性认识，是人们通过抽象思维得到的对事物本质、内在联系和规律性的认识。理性认识包括概念、判断、推理三种形式，其特点是间接性和抽象性。理性认识是认识的高级阶段，它不是停留在事物的表面，而是深入事物的本质中去。人们凭着感觉器官不能把握事物的本质，只有理性认识才能把握事物的本质。就感性认识和理性认识的辩证关系而言，主要体现为二者之间的相互依存和相互渗透。就相互依存关系来说，一方面，理性认识依赖于感性认识。事物的本质是通过多方面现象表现出来的，只有通过对感性认识进行概括、抽象，才能形成理性认识。另一方面，感性认识有待于深化、发展到理性认识。把握

[1] 列宁：《哲学笔记》，人民出版社1956年版，第181页。

事物的本质和规律，才能指导人们的实践。就相互渗透关系来说，一方面，感性认识中有理性认识。另一方面，理性认识中也有感性认识。也就是说，没有纯粹的感性认识，也没有纯粹的理性认识，感性认识和理性认识总是交织在一起的。

马克思主义哲学认识论指出，人们在实践基础上所得到的关于外部世界的初级认识是感性认识，它包括感觉、知觉、表象等形式。感性认识是对外部世界的直接反映，是人们获得知识的第一步，属于认识的初级阶段。马克思主义哲学认识论强调，认识主体在获得感性认识的基础上，必须用理性思维对感性材料进行逻辑加工，即遵循从感性具体到抽象、又从抽象上升到思维具体的方法以及逻辑与历史统一的原则，通过归纳和演绎、分析和综合，以概念（范畴）、判断、推理的形式，形成理论知识的体系，把客体作为许多规定的综合,亦即多样性的统一的整体在思维中观念地再现出来，这就是理性认识。理性认识是对事物的抽象、概括的反映，也是对事物的本质、全面的反映，是认识的高级阶段。根据马克思主义哲学认识论的观点，人是通过概念、范畴、逻辑观念来反映世界的，人对世界的反映通过思维对观念客体的建构表现出来。对于这样一个过程，列宁曾强调指出："认识是人对自然界的反映。但是，这并不是简单的、直接的、完整的反映，而是一系列的抽象过程，即概念、规律等等的构成、形成过程。"[1]他进一步指出："在人面前是自然现象之网。本能的人，即野蛮人，没有把自己同自然界区分开来。自觉的人则区分开来了，范畴是区分过程中的梯级，即认识世界的过程中的梯级，是帮助我们认识和掌握自然现象之网的网上纽结。"[2]也就是说，概念或范畴的产生和运用是人的认识的一次升华。

[1] 《列宁全集》第55卷，人民出版社1990年版，第152页。
[2] 《列宁全集》第55卷，人民出版社1990年版，第78页。

当然，认识过程的第一次飞跃即从感性认识到理性认识的能动飞跃也是需要条件的。具体而言，一方面，要掌握丰富可靠的感性材料；另一方面，要运用科学的思维方法。我们知道，在哲学史上，唯理论和经验论都把感性认识和理性认识截然对立起来，各执一端，从而割裂了感性认识和理性认识之间的辩证关系。具体来说，唯理论过于夸大理性认识的重要性，完全否认感性认识的作用，认为理性认识可以不依赖于感性认识。与之截然相反，经验论则过于夸大感性认识的作用，彻底否认理性认识的重要性，认为认识可以停留在感性认识上。实际上，唯理论和经验论二者都没有从根本上理解并把握认识的辩证发展过程。具体到实际工作中，教条主义就犯了类似唯理论的错误，而经验主义则犯了类似经验论的错误，它轻视理论，否认感性认识上升到理性认识的必要性，把局部的狭隘的经验当作普遍真理。从根本上来说，这两种倾向都是违反马克思主义哲学认识论的。

认识过程的第二次飞跃是从理性认识到实践的飞跃。毛泽东同志指出："辩证唯物论的认识运动，如果只到理性认识为止，那末还只说到问题的一半。"[1] 换言之，认识的能动性不仅表现于从感性认识到理性认识的能动的飞跃，而且，更重要的是，还必须表现于从理性认识到革命的实践的能动的飞跃。实践是认识的目的，认识只有回到实践中去，才能得到检验和发展。从理性认识到实践，是认识发展过程中的第二次飞跃。这次飞跃具有重大意义。实际上，当人们获得理性认识以后，必须通过理想的目的、理想的计划、科学的方案等形式，使之应用于实践，不断向现实转化。这是实践检验理论、实现理论的过程，也是整个认识过程的继续。实现认识

［1］ 《毛泽东选集》第1卷，人民出版社1991年版，第292页。

过程的第二次飞跃，即从理性认识到实践的飞跃同样需要具备一定的条件。具体而言，第一，理性认识本身应当是正确的；第二，理性认识要与具体实践相结合；第三，理性认识要为实践主体所掌握；第四，理性认识付诸实践，要具备一定的物质条件。

认识过程并不是一次完成的，而是一个“实践、认识、再实践、再认识”多次反复和无限发展的过程。马克思主义哲学认识论认为，人们对于一个具体事物的正确认识，往往需要从实践到认识、再由认识到实践的多次反复，才能完成。因为人的认识总要受到主客观条件的种种限制。第一，受到客观事物发展程度的限制。客观事物的本质和特性的充分暴露有一个过程，因而人们对它的认识也有一个过程。第二，受到生产发展水平和科学技术条件的限制。第三，人们的立场、观点、方法、性格、知识、情感、意志等主体因素，也影响和限制着人们全面正确地认识事物。因此，人们的认识过程往往是再认识的过程，再认识就是主体对同一客体原有认识成果的重新认识，它不仅包括认识的纵向深入和横向扩展过程，而且包括鉴别真伪、修正错误，使认识在原有基础上不断更新的过程。人们对于一个具体事物的认识，经过实践和认识的多次反复，达到了主观与客观的符合，一种认识活动就基本完成了。然而，对客观世界的认识而言，人的认识又没有完成。客观世界及其发展是无限的，在空间上，客观世界存在的事物是无限多样的，其层次和联系是没有穷尽的；在时间上，事物发展的这一过程向另一过程的推移转变也是无限的，旧过程结束了，又开始新过程，新事物层出不穷。因此，人们需要不断地扩展和深化其认识。实践的发展是永无止境的，同样，人类的认识过程也是永无止境的。毛泽东同志对人类认识的发展作了如下概括：“实践、认识、再实践、再认识，这种形式，循环往复以至无穷，而实践和认识之每一循环的内容，都比较地进到了高一级的程度。”[1]

总之，马克思主义哲学认识论科学地揭示了认识的辩证发展过程，是唯一科学的实践认识论，它既表现出唯物主义和辩证法的统一，又体现了辩证唯物主义和历史唯物主义的统一。更为重要的是，马克思主义哲学认识论不把自己看作一个封闭的体系，而是客观地遵循科学认识运动的道路，不断地概括和总结各门科学知识的成果，以丰富自己的内容，又反过来不断为科学认识开辟通向真理的道路。从根本上看，马克思主义哲学认识论反对那种建立永恒不变的绝对认识体系的企图，也反对对认识活动及其结果作超历史的抽象评价。相反，马克思主义哲学认识论特别强调认识的历史特点，强调真理的具体性。一定的具体历史条件下的社会实践的性质和发展水平，决定相应时代的认识的结构和发展水平。但是，一切在实践基础上产生并经过实践检验的认识，都具有不依赖于主体、不依赖于人和人类的内容，即是客观真理。马克思主义哲学认识论建立了关于绝对真理和相对真理的辩证关系的学说。在整个社会历史发展过程中，人们的实践不断地向前发展，人们对客观现实的认识也不断地向前发展。实践、认识、再实践、再认识，循环往复以至无穷，认识的内容由此而不断地扩展和加深，展现了整个人类认识从相对真理向绝对真理不断迈进的辩证发展过程。马克思主义哲学认识论认为，认识的辩证法不仅表现在一个具体认识过程的形式中，更重要的是表现在认识发展的社会历史过程的形式中。正如列宁所指出的那样，根据马克思的理解，辩证法包括认识论，这种认识论“应当历史地观察自己的对象，

[1] 《毛泽东选集》第1卷，人民出版社1991年版，第296—297页。

研究并概括认识的起源和发展即从不知到知的转化”[1]。

二、实践认识论的核心观点

在梳理马克思主义哲学认识论基本内容的基础上，现在，我们可以进一步从中提炼、概括出马克思主义哲学认识论即实践认识论的核心观点。

（一）实践是认识的来源、基础、发展动力和检验标准

这主要讲的是认识和实践的关系。

毛泽东同志曾明确指出：“理论与实践的统一，是马克思主义的一个最基本的原则。”[2]他进一步强调：“我们的结论是主观和客观、理论和实践、知和行的具体的历史的统一，反对一切离开具体历史的‘左’的或右的错误思想。”[3]这一论断实际上解决了主观与客观、认识与实践统一的条件问题。所以说，马克思主义哲学认识论所强调的认识和实践的统一应该体现具体的历史性的统一：一方面，它要求人们在从事认识活动的时候，必须从特定历史条件下的具体实践活动出发，条件变化了，认识也要随之变化；另一方面，人们运用认识指导实践活动的时候，也要考虑到社会历史条件，绝不能把彼时彼地的认识生搬硬套在此时此地的实践中。教条主义者正是犯了这个错误，生吞活剥地理解马克思主义的具体论断和

[1]　《列宁选集》第2卷，人民出版社1972年版，第584页。
[2]　《毛泽东选集》第5卷，人民出版社1977年版，第297页。
[3]　《毛泽东选集》第1卷，人民出版社1991年版，第296页。

结论，结果给中国革命造成了严重损失，这是深刻的历史教训。因此，诚如毛泽东同志所总结指出的那样，我们必须深刻地认识到："实践、认识、再实践、再认识，这种形式，循环往复以至无穷，而实践和认识之每一循环的内容，都比较地进到了高一级的程度。这就是辩证唯物论的全部认识论，这就是辩证唯物论的知行统一观。"[1]

马克思主义哲学认为，人们要创造历史，首先必须生存，也就是说，首先要解决衣食住行等基本生活资料问题。正是在这个意义上，"马克思主义者认为人类的生产活动是最基本的实践活动，是决定其他一切活动的东西。"[2]实际上，在现实的物质生产活动中，一方面，人要和自然界发生一定的关系；另一方面，人与人之间也形成一定的关系。马克思主义哲学认为，在物质生产活动中所形成的生产关系的基础上，人们又必然会形成其他一切社会关系，就此而论，阶级和阶级斗争只不过是生产发展的特定历史阶段的产物。当然，在改造自然和改造社会的过程中，人并不是消极被动的，而是积极主动的，即具有目的性、有意识的。也就是说，在人类的社会实践活动中，人的认识活动始终是参与其中的，而且随着实践活动的发展而发展。但是，实践活动并不是主观任意的、绝对自由的，实践的对象、范围、规模和方式都是特定的社会历史的产物。而且，归根结底，人们认识水平的高低也是受社会历史条件制约的。由此可见，承认认识对实践的依赖关系，是以承认人和人的实践活动的社会历史性为前提的。马克思主义以前的一切旧唯物主义包括费尔巴哈的唯物主义，由于他们在社会历史领域里仍然坚持唯心主义观点，所以恩格斯称之为"半截子唯物主义"。由于他们对于人的本质的社会历史性全然无知，因此，旧唯物主

[1] 《毛泽东选集》第1卷，人民出版社1991年版，第296—297页。

[2] 《毛泽东选集》第1卷，人民出版社1991年版，第282页。

义不可能在认识论领域中进行彻底的革命性的变革。即使像费尔巴哈这样的在恢复唯物主义的历史地位方面做出重要贡献的人，人的本质在他那里也只不过是被视为生物学意义上的类关系。在《关于费尔巴哈的提纲》中，马克思曾批评费尔巴哈所讲的“类”只不过是一种内在的、无声的、把许多不同的个人抽象地联系起来的普遍性而已。在费尔巴哈看来，人的一切交往都是基于人的感觉的相同性这一前提而建立起来的。从一定意义上讲，费尔巴哈正是从这种人本主义的感觉论出发，把人类社会也仅仅理解为与自然界等同的东西，而把实践理解为人的生理活动，因而他也就不可能真正了解以生产活动为基础的人类实践活动的革命的意义，当然也不会看到实践对于认识的基础性和决定性，反过来说，他看不到人的认识活动对于实践活动的依赖关系。

在《实践论》中，毛泽东同志开宗明义地指出，“马克思以前的唯物论，离开人的社会性，离开人的历史发展，去观察认识问题，因此不能了解认识对社会实践的依赖关系”[1]。换言之，深入了解人以及人的实践的社会历史性，是理解认识对于实践依赖关系的前提。众所周知，在马克思看来，人的本质并不是单个人所固有的抽象物。在其现实性上，人的本质是一切社会关系的总和。因此，离开社会性去空谈抽象的人，就只能陷入唯心主义的泥潭之中。实践活动是人的本质的直接现实，人们只能在改造客观世界的实践活动中将其本质对象化，将社会关系物化出来。正如马克思指出的那样：“工业的历史和工业的已经生成的对象性的存在，是一本打开了的关于人的本质力量的书。”[2]在这里，工业和工业的“对象性的存在”，就是指人们的生产实践，由于这样的实践活动，才使人的本质力量显示出

[1] 《毛泽东选集》第1卷，人民出版社1991年版，第282页。
[2] 《马克思恩格斯文集》第1卷，人民出版社2009年版，第192页。

来。由于人的本质在于社会性，而社会性又是在实践的过程中表现出来的，因而实践也就必然具有社会性，是社会性的实践。也就是说，人的实践活动总是在一定的社会关系中进行的，受一定的社会历史条件制约。

马克思主义哲学认识论认为，人的认识对实践的依赖关系具体表现为实践是认识的基础，实践是认识的来源，实践是认识发展的动力，实践是检验认识是否具有真理性的根本标准。换句话说，人们是在实践中得到认识，在实践中应用认识，在实践中发展认识，在实践中检验认识的真理性。党的十九大报告所讲的“实践是理论之源”就体现了这种实践认识论。

在这里，我们着重谈谈实践是检验真理的根本标准的观点。在《关于费尔巴哈的提纲》中，马克思明确指出：“人的思维是否具有客观的真理性，这不是一个理论的问题，而是一个实践的问题。人应该在实践中证明自己思维的真理性，即自己思维的现实性和力量，自己思维的此岸性。关于思维——离开实践的思维——的现实性或非现实性的争论，是一个纯粹经院哲学的问题。”[1]在这里，马克思十分清楚地告诉我们，认识的可靠性最终只能由实践来检验和证明。一种理论、一种认识是否正确反映客观实际，是不是真理，最终只能靠社会实践来检验。胡锦涛同志在庆祝中国共产党成立 90 周年大会上的讲话中指出：“马克思主义，理论源泉是实践，发展依据是实践，检验标准也是实践。”[2]实践是检验真理的根本标准，这是马克思主义的一个基本常识，也是马克思主义哲学认识论的一个基本观点。

---

[1] 《马克思恩格斯选集》第 1 卷，人民出版社 1995 年版，第 58—59 页。

[2] 胡锦涛：《在庆祝中国共产党成立 90 周年大会上的讲话》，人民出版社 2011 年版，第 11 页。

在这里，需要提及20世纪70年代末80年代初国内那场关于“实践是检验真理的唯一标准”的大讨论。实际上，真理标准问题的大讨论，是在我们党和国家处于重大历史转折的背景下，在邓小平同志等老一辈无产阶级革命家的领导和支持下开展起来的。“文化大革命”结束后，我们党面临着在思想、政治、组织等各个领域全面拨乱反正的任务。但这一进程受到了“两个凡是”的严重障碍。由于极左思想的长期影响和束缚，许多人还不能正确理解毛泽东思想，还不能正确区分毛泽东同志的伟大历史功绩和晚年所犯的错误，还不能从“文化大革命”的指导理论——“无产阶级专政下继续革命的理论”中摆脱出来。因此，党的事业在前进中出现徘徊的局面。针对这种状况，邓小平同志首先提出要完整地准确地理解毛泽东思想，强调毛泽东思想的精髓就是实事求是，并旗帜鲜明地指出“两个凡是”不符合马克思主义，为我们党实现思想路线上的拨乱反正指明了方向。与此同时，其他老一辈无产阶级革命家和党内外不少同志也逐渐从不同角度提出，要恢复和发扬党的实事求是的优良作风，正确认识、把握理论与实践的关系，把实践作为检验真理的标准。1978年5月10日，中央党校内部刊物《理论动态》首先发表了经胡耀邦审定的《实践是检验真理的唯一标准》一文。翌日，《光明日报》以特约评论员名义刊登了题为《实践是检验真理的唯一标准》的文章。当日，新华社全文转发了这篇文章。12日，《人民日报》《解放军报》等全国各大报刊同时转载了这篇文章。这篇文章论述了马克思列宁主义的实践第一的观点，正确地指出任何理论最终都要接受实践的检验。马克思主义理论并不是一堆僵死不变的教条，它要在实践中不断增加新的内容。这篇文章在当时引起强烈反响，有人批评它是“荒谬”“砍旗”；

有的赞誉它是“东风第一枝”，是“一颗彻底摧毁‘四人帮’反动思想体系的重磅炸弹”。一时间，众说纷纭，争论四起。这篇文章也引起了邓小平同志的高度重视。他后来指出：“关于真理标准问题，《光明日报》登了一篇文章，一下子引起那么大的反应，说是‘砍旗’，这倒进一步引起我的兴趣和注意。”[1]在邓小平同志领导下，围绕这篇文章的争论，最终发展成为一场关于真理标准的大讨论。当然，这一讨论同时得到了叶剑英、李先念、陈云、胡耀邦等同志的积极支持，讨论随之在全国逐步开展。同年6月到11月，中央党政军各部门、全国绝大多数省、自治区、市和大军区的主要负责同志都发表文章或讲话，一致认为，坚持实践是检验真理的唯一标准这一马克思主义的原则，具有重大的现实意义。用邓小平同志的话来讲：“不要小看实践是检验真理的唯一标准的争论。这场争论的意义太大了，它的实质就在于是不是坚持马列主义、毛泽东思想。”[2]客观地讲，这一讨论为党的十一届三中全会的召开提供了思想条件，也为党的十一届三中全会制定正确的路线奠定了理论基础。以此为契机，在党的十一届三中全会的正确路线指引下，我国进入了改革开放、全力开展社会主义现代化建设的新时期。

从哲学上说，关于“实践是检验真理的唯一标准”的讨论，是从认识论角度提出问题的，属于认识论问题。因此，这一讨论必然直接促进我国哲学认识论的研究。事实证明，经过这一讨论，不仅恢复了检验认识的真理性的根本标准是实践这一马克思主义哲学认识论的基本观点，恢复了实践对于检验认识的真理性的权威，而且以此为契机和动力，启动和开创了我国哲学认识论研究的新局面。这种新局面表现在：关于实践标

[1] 《邓小平文选》第2卷，人民出版社1994年版，第190页。

[2] 《邓小平文选》第2卷，人民出版社1994年版，第191页。

准讨论对认识论研究的意义，远远超出了认识的真理性标准的范围，极大地深化和拓展了马克思主义哲学认识论研究的理论空间。理论空间的深化和拓展，使我国的认识论研究摆脱了自身孤立状态，而同其他相关学科紧密联系起来。这样就使认识论研究的视野得到了扩大，内容得到了充实，概念、范畴得到了丰富，研究方法也得到了更新，同时还不断开拓认识论研究的新领域。这些都显示了马克思主义哲学认识论的巨大包容量和开放性本质。[1]

实践是检验认识真理性的标准，这是由真理的本性和实践的特点决定的。所谓检验认识真理性，就是检验人的认识是否同客观实在相符合。显然，这种检验的标准不能在认识领域内寻找，思想理论不能成为检验自身是否符合客观实在的标准。客观事物及其规律本身也不能直接回答认识是否同它本身相符合。所以，真理的本性决定了检验真理的根本标准只能是社会实践。同时，实践的特点也决定了检验真理的根本标准只能是实践。具体说来，实践具有普遍性和直接现实性的优点。实践的普遍性，是指任何个别的、特殊的实践，都包含着一般、普遍的意义，即一次实践能够做到的，在同样条件下的同样实践必然会重复地加以实现，并产生出同样的结果。实践的直接现实性，是指实践是把主观认识与客观实在直接联系起来的桥梁。列宁在《哲学笔记》中谈到实践的特性时提出了“实践第一”的观点。他指出：“实践高于（理论的）认识，因为实践不仅有普遍性的品格，而且还具有直接现实性的品格。”[2]也就是说，实践不仅具有同理论一致的普遍性这样的共性，而且还具有把理论在现实中实现出来的特殊性。这

［1］ 参见夏甄陶：《马克思主义哲学认识论的创新与发展》，《杭州师范学院学报》（人文社会科学版）2001年第6期。

［2］ 列宁：《哲学笔记》，人民出版社1974年版，第230页。

一概括无疑是正确的，它揭示了实践能够把主客观统一起来，从而发挥中介和桥梁作用这样的特殊品质，也是实践能够作为最终检验真理标准的根本原因。

进一步而言，实践不仅是检验真理的标准，而且是检验真理的根本标准。在《新民主主义论》中，毛泽东同志曾指出："真理只有一个，而究竟谁发现了真理，不依靠主观的夸张，而依靠客观的实践。只有千百万人民的革命实践，才是检验真理的尺度。"[1] "马克思主义者认为，只有人们的社会实践，才是人们对于外界认识的真理性的标准。"[2]在这里，"只有""才是"这些词语表明，根本标准只有一个，没有第二个。其原因在于，马克思主义所说的真理是客观真理，是人的思想对于客观世界及其规律的正确反映。因此，作为检验真理的根本标准，就不能到主观领域内去寻找，不能到理论领域内去寻找，思想、理论自身不能成为检验自身是否符合客观实际的根本标准，正如在法律上原告是否属实，不能以他自己的起诉为标准一样。作为检验真理的根本标准，必须具有把人的思想和客观世界联系起来的特性，否则就无法检验。人的社会实践是改造客观世界的活动，是主观见之于客观的东西，实践具有把思想和客观实际联系起来的特性。因此，正是实践，也只有实践，才能够完成检验真理的任务。

从某种意义上讲，马克思主义经典作家对待自己理论的态度，堪称是用实践去检验一切理论包括自己所提出的理论的典范。马克思、恩格斯对待《共产党宣言》的态度，就是许多事例当中的一个生动例子。众所周知，自 1848 年《共产党宣言》公开发表以后，马克思、恩格斯一直都在用实践来检验它，这一点集中体现在《共产党宣言》的七篇序言中。诚如马克

[1] 《毛泽东选集》第 2 卷，人民出版社 1991 年版，第 663 页。
[2] 《毛泽东选集》第 1 卷，人民出版社 1991 年版，第 284 页。

思、恩格斯所言："不管最近25年来的情况发生了多大的变化，这个《共产党宣言》中所阐述的一般原理整个说来直到现在还是完全正确的。"紧接着，他们又指出："这些原理的实际运用，正如《宣言》中所说的，随时随地都要以当时的历史条件为转移"[1]。马克思、恩格斯根据新实践的不断检验，包括新的历史事实的发现，曾对《共产党宣言》的个别论点做了修改。例如，《共产党宣言》第一章的第一句是："到目前为止的一切社会的历史都是阶级斗争的历史。"恩格斯在1888年《共产党宣言》的英文版上加了一条注释：确切地说，这是指有文字记载的历史。这是因为，《共产党宣言》发表以后，人们对于社会的史前史有了进一步的认识，特别是摩尔根的调查研究证明：在阶级社会以前，有一个很长的无阶级社会；阶级是社会发展到一定历史阶段的产物，并非从来就有的。可见，说"一切社会的历史都是阶级斗争的历史"并不确切。恩格斯根据新发现的历史事实作了这个说明，修改了《共产党宣言》中的旧提法。《共产党宣言》中还有一个说法，即无产阶级要用暴力革命夺取政权，以推翻资产阶级。1872年，马克思、恩格斯在他们共同签名的一篇序言中明确指出："由于1848年以来大工业已有了巨大发展而工人阶级的组织也跟着有了改进和增长，由于首先有了二月革命的实际经验而后来尤其是有了无产阶级第一次掌握政权达两月之久的巴黎公社的实际经验，所以这个纲领现在有些地方已经过时了。特别是公社已经证明：'工人阶级不能简单地掌握现成的国家机器，并运用它来达到自己的目的。'"[2]列宁对马克思、恩格斯的这个说明十分重视，可以说这是对《共产党宣言》的一个"极其重要的修

[1] 《马克思恩格斯选集》第1卷，人民出版社1995年版，第258页。
[2] 《马克思恩格斯选集》第1卷，人民出版社1995年版，第258页。

改”[1]。毛泽东同志也是这方面的典范。他一贯要求不断用革命实践来检验自己提出的理论和路线。1955年，在编辑《中国农村的社会主义高潮》一书时，毛泽东同志写了104篇按语。当时没有预料到1956年以后国际国内所发生的阶级斗争的新情况。因此，1958年在重印一部分按语的时候，毛泽东同志特别写下一个说明，指出这些按语“其中有一些现在还没有丧失它们的意义。其中说：一九五五年是社会主义与资本主义决战取得基本胜利的一年，这样说不妥当。应当说：一九五五年是在生产关系的所有制方面取得基本胜利的一年，在生产关系的其他方面以及上层建筑的某些方面即思想战线方面和政治战线方面，则或者还没有基本胜利，或者还没有完全胜利，还有待于尔后的努力”[2]。由此可见，马克思列宁主义、毛泽东思想之所以具有思想的力量，正是由于它是经过实践检验了的客观真理。正因为这样，我们要非常重视革命理论。列宁指出：“没有革命的理论，就不会有革命的运动。”[3]而理论之所以重要，就是在于它既来源于实践，同时又能正确指导实践，而理论到底是不是正确地指导了实践以及怎样才能正确地指导实践，这一点也离不开实践的检验。如果没有掌握或者不理解这个精神实质，那是不可能真正重视理论并发挥理论的作用的。党的十八大以来这五年多的实践，也充分检验和确证了习近平新时代中国特色社会主义思想是具有强大真理性和道义性的理论。

马克思主义认识论不仅承认实践是检验真理的根本标准，而且强调要从发展的观点看待实践标准。实践是不断发展的，因此，作为检验真理的根本标准，它既具有绝对的意义，又具有相对的意义。就一切思想和理论

[1] 《列宁选集》第3卷，人民出版社1995年版，第142页。
[2] 《毛泽东选集》第5卷，人民出版社1977年版，第225—226页。
[3] 《列宁选集》第1卷，人民出版社1995年版，第311页。

都必须由实践来检验这一点来讲，它是绝对的、无条件的；就实践在它发展的一定阶段上都有其局限性，不能无条件地完全证实或完全驳倒一切思想和理论这一点来讲，它又是相对的、有条件的。事实上，由于任何人都身处特定的时代，从而必然会受到这个时代的各种条件的限制，其理论认识的水平也必然是有限的，由其认识所获得的理论也必然只具有相对的真理性，而这不仅“在哲学认识的领域是如此，在任何其他的认识领域中以及在实践行动的领域也是如此”[1]。但是，我们必须看到，今天的实践回答不了的问题，将来的实践终究会回答它，就这一点而言，实践标准又是绝对的。因此，列宁进一步提出了实践标准的确定性和不确定性的著名论断。他说：“当然，在这里不要忘记：实践标准实质上决不能完全地证实或驳倒人类的任何表象。这个标准也是这样的‘不确定’，以便不让人的知识变成‘绝对’，同时它又是这样的确定，以便同唯心主义和不可知论的一切变种进行无情的斗争。”[2]

马克思主义哲学认识论认为，实践标准是绝对性和相对性的辩证统一。所谓实践标准的绝对性，是指在任何情况下，只有实践才是鉴别真理与谬误的客观标准，这是无条件的、绝对的。一方面，凡经实践检验证实的真理，新的实践可以丰富它、完善它、发展它，却不能推翻它；另一方面，即使一时的实践还不能对某些认识作出检验，但无限发展的实践，终将会对认识是不是真理作出确定的检验。所谓实践标准的相对性，是指每一历史阶段的具体实践都具有历史的局限性，实践作为检验认识真理性的标准，又是有条件的、相对的。一方面，每一历史阶段的具体实践都不能完全证实或驳倒一切认识，需要随着实践的发展而不断地检验和发展人的认识；另一方面，

[1] 《马克思恩格斯选集》第4卷，人民出版社1995年版，第216页。

[2] 《列宁选集》第2卷，人民出版社1995年版，第103页。

即使已经被实践证实的真理性认识，也还要继续接受新的实践的检验。

实践发展永无止境，认识真理永无止境，理论创新永无止境。实践是检验真理的唯一标准表明，任何思想、任何理论都必须毫无例外地、永远地、不断地接受实践的检验，这也就是真理发展的观点。任何思想、理论，即使是已经在一定的实践阶段上证明为真理，在其发展过程中仍然要接受新的实践的检验而得到补充、丰富或者纠正。毛泽东同志指出："人类认识的历史告诉我们，许多理论的真理性是不完全的，经过实践的检验而纠正了它们的不完全性。许多理论是错误的，经过实践的检验而纠正其错误。"[1]他同时又指出："客观现实世界的变化运动永远没有完结，人们在实践中对于真理的认识也就永远没有完结。马克思列宁主义并没有结束真理，而是在实践中不断地开辟认识真理的道路。"[2]马克思主义强调实践是检验真理的标准，强调在实践中对于真理的认识永远没有完结，就是承认我们的认识不可能一次完成或最终完成，就是承认由于历史的和阶级的局限性，我们的认识可能犯错误，需要由实践来检验，凡经实践证明是错误的或者不符合实际的东西，就应当改变，不应再坚持。事实上，这种改变是常有的。毛泽东同志指出："真正的革命的指导者，不但在于当自己的思想、理论、计划、方案有错误时须得善于改正，如同上面已经说到的，而且在于当某一客观过程已经从某一发展阶段向另一发展阶段推移转变的时候，须得善于使自己和参加革命的一切人员在主观认识上也跟着推移转变，即是要使新的革命任务和新的工作方案的提出，适合于新的情况的变化。"[3]总之，社会实践的无穷无尽决定了认识发展的永无止境。

[1]　《毛泽东选集》第1卷，人民出版社1991年版，第293页。
[2]　《毛泽东选集》第1卷，人民出版社1991年版，第296页。
[3]　《毛泽东选集》第1卷，人民出版社1991年版，第294页。

一种正确的认识，往往需要经过实践与认识之间的多次循环反复。一定意义上讲，党的理论联系实际，实事求是，一切从实际出发的思想路线，也是针对我国实际情况对于马克思主义哲学认识论所作的一种阐述。

马克思主义哲学认识论在强调实践之于认识的基础性、决定性的前提下，也充分肯定了人的认识、人的思维的相对独立性。诚如马克思所言："光是思想力求成为现实是不够的，现实本身应当力求趋向思想。"[1]思维反映存在，揭示的是思维的内容，思维如何反映存在，则揭示的是思维反映存在的方式、尺度、取向，是指思维与存在在什么角度、层次、范围，通过什么形式、途径，达到二者的统一。按照马克思主义哲学认识论的观点，思维对存在的反映不仅通过实践及其主体和客体的相互作用，而且通过思维自己构成自己的形式来进行。毛泽东同志指出："人的概念的每一差异，都应把它看作是客观矛盾的反映。客观矛盾反映人主观的思想，组成了概念的矛盾运动，推动了思想的发展，不断地解决了人们的思想问题。"[2]显然，这里存在着两个层次的问题：首先，主观矛盾是客观矛盾的反映；其次，主观矛盾又相对独立，"组成了概念的矛盾运动"，正是它"推动了思想的发展"。因此，实践对认识的辩证关系又要通过"概念的矛盾运动"表现出来，这是思维相对独立地自己构成自己的过程。

（二）认识过程一般要经过两个阶段

这主要讲的是感性认识和理性认识之间的关系。

由感性认识到理性认识、再由理性认识回到实践，是认识过程的两大

[1]　《马克思恩格斯选集》第1卷，人民出版社1995年版，第11页。
[2]　《毛泽东选集》第1卷，人民出版社1991年版，第306页。

飞跃。

人对事物的认识，首先是对事物的表象、表层、表面和现象的认识，这就是感性认识。马克思主义哲学认识论强调，对客观世界的认识应该透过现象看本质，从感性认识发展上升到理性认识，这是认识过程中的第一次飞跃。毛泽东同志指出："认识的感性阶段有待于发展到理性阶段——这就是认识论的辩证法。"同时，他又指出："理性认识依赖于感性认识，感性认识有待于发展到理性认识，这就是辩证唯物论的认识论。"[1]马克思主义哲学认识论认为，认识过程的第二次飞跃是从理性认识到实践的飞跃。毛泽东同志进一步指出："辩证唯物论的认识运动，如果只到理性认识为止，那末还只说到问题的一半。"[2]换言之，认识的能动性不仅表现于从感性认识到理性认识的能动的飞跃，更重要的是，还表现于从理性认识到革命实践的能动的飞跃。实践是认识的目的，认识只有回到实践中去，才能得到检验和发展。从理性认识到实践，是认识发展过程中的第二次飞跃。

在《人的正确思想是从哪里来的？》一文中，毛泽东同志曾提出"由物质到精神、由精神到物质"的"两个飞跃"且多次反复的认识总过程思想，强调这就是马克思主义的认识论。毛泽东同志形象地指出，"人们在社会实践中从事各项斗争，有了丰富的经验，有成功的，有失败的。无数客观外界的现象通过人的眼、耳、鼻、舌、身这五个官能反映到自己的头脑中来，开始是感性认识。这种感性认识的材料积累多了，就会产生一个飞跃，变成了理性认识，这就是思想。这是一个认识过程。这是整个认识过程的第

[1] 《毛泽东选集》第1卷，人民出版社1991年版，第291页。
[2] 《毛泽东选集》第1卷，人民出版社1991年版，第292页。

一个阶段，即由客观物质到主观精神的阶段，由存在到思想的阶段”，“然后又有认识过程的第二个阶段，即由精神到物质的阶段，由思想到存在的阶段，这就是把第一个阶段得到的认识放到社会实践中去，看这些理论、政策、计划、办法等等是否能够得到预期的成功”，“人们的认识经过实践的考验，又会产生一个飞跃。这次飞跃，比起前一次飞跃来，意义更加伟大”。在他看来：“一个正确的认识，往往需要经过由物质到精神，由精神到物质，即由实践到认识，由认识到实践这样多次的反复，才能够完成。这就是马克思主义的认识论，就是辩证唯物论的认识论。”[1]

在《实践论》一文中，毛泽东同志指出：“我们的结论是主观和客观、理论和实践、知和行的具体的历史的统一”[2]。这个结论就是在解放思想中统一思想的认识论根据。在一定历史阶段，人们的认识在解放思想中达到了一致，并实现了主观与客观的统一。但人类的实践是一个连续不断发展的历史过程，永远不会停留在一个水平上，这就要求理论不断创新，思想不断解放。当一种新的理论、观点产生时，总有许多人还沉浸在过去形成的观念中，于是新的统一思想的任务重新摆在我们面前。在解放思想中统一思想，就是我们共产党人不断认识真理、掌握真理的过程，就是人们不断地在实践基础上进行再认识的过程，就是不断地从必然王国走向自由王国的过程。这个过程的基本规律就是：实践、认识、再实践、再认识，如此循环往复以至无穷，而实践和认识之每一循环的内容，都比较地进到了高一级的程度。认识的历史证明：只有遵循这个认识规律，才能解放思想；只有解放思想，才能真正达到统一思想。这就是我们的认识论，这就是我们的知行统一观。

[1]　《毛泽东文集》第 8 卷，人民出版社 1999 年版，第 320—321 页。
[2]　《毛泽东选集》第 1 卷，人民出版社 1991 年版，第 296 页。

强调实践标准的根本性，并不排斥其他具有合理性标准的作用和意义。

（三）追求真理和创造价值是人类活动的两大原则

马克思主义哲学认识论指出，认识世界和改造世界是人类的两大基本活动。认识世界是为了改造世界，改造世界是为了创造人类更加美好幸福的生活。认识世界的目的是追求真理，改造世界的目的是创造价值。从这个意义上讲，追求真理和创造价值构成了人类认识活动和实践活动的两大主题，真理原则和价值原则是人类活动的两个基本原则。所谓真理原则，是指人类必须按照客观世界的本来面目去认识和改造世界，追求真理、服从真理并运用真理。真理原则侧重于客体性、条件性、统一性。所谓价值原则，是指人类必须按照自己的需要和尺度去认识和改造世界，创造价值、利用价值并实现价值，使世界愈益成为适合人生存和发展的“好”的世界。价值原则侧重于主体性、目的性、多样性。

马克思主义哲学认识论认为，真理是在实践基础上主体对客体的正确认识，是主观同客观的一致。正确的认识即真理，错误的认识即谬误。就二者关系来看，首先，真理和谬误之间有着确定的界限：真理是对客观事物及其规律的正确反映，表明了主观与客观相符合；而谬误则是对客观事物及其规律的歪曲、错误的反映，表明了主观与客观相脱离。就一定范围、一定客观对象来说，真理就是真理，谬误就是谬误，二者之间有质的区别，不能混淆。其次，真理和谬误又相互联系。其一，真理和谬误相比较而存在，相斗争而发展。没有真理就无所谓谬误，没有谬误也显不出真理。其二，真理和谬误在一定条件下相互转化，任何真理都是在一定范围、一定条件下的真理。列宁说："任何真理，如果把它说得'过火'……加以夸大，把它运用到实际适用的范围之外，便可以弄到荒谬绝伦的地步，而且在这种情形下，甚至必然会变成荒谬绝伦的东西。"[1]反过来也是一样，这种谬误如果回到原来的范围以内，恢复它所必备的条件，它又会转化为真理。任何真理都是具体的、有条件的、历史的、发展变化的。

马克思主义哲学认识论认为，真理是绝对性与相对性即绝对真理与相对真理的辩证统一。真理的绝对性通常也称作绝对真理，它包括两方面的含义：一方面，任何真理都有不依赖于主体、不依赖于人或人类的客观内容，都是对客观事物及其规律的正确反映，这是无条件的、绝对的。承认真理的客观性就是承认真理的绝对性。另一方面，人类能够正确认识无限多样和永恒发展的物质世界，每一个真理的获得，都是对客观物质世界的进一步接近，这也是无条件的、绝对的。承认世界的可知性就是承认真理的绝对性。真理的相对性通常又称作相对真理，它也包括两方面的含义：一方面，任何真理都有依赖于主体、依赖于人或人类的主观形式，都是运用语言和逻辑对客观对象所作的正确反映，而不是客观事物及其规律本身。这就使人们实际把握到的每一个真理总是有条件的、相对的。另一方面，每一个真理都只是对无限多样和永恒发展的物质世界在有限范围内和有限程度上所作的正确反映，都具有近似的、不完善的性质。在广度上不可能穷尽客观世界的一切方面和一切过程，认识尚有待于发展；在深度上也只能达到客观对象及其本质的一定层次，并不是认识的最终完成形态。因此，真理又是有条件的、相对的。实际上，任何真理性的认识，都是绝对与相对的辩证统一。绝对真理与相对真理相互联结、相互渗透，在相对之

[1] 《列宁选集》第4卷，人民出版社2012年版，第172页。

中有绝对，一切具有相对真理性的认识中，都包含着绝对的永远不会被推翻的客观内容。这不仅指每一相对真理性的认识，都是一定条件、一定范围内和一定程度上对客观事物及其规律的正确反映，在这个限度内，它永远不会被推翻，而且从真理的发展讲，当一个相对真理性的认识被一个新的相对真理性的认识所代替时，总会有一些带有绝对真理性的“颗粒”被保留继承下来，这些“颗粒”也是永远不会被推翻的。真理的发展是由相对向绝对不断转化的无限过程。任何真理都是对客观世界的有限的正确认识，从这个意义上说，人们所把握的都是包含着绝对真理性“颗粒”的相对真理性认识。每一个相对真理性的认识，都是以往实践和认识的终点，又是指导人们发展真理的新起点。真理的发展，一方面是相对真理性认识在内涵上的丰富、充实与在外延上的精确限定；另一方面是相对真理性认识在数量上的扩大增加。由此可见，形而上学的绝对主义和相对主义的问题就在于，二者都把真理的绝对性和相对性对立起来加以思考。绝对主义片面夸大真理的绝对性，否认真理的相对性，把现存的真理看成是终极真理，导致思想僵化。与之相反，相对主义片面夸大真理的相对性，否认真理的绝对性，把真理看成是没有客观内容和客观准绳的纯粹相对的东西，结果导致怀疑主义和诡辩论。同样，在对待马克思主义的态度上，绝对主义否认马克思主义相对性，把马克思主义理论看成真理发展的“顶峰”，当作教条照抄照搬；相对主义否认马克思主义科学真理有绝对性，否认马克思主义基本原理的客观真理性及其指导作用，抹杀了马克思主义的旺盛生命力。就其实质而言，对待马克思主义的绝对主义和相对主义的态度都是错误的、不可取的。

马克思主义哲学认识论认为，真理也是客观性与价值性的辩证统一。

我们知道，真理是一种认识，是客观事物及其规律在人的意识里的正确反映，因此，真理的内容是客观的，而其形式是主观的。实际上，任何真理都是客观内容和主观形式的统一。真理的内容是不以人的意志为转移的客观存在，检验真理的标准是客观的社会实践，因而真理是客观的。真理内容的客观性表明，在一定的时间、地点、条件下，对同一事物的真理性认识，其内容是确定的。真理不因人而异，也不因阶级而异。在阶级社会中，人们对真理的认识和运用，在不同程度上受到阶级利益的制约和影响。真理的价值性即真理对人类实践活动的功能性，它揭示了客观真理具有能满足主体需要、对主体有用的属性。真理的客观性和价值性作为反映两种不同关系的范畴，分别体现了两种不同的观察问题的取向。真理的客观性是从真理同客体一致性上所作的考察，揭示真理的内容和检验标准是客观的；真理的价值性是从真理对主体的效用上所作的考察，揭示真理在客观上固有的作用和功能。真理的客观性和价值性一般说来是一致的。一方面，真理的客观性是价值性存在的前提和基础；另一方面，真理的价值性又是真理客观性的重要体现之一。

马克思主义哲学认为，价值是人的认识活动和实践活动中的重要因素，反映的是主体和客体之间的一种意义或价值关系。在主体与客体的相互作用中，存在着一种主体按其需要对客体的属性和功能进行选择、利用和改造的关系，或者说，客体以其自身的属性和功能满足主体需要，实现主体目的的关系，这种关系就是价值关系，即我们通常所说的意义关系。如果说某事、某物能够满足主体需要，那么它就是有意义的、有价值的；反之，如果某事、某物不能满足主体需要，就是没有意义、没有价值的。价值的大小，说到底，就是客体满足主体需要程度的大小，就是客体对主体意义的大小。马克思曾说过，价值“实际上是表示物为人而存在”[1]。因此，一个没有人的世界，也是一个没有价值、没有意义的世界。

那么，人类活动为什么要遵循价值原则呢？原因就在于价值原则是人类活动的目的性原则，人类遵循真理原则去追求真理，而运用真理，完全是为了创造和获得价值。在人类社会生活中，真理从来就不是目的，也不可能成为目的，真理只是手段，不过任何手段如果缺乏明确目的，手段就会被扭曲，或者失去意义。譬如说，在阶级社会里，革命、斗争是解决阶级矛盾的手段，这是真理，但如果缺乏明确目的，就会变成“为了革命而革命”。从事生产、发展生产力也一样，它本身只是手段，不是目的，它的目的是为了提高人民群众的生活水平，促进人的全面发展，这也是真理，但如果缺乏明确目的，就会变成“为了生产而生产”，就会出现见物不见人、要物不要人的现象。实际上，上述现象都是在我国社会主义建设实践中发生过的。因此，从根本上而言，离开了价值原则，任何追求真理的活动都是没有意义的。

综上所述，追求真理和创造价值是人认识世界和改造世界活动的两个既相区别又相统一的中心内容，二者相互依存、相互补充、相互引导、互相适应，互为前提，缺一不可。从价值走向真理，从真理走向价值，二者在实践基础上统一起来，并在实践中产生、检验、丰富和发展。事实上，在实践基础上实现真理与价值的具体的历史的统一是人类社会进步的内在条件，也是马克思主义哲学认识论的一条基本原则。因此，人类活动必须遵循两大原则，即真理原则和价值原则。换句话说，我们所进行的实践活动，都必须是符合真理原则的实践，同时也必须是符合价值原则的实践。

[1] 《马克思恩格斯全集》第26卷（下），人民出版社1974年版，第326页。

因此，当我们在运用真理原则时，一定不要忘记运用价值原则，在遵循“物的尺度”和规律时，一定不要忘记“人的尺度”和要求。从本质上讲，真理原则和价值原则是一致的，没有真理的获得就没有价值的创造，不懂得物的本性和规律，也就不可能实现人的本性和要求，反过来讲，人的本性和要求的实现，也就是对物的本性和规律的掌握，价值的创造就是真理的获得。比如说，通过对中国社会现实的分析，我们形成了建设社会主义和谐社会这一真理性认识，然后运用这一真理性认识改造不和谐的社会现象，进而努力建设一个和谐、幸福的“好”社会，使人人都能够生活得更加体面、更有尊严。再比如，我们提出科学发展观是获得了真理性认识，我们运用科学发展观指导经济社会实践、改造现实社会，就是在创造价值。

三、实践思维

马克思主义哲学认识论是人们认识世界、改造世界的科学理论，为我们提供了正确认识和改造客观世界的理论思维。把马克思主义哲学认识论的核心观点转化为分析问题的思维方式，要求我们必须确立实践思维方式。

实践思维包括两个方面的基本内容。

（一）求真务实，注重实践行动

这一内容说的是：在说与做的关系中，它强调知行合一、求真务实，注重言行一致，注重实干实效，强调言必信，行必果，反对说与做相背离、不一致；在认识与实践的关系中，它强调一切正确的认识首先要从实践中获得。

客观地讲，求真务实是马克思主义哲学认识论一以贯之的科学精神。马克思主义不仅重视革命的、科学的理论对于社会变革的指导作用，同时又特别重视实践，实践的观点是马克思主义认识论首要的和基本的观点。马克思指出："哲学家们只是用不同的方式解释世界，而问题在于改变世界。"[1]毛泽东同志也强调："马克思主义的哲学认为十分重要的问题，不在于懂得了客观世界的规律性，因而能够解释世界，而在于拿了这种对于客观规律性的认识去能动地改造世界。"[2]人们认识世界，要落实到改造世界的行动上。人们当然要用思想来支配自己的行动。但是"思想本身根本不能实现什么东西。思想要得到实现，就要有使用实践力量的人"[3]，因此，需要人去实践、去实干。只有这样，科学的理论、正确的认识、美好的理想才能逐步变为现实。诚如邓小平同志在改革开放之初告诫全党时所言："世界上的事情都是干出来的，不干，半点马克思主义都没有。"[4]习近平总书记也强调，一分部署，九分落实。

因此，坚持求真务实，是坚持马克思主义哲学认识论的本质要求。所谓"求真"，就是"求是"，也就是依据解放思想、实事求是、与时俱进的思想路线，去不断地认识事物的本质，把握事物的规律。所谓"务实"，则是要在这种规律性认识的指导下，去做、去实践、去实干，在实际工作中，也就是要讲实情、出实招、办实事、求实效。从根本上来说，求真务实是

[1] 《马克思恩格斯选集》第1卷，人民出版社1995年版，第61页。

[2] 《毛泽东选集》第1卷，人民出版社1991年版，第292页。

[3] 《马克思恩格斯文集》第1卷，人民出版社2009年版，第320页。

[4] 《十六大以来重要文献选编》（下），中央文献出版社2008年版，第874页。

对马克思主义哲学认识论的精神实质的精辟概括，体现了马克思主义哲学所要求的理论和实践、知和行的具体的历史的统一。求真与务实的统一，是马克思主义哲学认识论的必然要求和本质体现。党的思想路线集中而鲜明地反映了马克思主义哲学的这一基本特点和实质。

党的十九大之后，我国改革和发展正处在一个关键时期。面对新的形势和任务，大力弘扬求真务实精神、大兴求真务实之风，十分重要而紧迫。须知，当代中国，坚持求真务实，大兴求真务实之风，并不是空洞的口号，而有着实实在在的内容。具体而言，所谓求真务实，即求我国社会主义初级阶段基本国情之真，务坚持长期艰苦奋斗之实；求社会主义建设规律和人类社会发展规律之真，务抓好发展这个党执政兴国的第一要务之实；求人民群众的历史地位和作用之真，务发展最广大人民根本利益之实；求中国共产党执政规律之真，务全面加强和改进党的建设之实。一个求真务实的人，不会频繁瞎折腾；一个脚踏实地的国家，不会动辄改弦易辙。国家越自信，对“举什么旗，走什么路”就越有底气，认定方向，齐心协力，一步一个脚印地走下去，中华民族伟大复兴的中国梦便不再遥远，必定会梦想成真。

但是，在社会调研中我们发现：许多党员干部认为一些地方的理论与实践反差较大，“活动”多，“行动”少，要求“少谈些抽象概念和空洞口号，多些实在行动和解决实际问题”。从一定意义上讲，这与我们的理论生产、传播和实现方式有关。一般来说，在我国，逻辑上首先是政治家提出问题和理论，然后一些专家学者从学理上给予注解和论证，接着通过媒体进行宣传，再通过活动进行推动，目的是用理论武装全党、教育人民，当然也注重解决问题。总的来说，我们的理论生产、传播和实现面向政治的注解、宣传和活动有余，而解决实际问题的实践行动相对不足。正如马克思在《哥达纲领批判》中所言，一步实际行动比一打纲领更重要。诚然，纲领很重要，纲领是目标、是方向。但是，当纲领确定之后，实现纲领的每一步实际行动更重要。党的十八大以来，以习近平同志为核心的党中央在治国理政的执政活动和过程中，具有强烈的“问题意识”，以重大问题为导向，十分注重发现和解决我们改革开放和社会主义现代化建设进程中出现的一系列矛盾、难题和问题，并积极通过实践行动去解决这些矛盾、难题和问题，说到做到，取得了明显实效，赢得了广大人民群众的拥护和爱戴！

（二）畅通社会流动渠道，注重后天作为和内在实力

实践思维要求注重实践实效。这在实质上意味着：在先天给定与后天作为的关系中，要弱化先天给定强化后天作为；在外在名分与内在实力的关系中，要相对注重内在实力。做到这些，就必须畅通社会流动渠道。

实践是一个注重实干的哲学范畴。注重实干，在哲学精神和哲学思维上，首先要求淡化先天给定而注重后天作为。所谓“先天给定”，就是在社会生活中注重血统、背景、出身。所谓“后天作为”，就是要注重人自身在后天实践中的努力奋斗、努力发挥和业绩贡献。一个注重先天给定轻视后天作为的社会，一定是缺乏创新活力的社会，因为它鼓励的是坐享其成，而不是自身的实践奋斗。一个淡化先天给定而注重后天作为的社会，一定是充满创新活力的社会，因为它意味着人要在其后天的实践中发展自己、完善自己、成就自己、确定自己和实现自己，它鼓励人们后天的努力奋斗而鄙视坐享其成。民间传说的“富不过三代”，就是因为有些富家子弟注重先天给定、坐享其成而忽视后天作为；传说的“穷人的孩子早当家”，

就是因为穷人家的孩子注重后天的努力奋斗。中国传统封建社会相对注重先天给定而轻视后天作为，现代中国社会逐渐重视起后天作为。注重实干，其次要求淡化外在名分而注重内在实力。所谓“外在名分”，就是人的官衔、身份、地位和名号。所谓“内在实力”，就是人的实际实力和能力。一个注重外在名分而轻视内在实力的社会，一定是创新活力逐渐退化的社会，因为它不倡导和鼓励人的能力的充分发挥。一个淡化外在名分而注重内在实力的社会，一定是充满勃勃生机的社会，因为它倡导、鼓励和支持人们去学习知识、掌握技能、增强智力、丰富智慧、提高能力、提升实力、积极创新。一个注重实力并倡导“能绩本位”的社会，一定是充满生机的社会，而一个过于注重名分并倡导“官本位”的社会，一定是影响人的自主创新能力充分发挥的社会，进而是一个死气沉沉的社会。中国传统封建社会相对注重外在名分而轻视内在实力，而现代中国社会逐渐重视起内在实力。这是一种进步。

要真正重视后天作为和内在实力，确立“能绩本位”的文化价值导向，就必须畅通社会流动渠道。自下而上的社会流动渠道畅通了，靠后天作为和内在实力“吃饭”和“立足”的人，才能真正从中看到“上升”的希望，才能真正看到凭自己的能力业绩改变其地位并实现其价值的希望；反之，如果自下而上的社会流动渠道不畅通，人们的后天作为、内在实力的价值就实现不出来，也看不到努力奋斗的希望。目前，我国现实社会中存在的“拼爹”的“官二代”“富二代”现象，在一定程度上表明当今中国自下而上的社会流动渠道还不够畅通，注重先天给定和外在名分的现象依然存在，这极其不利于我国的创新和发展。因而，实践思维要求我们，必须积极打通自下而上的社会流动机制和渠道，更加注重人的后天作为和内在实力。

四、领导工作方法

马克思主义哲学认识论揭示了关于自然、社会和人的思想发展的普遍规律，不仅为一切科学研究提供了重要的方法论指导，也为领导干部提供了重要的工作方法，根据马克思主义认识论所蕴含的实践思维方式，领导干部可以掌握以下三种工作方法。

（一）由琢磨人走向琢磨事

这一点，主要是从认识路径和实践路径来讲的。

认识是人对客观对象的认识。人所认识的客观对象主要有两种，一是认识人，即认识“谁”；二是认识客观事物，即认识“什么”。认识的对象不同，文化发展的基本路径也就不同。

从比较的角度而言，西方文化虽然也注重认识“谁”，但更注重认识“什么”，而中国传统文化虽然也注重认识“什么”，但更注重认识“谁”。主要表现在三个方面：在世界观上，相对而言，在一些方面，西方对真理的追求相对执着，“吾爱吾师，吾更爱真理”，而我们中国对人际关系和上级权威相对看重，“吾爱真理，吾更爱吾师”；在人生价值取向上，在一些方面，西方相对注重能力，强调知识就是力量，而我们中国相对注重权力，人们愿意做官。尽管我们不断在批判“官本位”，但一些人还是一味追求做官；在认知方式上，在一些方面，西方相对注重“琢磨事”“追问事做得怎么样”，而中国社会相对看重能认识到什么人，注重人情、背景、等级、身份，更加关心“我认识什么人”。结果，近代以来西方的科学技术与社会获得较快发展，而近代中国的科学技术和社会发展相对缓慢。在当代中国市场经济社会，我们既要注重人们之间的合理交往，更要注重去探索、发现事物的真理，注重“琢磨事”，注重提高自主创新能力。

马克思主义哲学认识论所蕴含的实践思维方式要求领导干部在实际工作中，要由注重认识“谁”走向注重认识“谁”与认识“什么”的统一，由注重利害选择走向注重是非选择与利害选择的统一，由过于注重权力依赖走向更加注重能力业绩，由琢磨人走向琢磨事。应当承认，在当今我国社会生活和工作中，一些人往往把对个人的利害作为判断、选择的主要标准，因而常常把精力大多用在认识人、琢磨人与营造人脉关系上，而不是把是非作为判断、选择的标准，因而往往不去注重认识事物的本质、规律，不去注重琢磨事。就是说，他们相对注重的是“利害选择”而不是“是非选择”，相对注重去认识人、琢磨人而不是注重去认识事物的本质、琢磨事，相对崇拜所谓的权威而不是崇拜真理，相对崇拜权力而不是崇拜能力和业绩。这是导致我国缺乏创新能力进而发展曾经缓慢的一个深层原因。为改变这种现状，就必须从制度体制机制上，从干部人事制度上，真正营造一个鼓励和支持人们去干事业、干好事业、干成事业的“琢磨事”环境和氛围。

具体来说，每一个单位都有“五种人”：领事的人、能干事的人、会来事的人、爱挑事的人、无所事事的人。要真正营造一个鼓励和支持人们去干事业、干好事业、干成事业的环境和氛围，就是领事的人要基于公平正义的理念，给那些能干事的人以宽广舞台和发展空间，让那些会来事的人懂规矩，让那些爱挑事的人受约束，让那些无所事事的人有压力。只有这样，这个单位的每个人才可能积极自觉释放出正能量，这个单位才会有良好的作风和风气，进而有利于使整个社会形成良好的风气。

（二）发挥“智库”和“信息”在科学决策中的重要作用

这一点主要是从认识的真理性与科学决策的关系来讲的。

作为领导干部，一项基本工作就是进行科学决策，而要做出科学决策，其中一种重要工作方法，就是充分发挥“智库”（或“外脑”）和“信息”的作用。

1. 智库与科学决策

马克思主义哲学认识论指出，对客观世界的认识应该透过现象看本质，从感性认识上升到理性认识。在其中，把广大人民群众的聪明才智集中起来并加以吸收，是至关重要的。诚如毛泽东同志所说：“在我党的一切实际工作中，凡属正确的领导，必须是从群众中来，到群众中去。这就是说，将群众的意见（分散的无系统的意见）集中起来（经过研究，化为集中的系统的意见），又到群众中去做宣传解释，化为群众的意见，使群众坚持下去，见之于行动，并在群众行动中考验这些意见是否正确。然后再从群众中集中起来，再到群众中坚持下去。如此无限循环，一次比一次地更正确、更生动、更丰富。这就是马克思主义的认识论。”[1]这段话精辟阐述了马克思主义哲学认识论与科学决策的关系：现代科学决策是以马克思主义哲学认识论为理论基础的；要作出科学决策，就要坚持从群众中来，到群众中去，再从群众中来，再到群众中去，如此循环往复。

[1] 《毛泽东选集》第3卷，人民出版社1991年版，第899页。

著名政治学家王惠岩曾专门撰文探讨过这一问题。他指出，在从感性认识向理性认识飞跃的过程中，有一个关键问题，即靠谁把感性认识上升为理性认识，把群众意见去粗存精、去伪存真、由此及彼、由表及里地集中起来？或者说靠谁把大量信息加工处理、分析判断、制定决策方案？在科学决策中，这一任务并非完全需要由领导者本人来做，而是靠“外脑”来完成。因为对事物和问题本质的分析需要各种专业性知识进行科学论证，只有依靠“外脑”才能做到这一点。在这个意义上，领导者对“外脑”的重视，是马克思主义哲学认识论对科学决策的一个要求。所谓“外脑”，既是指具有不同知识结构、不同经验的专家、谋士，也是指运用现代科学理论、方法、手段，综合各种知识信息，进行科学研究并提出思想和政策的智囊机构或智库。它的出现是社会发展的必然和科学决策的需要。在现代社会，解决一个重大的经济社会问题，都涉及很多因素，单凭领导者个人的经验、知识、智慧是难以解决的，它需要智囊机构进行科学论证，提出多种备选方案，以供领导者决策。而且，现代社会的重大决策往往是多目标决策，涉及经济、政治、文化、社会、生态、军事、外交、卫生、心理、环境等众多因素。决策问题的综合性、复杂性及随机性，决定了它必须依靠具备多种知识和技术的专家组成的智囊机构来承担研究任务。一项大型水利工程，如我国的葛洲坝工程，需要结构力学、材料力学、水力学、水动力学、电工学、建筑学、地质地理学、生态学、农学、技术经济学以及电子计算机技术等。解决这样的综合性问题，只靠某一学科是无能为力的，需要多种学科的专家联合攻关，与此相适应的智囊团的结构也必须是多学科和综合性的。因为，从系统论的角度看，一个系统的主要特征是其整体功能，而决定整体功能大小的因素是系统中最弱的构成部分而不是最强的部分，这就是著名的“木桶理论”或“铁锁链理论”：即决定木桶盛水量多少的是木桶上最短的那块木板，决定铁锁链强度的是铁锁链中最弱的那一环。这说明，外脑必须是一个知识信息综合体，缺少任何一个方面的专家都不行。哪个方面的专家最弱，整体功能就由这方面来决定。

从科学决策过程来说，“外脑”的出现意味着“谋”与“断”的分开。在传统的经验决策中，“谋”与“断”集中在领导者一人之手，而科学决策则是“谋”与“断”相对分开，“谋”是外脑的任务，“断”是领导者的职责。谋与断分开的最早雏形，是军事机构中参谋部的出现。因为在军事活动中，无论是武器的运用还是战略、战术的决策，都是最早使用先进科学技术的。18 世纪法国军队中设置参谋长，19 世纪普鲁士军队中设参谋部。以后各国仿效，1903 年美国陆军设参谋部，1906 年英国皇家军队设参谋本部。在军事领导体制中参谋部的出现，就是在军事决策体制中实行谋与断分开。在一战和二战中，参谋部的成员不只是军人，还有大量的各种学科的专家。后来，这种谋与断分开的决策体制，扩展到政治、经济、社会各个领域，这就是各种智囊机构或智库的出现，它们在决策过程中发挥着巨大作用。最著名的如美国的兰德公司、斯坦福国际咨询研究所、英国伦敦国际战略研究所、德国的工业设备企业公司、日本的野村综合研究所、三菱综合研究所等，都在国内外享有很高声誉，对各国政府战略和政策的制定产生很大影响，有的本身就是本国政府的政策咨询机构。现在西方发达国家甚至形成了一种制度，即一个企业、一个地区、一个国家的领导，如果没有通过“思想库”的咨询工作，就不会轻易对重大问题作出决策。在当今我国，也开始建立一些智囊机构，如政策研究室、社会咨询服务机构、科技情报研究机构，以及一些临时性智囊团等，还成立了许多智库。他们在决策过程中逐渐发挥作用。

根据王惠岩的分析，在实践中，还应该深化并把握好以下几点认识：第一，“外脑”是领导者的辅助和参谋，对领导者的决策只起影响作用，而不能代替领导者决策。要进行科学决策，首先必须由智囊机构运用现代科学技术手段和科学研究方法进行决策研究工作，若没有智囊机构提出事实数据、状态分析、发展趋势预测、政策方案和科学论证，要作出科学决策是不可能的。可以说，没有智囊机构，就没有真正的科学决策。但是，决策研究工作再好，最后还要由领导者来拍板定案，进行抉择。智囊机构的研究决不代替领导者决策，领导者应在决策中起主导作用。正是在这个意义上，我们把智囊机构称为领导者的“外脑”，它是领导者智力的延伸。如果以智囊机构的“谋”代替领导者的“断”，那实质上并不是科学决策，而是精英政治，“外脑”也就不成其为外脑了。第二，智囊机构与领导者应是平等关系。在古代，也有智囊人物为决策者出谋划策，但智囊人物与决策者之间是主仆关系，往往看主人眼色行事，或者智囊人物集谋断于一身。现代的“外脑”与领导者的关系则应是平等关系。它必须具备两个特点：其一，“外脑”的活动是独立的创造性活动。没有创造性就不成其为“外脑”，而保证创造性就必须使“外脑”对领导者具有相对独立性。所谓相对独立性，是指“外脑”只根据客观事实得出自己的科学结论，而不是由领导先拿出一个主观结论，然后要求“外脑”去找“事实”或引用“科学道理”来论证自己结论的正确性，这是靠不住的。因为一切结论不能产生在研究之前，只能产生在研究之后。在我国，有的领导人把自己主管的研究机构作为决策之后的论证工具，这不仅会造成决策失误，而且一旦失误就很难修正，危害很大；其二，“外脑”的活动还允许同领导者有不同意见。有人说，如果智囊机构的专家意见有1/3被采纳，应该认为是一个有用的智囊机构；如果一半以上的意见被采纳，那是高明的智囊。这说明，应该允许智囊机构同领导者的意见“有分歧”。在我国，在坚持四项基本原则的前提下，应该允许有不同意见。实际上，如果只有一种意见，也就无所谓决策了。而且，不同意见还有助于科学决策：一方面，不同意见可以启发和开阔领导者的思维，对最后的决策能有全面的考虑；另一方面，一旦决策失误，相反意见就可能成为现成的补救方案。如果“外脑”不具备这两个特点，就不是“外脑”，而是内脑、秘书班子了。[1]

俗话讲，一个成功的男人背后站着一个伟大的女人。同样，在工作中，领导要重视作为其重要“外脑”的夫人的智慧与力量。党的十八大胜利召开之后，习近平总书记出访时，妻子彭丽媛随访，中国第一夫人向世人展示中国外交的软实力，一时间成为诸多媒体报道的焦点。实际上，彭丽媛在习近平总书记的工作和生活中，确实发挥着十分重要的作用，甚至有时发挥着“外脑”作用。

今天是这样，古代也同样如此。在这里，我们一起来聊聊“李世民背后的女人”的故事。唐太宗大治天下，盛极一时，除了依靠他手下的一大批谋臣武将外，也与他贤淑温良的妻子长孙皇后的辅佐是分不开的。长孙皇后知书达礼、贤淑温柔、正直善良。对于年老赋闲的太上皇李渊，她十分恭敬而细致地侍奉，每日早晚必去请安，时时提醒太上皇身旁的宫女怎样调节他的生活起居，像一个普通的儿媳那样力尽孝道。对后宫的妃嫔，长孙皇后也非常宽容和顺，她并不一心争得专宠，反而常规劝李世民要公

[1] 王惠岩：《马克思主义认识论与科学决策》，《社会科学战线》1997年第4期。

平地对待每一位妃嫔。正因如此，唐太宗的后宫很少出现争风吃醋的韵事，这在历代都是少有的。长孙皇后凭着自己的端庄品性，无言地影响了整个后宫的气氛，使唐太宗不受后宫是非的干扰，能专心致志料理军国大事。难怪唐太宗对她十分敬服呢！虽然长孙皇后出身显贵之家，又贵为皇后，但她却一直遵奉着节俭简朴的生活方式，衣服用品都不讲求豪奢华美，饮食宴庆也从不铺张，因而也带动了后宫之中的朴实风尚，恰好为唐太宗励精图治的治国政策的施行做出了榜样。长孙皇后不但气度宽宏，而且还有过人的机智。一次，唐太宗回宫见到了长孙皇后，犹自义愤填膺地说：一定要杀掉魏徵这个老顽固，才能一泄我心头之恨！长孙皇后柔声问明了缘由，也不说什么，只悄悄地回到内室穿戴上礼服，然后面容庄重地来到唐太宗面前，叩首即拜，口中直称：恭祝陛下！她这一举措弄得唐太宗满头雾水，不知她葫芦里卖的什么药，因而吃惊地问：什么事这样慎重？长孙皇后一本正经地回答：臣妾听说只有明主才会有直臣，魏徵是个典型的直臣，由此可见陛下是个明君，故臣妾要来恭祝陛下。唐太宗听了心中一怔，觉得皇后说的甚是在理，于是满天阴云随之而消，魏徵也因此得以保住了他的地位和性命。婚姻决定一个人的成败。一个成功的老板，妻子的支持很重要。所以，领导者在择妻的时候，也不得不慎重呀！拥有一个好妻子，胜过一切荣华富贵，妻子内心的财富胜过身外的财富。

总之，领导者与“外脑”正确结合就是科学决策。在我们社会主义国家，领导者重视与运用“外脑”，是党的群众路线和决策民主化的体现。在某种意义上，我国的政治协商制度，就是发挥党的领导下各民主党派在决策中的“外脑”作用。

2. 信息反馈与科学决策

人类对客观世界的认识并非一蹴而就、一劳永逸的，而是一个不断从低级到高级的发展过程。真理的绝对性是就一定时空范围内而言的，超过一定的时空范围就不是真理。过去我们常用“一着不慎，全盘皆输”来说明科学决策的重要性。其实，对任何事物、任何问题的认识都不可能达到绝对正确，我们只能说它仅仅是在一定条件下和一定时期内对它的正确认识。任何事物都处在发展过程中，时间、地点、条件也在不断发生变化，因而对它的认识也要不断发展。这就告诉我们，对任何事物和问题的认识都不能满足于现状，而要不断地探索、深化，否则就会因循守旧、抱残守缺，难以正确认识发展中的事物和问题。

综观科学决策的整体过程，决策失误应通过决策实施过程中的反馈信息不断修正和完善，乃至追踪来补救。毛泽东同志指出：“由于实践中发现前所未料的情况，因而部分地改变思想、理论、计划、方案的事是常有的，全部地改变的事也是有的。即是说，原定的思想、理论、计划、方案，部分地或全部地不合于实际，部分错了或全部错了的事，都是有的”[1]。由此可见，在决策实施过程中，不断地修改、完善决策和追踪决策，决策失误就有可能被补救。但有一个前提，就是必须重视反馈信息。所谓反馈信息，是指在决策实施过程中正反两方面的反应。这些不断变化的信息，如果不及时反馈上来，就难以检验决策的科学性，也难以对不断发展着的事物进行不断深入的认识。实际上，信息反馈体现了“实践是检验真理的唯一标准”和事物是发展的等马克思主义认识论的基本原理。只有善于运用信息反馈原理，注意决策实施过程中的反馈信息，才能及时了解和掌握

[1] 《毛泽东选集》第1卷，人民出版社1991年版，第294页。

反映事物发展变化的最新信息，并依据这些最新信息修正、完善决策或追踪决策，才能在“决策—执行—反馈—再决策—再执行”的循环往复过程中提高决策质量，最终实现科学决策的目标。在这个意义上，领导者重视不重视反馈信息，特别是负反馈信息，是能否进行科学决策的关键。

（三）用“利益”“制度”“政策”“结合”和“问责”抓落实

这一点主要是从贯彻落实或提高执行力方面来讲的。

专家学者较为关心如何从感性认识上升到理性认识，而领导干部则较为关心如何从理性认识回到实践。

马克思主义哲学认识论认为，从感性认识上升到理性认识，只是完成了认识运动的一半，只有从理性再回到实践中去，并用来指导实践，经受实践的检验，实现认识过程的第二次飞跃，才是一个完整的认识过程。毛泽东同志指出：“认识的能动作用，不但表现于从感性的认识到理性的认识之能动的飞跃，更重要的还须表现于从理性的认识到革命的实践这一个飞跃。”[1]认识过程的第二次飞跃更重要，其目的在于引导实践，改造现实或客观世界，检验认识是否正确。我们知道，从感性认识上升出来的理性认识往往是以思想、理论的形式表现出来的。根据马克思主义哲学认识论，这种以思想、理论形式表现出来的理性认识还应回到实践中变成现实。那么，如何把思想、理论转化为实践、现实？这是我们领导干部比较关心的一个重要问题。这一问题，实际上也就是如何有效贯彻落实和提高执行力的问题。实际上，要做好这种转化，就要求领导干部必须在实际工

[1] 《毛泽东选集》第1卷，人民出版社1991年版，第292页。

作中树立“三种意识”，即问题意识、行动意识和操作意识。

以贯彻落实新发展理念为例说明这一点。新发展理念是理性认识的一个重要成果。如何把新发展理念贯彻落实到我们的具体实践中去？其方法是要求我们领导干部在工作中树立关于科学发展的问题意识、行动意识和操作意识。

第一，树立问题意识。领导干部在工作中，首先要善于发现问题。贯彻落实新发展理念，就是要克服形式主义，坚持从客观实际出发，腾出主要时间和精力来发现本地区、本单位、本部门在贯彻落实新发展理念过程中所遇到的问题，寻找问题产生的原因。一个民族，最大的危机是缺乏危机意识；一个政党，最大的忧患是缺乏忧患意识；一个国家，最大的问题就是缺乏问题意识，对严重问题缺乏警觉和自觉。贯彻落实新发展理念，就要把贯彻落实新发展理念同实现和发展好人民的根本利益结合起来，同解决人民群众关心的问题结合起来。贯彻落实新发展理念，实质上就是要解决问题，是解决问题的新发展理念。只有解决了问题，才是真正贯彻落实好新发展理念。否则，你喊一万遍贯彻落实新发展理念而不去解决问题，那只能是一句空话。贯彻落实新发展理念，首先要解决政府自身的问题。政府只有通过转变职能、为社会主义市场经济发展营造公平竞争的良好环境、为社会提供公共服务并解决好民生，才能顺利贯彻落实新发展理念。贯彻落实新发展理念，必须解决好技术问题，即注重利用先进技术。没有污染的产业，只有污染的技术，解决污染，环保技术是关键。贯彻落实新发展理念，还要解决好领导干部的政绩观问题。只有确立实现“又好又快”发展的政绩观，才能把新发展理念落到实处。

第二，树立行动意识。行胜于言。如前所说，一步实际行动比一打纲领更重要！我们要把口动变成心动，把心动变成行动！就是说，不能把贯彻落实新发展理念仅仅停留在口头上，而要在真正全面正确深入理解新发展理念的基础上，使新发展理念真正入脑、入心、入地，并付诸真正的实践行动，真正解决实际问题，使本地区、本单位、本部门的发展走上科学的轨道，即真信、真学、真懂、真用、真变。具体而言，就是抓落实，一要“点对点”抓落实。对认准的事情，要坚持到底，要抓好每一个具体环节，咬定目标不放松。对所要开展的工作，由谁来办、什么时间办、办到什么程度，都要有明确具体的要求，一项一项抓落实；二要“面对面”抓落实。要拿出更多的时间和精力深入基层第一线，从基本面上发现问题、研究问题、解决问题；三要“实对实”抓落实。对当前经济社会发展中存在的困难和问题，特别是影响制约整体发展的薄弱环节，要摸实情、出实招、办实事、求实效；四要“硬碰硬”抓落实。也就是说，对实际工作中遇到的很棘手的矛盾和问题，一定要敢于担当，要具有硬碰硬的高度责任感和工作力度。实际上，许多问题能不能解决，并不在体制，而在于是否“敢于担当”。

第三，更为重要的，就是树立操作意识。认识世界的目的是为了改造世界，我们领导干部既是认识世界的主体，又是改造世界的主体。所以，这里有一个言和行的问题，也就是说和做的问题。一般来讲，说起来容易做起来难。有些人只说不做。比如，今天我们党中央提出许多好的理念，应该说这些理念都需要贯彻落实，都需要付诸实践行动。但在有些人那里，口动没有变成心动，心动没有变成行动，没有内化于心、外化于行。马克思主义哲学认识论所蕴含的实践思维，就要求我们在工作中更加注重实干，更加注重实效。具体来说，领导干部在实际工作中要养成具体抓、抓具体、找办法的工作作风。所谓具体，就是指工作中的特殊性、多样性和多变性。具体而言，要注重从利益（科学的政绩观）、制度（如在用人制度上把群众认同设计进去）、政策（把落实的东西变成具体政策措施）、结合（要结合本单位的具体情况）、问责（责任到人）五个方面入手来抓贯彻落实或执行力问题。

总之，把实践认识论提供的实践思维转化为领导干部的工作方法，可以概括为一句话，即“关键在落实”。今天，我们工作中存在的问题就是：有些人“决心在嘴上，行动在会上，落实在纸上”，善于高喊大的口号和词句，缺乏问题意识，不去主动发现问题，更不去分析问题产生的原因；缺乏行动意识，在口号上是“巨人”，在行动上却是最大的“保守分子”；缺乏操作意识，不去实实在在地寻求解决问题的办法。实际上，领导干部现在所面临的一个大问题，就是如何做好贯彻落实工作，提高工作的执行力。比如说，我们党中央提出的以人民为中心、立党为公、执政为民、和谐社会、治理能力等，这些理念都非常好。如何把这些理念变成实践行动且贯彻落实好呢？就需要我们强调实践思维。我们不能仅仅成为口头上最大的激进派而实践上却是最大的保守派！在实际工作中，有些人喊起口号来激动得不得了，但就是不落实到行动上。我们不要再仅仅喊那些震撼世界的词句，而要付诸一步一步的实际行动！事实上，当老百姓看不到实实在在的效果时，就容易产生“口号疲劳症”。关于这一点，我们在基层调研过程中深有体会：一些地方得了“消化不良症”“口号疲劳症”，我们很多很好的理论、思想、观念进不到老百姓的耳朵中去，或进去了以后马上就忘了。其原因之一，就是没有把这些好的理论、思想观念和理念付诸实践行动。所以，归根结底，还是“关键在落实”。

典 型 案 例

最典型的案例，就是“实践出真知”。

人的认识归根结底是从哪里来的呢？对于这个问题，不同的哲学有不同的回答。客观唯心主义认为，是从天上掉下来的；主观唯心主义认为，是人的头脑里固有的；马克思主义哲学则认为，人的认识归根结底只能从社会实践中来，实践出真知。我们要知道水的温度，就要用温度计测量一下；要知道梨子的滋味，就得亲口尝一尝；要知道原子的组织和性质，就要进行试验，去变革原子；要知道人体的构造，就要进行人体解剖；要知道养育孩子的“痛”与“快”，就要亲自去生育、养育孩子，只有亲自生育、养育孩子的女人才能真正领略其母亲的不易。俗话讲，“不入虎穴，焉得虎子”，“吃一堑，长一智”，等等，说的正是认识来源于实践、实践出真知的道理。实际上，我们现在所吃的东西，有很多都是最初有人冒险实验尝试之后才知道原来它们是可以吃的；而那些不能吃的东西，也是早有人尝试之后才知道它们是不能吃的。鲁迅先生曾经赞扬过第一个吃螃蟹的人，说他是让人佩服的勇士，因为螃蟹的样子颇叫人不舒服，没有点勇气是不敢去吃的。他还断定一定有人吃过蜘蛛，要不怎么知道它不好吃呢？这是很有道理的。

以下两个案例就说明了一个重要的认识论原理：实践是认识的真正基础。

案例一：西红柿曾是可怕的“狼桃”。酸甜可口的西红柿，人们大概都喜欢吃吧。然而您可曾知道，人类发现它好吃，还经历了一个曲折的过程呢！西红柿的故乡在南美洲的深山密林里。它那圆圆的个儿，青里透红的色泽，着实让人喜欢。但是，由于传说它有剧毒，食后必死无疑，所以当地人既不敢碰它，更不敢吃它，还给它取了一个十分可怕的名字——“狼桃”。16世纪，英国人俄罗达拉里公爵在旅行期间发现这种果实艳丽的植物，就带了几株回英国种在皇家花园，但只是供皇室贵族观赏。直到18世纪，法国有一位画家抱着献身精神决心要对它尝试一下。据记载，在吃“狼桃”之前，他写好遗嘱，穿好了入殓的衣服，吃完以后就躺在床上等着上帝的“召见”。结果，时间过了许久，这位画家不但没有死去，也没有感到任何不适，反而有利于身体健康。于是，“狼桃”可食而且鲜美的消息不胫而走，人们争相品尝它的美味。后来，科学家发现它含有多种维生素，营养极其丰富。今天，“狼桃”早已在世界各地广泛种植，人们重新给它起了个美妙动听的名字——“西红柿”。这就是“实践出真知”！

案例二：马铃薯曾是无人敢碰的“鬼苹果”。高产抗病的马铃薯原产于美洲，其命运同“狼桃”差不多。当时，人们认为它对人的健康有害，会耗尽土壤肥力，甚至还给它起了一个相当可怕的名字——“鬼苹果”。当时，法国有个叫安瑞·帕尔曼的农业专家，在战争中成了德国的俘虏，所以经常有机会吃到这种“鬼苹果”。他以专业眼光认定，推广马铃薯具有极大的意义。但是，传统的观念根深蒂固。安瑞·帕尔曼经过很长时间的努力也未能取得明显成效。于是，聪明的他使用了一个办法：在一块贫瘠不堪的低产田里种上高产抗病的马铃薯，然后请求法国当局派一支全副武装的卫队保卫。当然，只是在白天看守，到了晚上，卫兵便撤了回去。越是神秘的东西，人们越想得到。几乎每天晚上都有人来“偷”马铃薯。不仅如此，他们还认真栽培、精心侍候，望眼欲穿地盼望马铃薯丰收。由于“偷”种者甚多，马铃薯的诸多优点很快被千家万户所认识。这也是“实践出真知”！

可怕的“狼桃”变为西红柿，无人敢碰的“鬼苹果”变为马铃薯，这个过程生动地说明了实践在认识中的重要作用。可以说，没有实践，西红柿就不可能取代“狼桃”，马铃薯也就不可能取代“鬼苹果”。本来，可以食用是西红柿和马铃薯的一种客观属性，但是由于在漫长的岁月中人们没有去做“实践性体验”，结果人们都误以为它们有毒，对人身体健康有害，主观认识与客观实际不一致。后来，经过勇士们的亲自品尝、亲身实践，人们对它们才算有了一个正确认识：西红柿无毒，西红柿好吃；马铃薯无害，马铃薯营养丰富，从而使主观符合了客观。

第四章

结构思维、过程思维与运用结构思维、过程思维指导工作

——历史唯物主义

马克思主义哲学的第四块内容，是历史唯物主义。这一部分内容主要是帮助人们正确把握社会历史发展状况和人的发展状况，并制定正确的路线方针政策。

马克思主义哲学是辩证唯物主义和历史唯物主义的统一。辩证唯物主义是一般宇宙观，历史唯物主义是社会历史观。辩证唯物主义和历史唯物主义是统一的，是马克思主义的科学世界观和方法论。历史唯物主义是马克思、恩格斯创立的，在无产阶级革命和社会主义建设中得到了运用和发展。在中国特色社会主义建设中，历史唯物主义基本原理和方法论具有重要的指导作用。

一、历史唯物主义的创立与变革

历史唯物主义即历史唯物论或唯物史观，是关于人类社会发展和现实的人的发展的一般规律的科学，是马克思主义哲学的重要组成部分，是科学的社会历史观和认识、改造社会的方法论。历史唯物主义的创立是哲学和科学历史上的一次深刻变革。

1842—1843 年，马克思作为《莱茵报》编辑，第一次“遇到要对所谓物质利益发表意见的难事”，这是促使他研究经济问题的最初动因。他写了《黑格尔法哲学批判》，该著作导言发表在 1844 年《德法年鉴》上。马克思的研究得出这样的结果：法的关系正像国家的形式一样，根源于物质的生活关系，这种物质的生活关系的总和即“市民社会”，“而对市民社会的解剖应该到政治经济学中去寻找”。[1]

[1] 《马克思恩格斯选集》第 2 卷，人民出版社 2012 年版，第 2 页。

1843—1844 年，马克思、恩格斯在批判黑格尔和青年黑格尔派思辨唯心主义过程中，受到费尔巴哈哲学的影响。1845 年春，马克思和恩格斯的哲学思想发生根本转变，在对费尔巴哈加以批判的基础上，形成了科学的实践观和关于人的学说。在《关于费尔巴哈的提纲》中，马克思强调“感性的人的活动”即实践的作用。他指出，人应该在实践中证明自己思维的真理性，即自己思维的现实性和力量。“环境的改变和人的活动或自我改变的一致，只能被看做是并合理地理解为革命的实践。”人的本质在其现实性上，“是一切社会关系的总和”。“全部社会生活在本质上是实践的。”[1]《关于费尔巴哈的提纲》是“包含着新世界观的天才萌芽的第一个文献”，标志着历史唯物主义的起源。

随后，马克思、恩格斯合著的《德意志意识形态》，系统论述了物质生产是社会生活的前提和基础的思想。他们指出，人们为了能够“创造历史”，必须能够生活。“但是为了生活，首先就需要吃喝住穿以及其他一些东西。因此第一个历史活动就是生产满足这些需要的资料，即生产物质生活本身”[2]。这是一切历史得以延续的基本条件。

《关于费尔巴哈的提纲》和《德意志意识形态》当时未公开发表，马克思、恩格斯新的社会历史观是在 1847 年出版的《哲学的贫困》和 1848 年发表的《共产党宣言》中公之于世的。

在《哲学的贫困》中，马克思说：“被压迫阶级的存在就是每一个以阶级对抗为基础的社会的必要条件。因此，被压迫阶级的解放必然意味着新社会的建立。”[3]要使被压迫阶级能够解放自己，必须改变现存的社

[1] 《马克思恩格斯选集》第 1 卷，人民出版社 2012 年版，第 133—135 页。
[2] 《马克思恩格斯选集》第 1 卷，人民出版社 2012 年版，第 158 页。
[3] 《马克思恩格斯选集》第 1 卷，人民出版社 2012 年版，第 274 页。

会关系。社会革命因素的积聚，是以旧社会中所能产生的全部生产力的存在为前提的。《共产党宣言》进一步指出，一切所有制关系都经历了经常的历史更替。共产主义并不是要废除一般的所有制，而是要废除资产阶级的所有制。“代替那存在着阶级和阶级对立的资产阶级旧社会的，将是这样一个联合体，在那里，每个人的自由发展是一切人的自由发展的条件。”[1]

1859 年，马克思在《〈政治经济学批判〉序言》中，回忆当年历史唯物主义的创立，并对历史唯物主义基本观点作了扼要而又系统的表述。这一堪称经典的表述，我们将在随后讲到历史唯物主义基本观点时详细说明。

历史唯物主义的创立是社会历史观上的根本变革，由此导致了整个哲学的深刻变革。正如列宁所说：“马克思的历史唯物主义是科学思想中的最大成果。”[2] 这种变革主要体现在三个方面。

（一）揭示社会历史发展的一般规律

1883 年，恩格斯在马克思墓前说：“正像达尔文发现有机界的发展规律一样，马克思发现了人类历史的发展规律，即历来为繁芜丛杂的意识形态所掩盖着的一个简单事实：人们首先必须吃、喝、住、穿，然后才能从事政治、科学、艺术、宗教等等；所以，直接的物质的生活资料的生产，从而一个民族或一个时代的一定的经济发展阶段，便构成基础，人们的国家设施、法的观点、艺术以至宗教观念，就是从这个基础上发展起来的，

[1] 《马克思恩格斯选集》第 1 卷，人民出版社 2012 年版，第 422 页。

[2] 《列宁选集》第 2 卷，人民出版社 1995 年版，第 311 页。

因而，也必须由这个基础来解释，而不是像过去那样做得相反。”[1]历史唯物主义的任务，就是要揭示人类历史的发展规律和现实的人及其历史发展规律。不把握历史运动的规律性，人们的历史活动没有总体的目标和方向，就只能在黑暗中摸索。

自然物质运动是有规律的，即有内在、本质、必然的联系，中国古代思想家荀子称之为“常”。他说：“天行有常，不为尧存，不为桀亡。应之以治则吉，应之以乱则凶。”（《天论》）如果社会历史运动也有其“常”，那就是社会历史运动的规律。对于规律，在中国传统文化中也称之为“道”。“道”有“道理”和“道路”双重含义。天、地、人各有其道，即其中的规律性。毛泽东同志说：“事情有大道理，有小道理，一切小道理都归大道理管着。”[2]历史唯物主义所揭示的，就是社会历史发展的大道理。

历史唯物主义对社会历史规律的探索是深刻的。在许多人还否认社会历史有规律时，马克思已经通过研究现代资本主义社会，揭示了社会历史运动内在的、必然的联系。德国哲学家海德格尔认为，这种探索“深入到了历史的本质性的维度中，只有在此维度中才有资格与马克思主义交谈”。马克思社会历史理论的深刻性是难以超越的。马克思主义理论的魅力和影响在当代有增无减。正如法国哲学家萨特曾说过的，只要马克思主义所表达的那个历史时刻没有被超越，马克思主义就是不可超越的。

（二）使社会主义由空想变为科学

历史唯物主义的创立结束了唯心主义在社会历史理论中的统治。这对历来受历史唯心主义禁锢的社会科学的思想解放的作用是难以估量的。历

[1] 《马克思恩格斯选集》第3卷，人民出版社2012年版，第1002页。
[2] 《毛泽东选集》第2卷，人民出版社1991年版，第348页。

史唯心主义是把社会现象及其发展的终极原因归结为精神因素的社会历史观。历史唯物主义与历史唯心主义不同，“它不是在每个时代中寻找某种范畴，而是始终站在现实历史的基础上，不是从观念出发来解释实践，而是从物质实践出发来解释各种观念形态”[1]。以此为前提，才可能对社会历史做科学的理解。

与历史唯物主义一起构成马克思两个伟大发现的是剩余价值论。在马克思看来，资本是一种社会关系，这是资产阶级的生产关系，是资产阶级社会的生产关系。资本只有同劳动力交换，引起雇佣劳动的产生，自己才能增殖。马克思的剩余价值论揭开了资本主义生产的秘密。历史唯物主义一经确立，就被马克思用来指导研究资本主义生产关系。正是在这一科学理论的指导下，马克思才提出了剩余价值理论。马克思在《资本论》中对资本主义生产关系运动的研究，进一步证实和发展了历史唯物主义。

由于历史唯物主义和剩余价值论这两大发现，社会主义才从空想变成了科学。至此，社会主义不再被看作某个天才头脑的偶然发现，而被看作历史地产生无产阶级和资产阶级之间的斗争的必然产物。它的任务不再是构想出一个尽善尽美的社会制度，而是研究必然产生这两个阶级及其相互斗争的那种历史的经济的过程，并在由此造成的经济状况中找出解决冲突的手段。

（三）为无产阶级改变世界提供思想武器

马克思是一位思想家，更是一位革命家。他认为，仅仅“用不同的方式解释世界”是不够的，更重要的是“改变世界”。[2]他投身于无产阶

[1] 《马克思恩格斯选集》第1卷，人民出版社2012年版，第172页。
[2] 《马克思恩格斯选集》第1卷，人民出版社2012年版，第136页。

级解放事业，使现代无产阶级意识到自身的地位、需要和解放的条件。而“解放”作为一种历史活动，是由历史的关系，由工业状况、商业状况、农业状况、交往状况促成的。马克思、恩格斯指出：“对实践的唯物主义者即共产主义者来说，全部问题都在于使现存世界革命化，实际地反对并改变现存的事物。”[1]共产主义是力求改变现存社会状况的现实的运动。

在马克思两大科学发现中，历史唯物主义的创立确实具有非同寻常的意义。马克思主义诞生于19世纪中叶，在20世纪对世界包括中国产生了巨大影响。英国学者戴维·沃克尔指出：“20世纪是马克思主义的世纪。”“马克思主义作为一个思想体系和政治运动，其见解深刻、影响深远。”“马克思主义具有强大的适应性。”“马克思主义所到之处，都跟当地实际情况进行了结合。”马克思主义在俄罗斯被“俄罗斯化”，在中国被“中国化”。进入21世纪，“马克思主义的世纪尚未完全让位于后马克思主义的世纪”[2]。

二、历史唯物主义的核心观点

历史唯物主义的完整内容是：现实的人是社会历史的前提和出发点；生产力是社会历史发展的最终决定力量，人民群众是推动社会历史发展的根本决定力量；生产力与生产关系的统一构成生产方式，经济基础与上层

[1] 《马克思恩格斯选集》第1卷，人民出版社2012年版，第155页。

[2] 〔南非〕达里尔·格雷泽、〔英〕戴维·M.沃克尔编：《20世纪的马克思主义——全球导论》，江苏人民出版社2011年版，第11、18、19、30页。

建筑的统一构成社会形态；生产力与生产关系、经济基础与上层建筑的矛盾是社会历史发展的基本矛盾，这一基本矛盾运动推动社会历史发展；阶级斗争是阶级社会历史发展的决定力量；人的自由而全面的发展是社会历史发展追求的最高价值目标。

在历史唯物主义的完整内容中，有三个核心观点：第一，社会存在决定社会意识；第二，社会基本矛盾推动社会历史发展；第三，人民群众是创造历史的动力。这三个核心观点各有侧重而又内在统一。

（一）社会存在决定社会意识

马克思说："物质生活的生产方式制约着整个社会生活、政治生活和精神生活的过程。不是人们的意识决定人们的存在，相反，是人们的社会存在决定人们的意识。"[1]这是历史唯物主义的核心观点。

1. 社会存在与社会意识

社会存在是不以社会意识为转移的社会生活的物质方面和社会物质生活过程，是社会物质生活条件的总和，包括生产方式、地理环境、人口因素。其中，物质资料生产方式是社会存在本质的东西，对社会发展起决定作用。生产方式包括生产力和生产关系。

在社会存在中，地理环境和人口因素也具有重要的意义。地理环境即自然资源和生态问题迫在眉睫，已受到高度重视。一个是人的问题，一个是自然的问题，进而是人与自然的关系问题。人与自然的矛盾要靠发展生产力来解决。生产力依赖人与自然的关系，也在处理人与自然的关系。工业文明极大地发展了生产力，同时也带来生态危机。生态文明是人类文明

[1] 《马克思恩格斯选集》第 2 卷，人民出版社 2012 年版，第 2 页。

发展的方向。在生态文明中，自然、人口和生产方式合理地统一起来，人类社会才可持续发展。人口问题中的生育和教育，即社会主体人、劳动者的生产和再生产，早已引起人们的重视。要研究人口的生育和教育问题，这关系到我国的发展与竞争力问题。

社会意识是与社会存在相对应的哲学范畴，总括了人的一切意识要素和观念形态，以及社会全部精神现象及其过程。社会意识作为社会生活的精神方面、精神过程，包括政治、法律、道德、艺术、宗教、哲学和科学等思想和观点。

2. 社会存在与社会意识相互作用

存在决定意识。“意识在任何时候都只能是被意识到了的存在，而人们的存在就是他们的现实生活过程。”[1]社会意识同它们反映的社会存在一样，都是不断发展的。对于社会意识的发展，必须从社会存在的发展中，特别是从物质生活过程中，从社会生产力与生产关系的矛盾中去解释。

社会意识又对社会存在具有能动反作用。这种反作用体现在，社会意识一经形成，便具有相对独立性和稳定性，它在微观上会隐形决定人的选择和行为方式。历史发展过程是在社会存在与社会意识的相互作用中进行的。对社会存在的决定性作用和社会意识的能动反作用不能等量齐观。作为社会存在的经济运动是最强有力的、本原的、决定性的。社会意识归根到底是经济原因造成的，但它也能对产生它的环境，甚至对产生它的原因发生反作用。

对于这一观点，毛泽东同志说：“我们承认总的历史发展中是物质的

[1] 《马克思恩格斯选集》第1卷，人民出版社2012年版，第152页。

东西决定精神的东西，是社会的存在决定社会的意识；但是同时又承认而且必须承认精神的东西的反作用，社会意识对于社会存在的反作用，上层建筑对于经济基础的反作用。”[1]这样看问题不是违反了唯物论，而是避免了机械唯物论，坚持了辩证唯物论。

3. 历史主客体：能动性与规律性

人类历史是以人为主体与其客体相互作用的过程。社会生活是人的实践过程，其前提是人的现实存在。现实的人的存在就是他们的实践活动和他们的物质生活条件，包括他们已有的和由他们的活动创造出来的物质生活条件。人是实践的主体，是历史活动的主体。

历史主体进行能动的历史创造活动，创造了人类历史。历史客体是历史主体活动的对象。在人类历史中，凡是被纳入主体活动领域和范围，同主体活动发生对象性关系的事物和现象，都是历史活动的客体，即历史客体。在人改造自然和社会的活动中，自然和社会成为主体历史活动的客体。与纯粹自然过程不同，历史客体运动的规律性是通过主体实践活动实现的。历史主体活动的能动性受到客体存在及其运动规律性的制约。

现实中的人作为历史主体，他们的活动只能立足已有的现实条件，从历史实际出发，在实践中认识和改变现实。人创造环境，同样，环境也创造人。每一代历史主体都要在已有的历史条件下创造历史。在事物发展过程中，既有偶然的、多变的方面，也有必然的、稳定的方面。规律是事物发展中本质的、必然的、稳定的联系，是客观存在及其发展的内在根据。历史主体要有所作为，必须尊重客观规律性，同时发挥主观能动性。主观能动性是主体在认识和改造世界中有目的、有计划、积极主动和创造性的

[1] 《毛泽东选集》第1卷，人民出版社1991年版，第326页。

活动能力。这是人所特有的能动性。

人类历史发展过程是客观规律性与主观能动性的统一。人的一切活动及其取得的成果，包括这种活动遇到的问题和困境，都与能否尊重客观规律性和发挥主观能动性有关。必须把尊重客观规律性同发挥主观能动性辩证统一起来。

（二）社会基本矛盾推动社会历史发展

历史唯物主义的另一个核心观点，就是生产力与生产关系、经济基础与上层建筑的矛盾构成社会基本矛盾,社会基本矛盾运动推动社会历史发展。

1. 生产力与生产关系、经济基础与上层建筑

在社会中，“生产归根到底是决定性的东西”[1]，而生产的目的是满足人的需要。生产力是人们运用劳动资料作用于劳动对象时体现的生产物质资料的能力。生产力由劳动资料、劳动对象和劳动者等要素构成。劳动者是生产力诸因素中最重要、最活跃的因素。最具能动性的生产力要素，就是主体的劳动能力。社会生产力随着科学和技术的进步而不断发展。

生产关系是人们在物质生产中结成的社会经济关系，是生产力得以在其中发展的社会形式。社会经济关系表现为物质利益。生产关系体现物质利益，又制约、决定物质利益。生产关系的构成包括三方面：生产资料的所有制关系，人们在生产中的社会地位和相互交换活动的关系，产品分配关系以及由它所决定的消费关系。物质生产和生活的形式取决于现实的人的物质需求。这些需求的产生和满足是一个社会的历史过程。

生产以及随之而来的产品交换，是一切社会制度的基础。在每个历史

[1] 《马克思恩格斯选集》第 4 卷，人民出版社 2012 年版，第 608 页。

地出现的社会中，产品分配以及和它相伴随的社会之划分为阶级或等级，是由生产什么、怎样生产以及怎样交换产品来决定的。马克思说："人们在自己生活的社会生产中发生一定的、必然的、不以他们的意志为转移的关系，即同他们的物质生产力的一定发展阶段相适合的生产关系。这些生产关系的总和构成社会的经济结构，即有法律的和政治的上层建筑竖立其上并有一定的社会意识形式与之相适应的现实基础。"[1]

物质生产力是全部社会生活的物质前提。同生产力相适应的生产关系的总和，构成社会的经济结构。社会的经济基础是同生产力发展的一定阶段相适应的生产关系的总和。在经济基础之上作为上层建筑存在的，是社会的政治结构和意识形态结构。生产力结构、经济结构、政治结构和意识形态结构，是社会结构的子系统。社会结构是社会体系各组成部分或要素之间持久、稳定的相互联系模式。一定的社会结构总是与一定的社会功能联系在一起。社会结构的变化和变革，与这种结构的功能的变化和变革紧密相关。

上层建筑是建立在一定经济基础上的政治、法律制度和设施，以及与之相适应的政治、法律、宗教、艺术、哲学等观点的总和。上层建筑可分为政治上层建筑和思想上层建筑。政治上层建筑即政治、法律制度和设施，体现于人们的政治生活过程中。思想上层建筑即意识形态，体现于人们的精神生活过程中。在政治上层建筑和思想上层建筑中，最直接反映经济基础的是政治。政治观点和政治制度是上层建筑最重要的部分。国家政权是上层建筑的核心力量。上层建筑建立在经济基础之上，政治是经济的集中表现。思想既反映经济又反映政治，并通过政治来反映经济。毛泽东同志

[1] 《马克思恩格斯选集》第2卷，人民出版社2012年版，第2页。

说："一定的文化（当作观念形态的文化）是一定社会的政治和经济的反映，又给予伟大影响和作用于一定社会的政治和经济"[1]。

2. 社会基本矛盾各方面相互作用

生产力与生产关系、经济基础与上层建筑是相互作用的。历史过程中的决定性因素是现实生活的生产和再生产。经济状况是基础。但对历史进程发生影响的，还有上层建筑的各种因素。这里表现为所有因素间的相互作用。

对于社会基本矛盾关系的观点，需要全面、辩证理解。恩格斯晚年针对一些理解的片面性，对这一基本观点作了深刻的论述。他说，作为"社会历史的决定性基础的经济关系"，是指一定社会的人们生产生活资料和彼此交换产品的方式。经济条件是"归根到底制约着历史发展的东西"。[2]政治、法律、宗教、艺术、哲学等的发展，是以经济发展为基础的。但它们又互相作用并对经济基础发生作用，这是在归根结底不断为自己开辟道路的经济必然性的基础上的相互作用。

关于政治上层建筑，特别是国家权力的作用，恩格斯指出："社会产生它不能缺少的某些共同职能。被指定执行这种职能的人，形成社会内部分工的一个新部门。这样……就出现了国家。"[3]国家作为独立的力量，总的说来应当尾随生产的运动。然而，由于它本身具有的一经获得便逐渐向前发展的相对独立性，又对生产的条件和进程发生反作用。总的说来，经济运动会为自己开辟道路，但它也要受它所确立的并具有相对独立性的政治运动的反作用。

[1] 《毛泽东选集》第2卷，人民出版社1991年版，第663—664页。
[2] 《马克思恩格斯选集》第4卷，人民出版社2012年版，第649页。
[3] 《马克思恩格斯选集》第4卷，人民出版社2012年版，第609页。

国家权力对于经济发展的反作用有三种可能性："它可以沿着同一方向起作用，在这种情况下就会发展得比较快；它可以沿着相反方向起作用，在这种情况下……它经过一定的时期都要崩溃；或者是它可以阻止经济发展沿着某些方向走，而给它规定另外的方向——这种情况归根到底还是归结为前两种情况中的一种。"[1]这就是说，国家权力与经济发展沿着同一方向起作用，经济发展就快（如改革开放以来，我们的国家权力适应市场经济改革方向的要求进行自我完善）；国家权力与经济发展沿着相反方向起作用，就会给经济发展带来危害（如"文化大革命"十年，我们没有完全顺应世界经济发展的方向）；国家权力调整不好经济发展的方向，就会导致经济发展缓慢。在后两种情况下，即不当地运用政治权力会给经济发展带来损害，造成人力和物力的浪费。经济运动有其必然性，运用政治权力干预经济要十分慎重。总的原则是：国家权力必须与经济发展沿着同一方向起作用。

关于思想上层建筑、意识形态的反作用，恩格斯强调，"物质存在方式虽然是始因，但是这并不排斥思想领域也反过来对物质存在方式起作用，然而是第二性的作用"[2]。在意识形态领域，从事这些事情的人们属于分工的特殊部门。只要他们形成社会分工之内的独立集团，他们的产物，包括他们的错误在内，就要反过来影响社会发展，甚至影响经济发展。而他们自身又处于经济发展起支配作用的影响之下。

3."两个必然"和"两个决不会"

生产力与生产关系、经济基础与上层建筑的矛盾，构成社会基本矛盾。

[1] 《马克思恩格斯选集》第4卷，人民出版社2012年版，第610页。

[2] 《马克思恩格斯选集》第4卷，人民出版社2012年版，第598页。

社会存在和发展的必然性，要求生产关系适应生产力，上层建筑适应经济基础。如果一个社会的生产关系不适应生产力发展要求，上层建筑不适应经济基础发展要求，就必须变革生产关系以适应生产力的发展，变革上层建筑以适应经济基础的发展。从社会内部进行改革的必要性就在这里。

在马克思看来，生产的进步，生产力的扩大，是人本身的需求和人类生产活动的本性造成的。因此，他主张“把经济的社会形态的发展理解为一种自然史的过程”[1]。列宁说：“只有把社会关系归结于生产关系，把生产关系归结于生产力的水平，才能有可靠的根据把社会形态的发展看作自然历史过程。”[2]任何生产力都是一种既得的力量，是以往活动的产物。由于生产力不断进步，促使生产关系及其他社会关系向前发展。生产关系乃至全部社会关系的改变，都是为了适应由人类生产能力的改进所开辟的可能性而进行的变革。所有这一切，都体现着社会发展的规律性。

大体说来，社会历史发展规律就是社会基本矛盾运动规律。马克思从历史观高度概括了社会基本矛盾导致社会革命的普遍规律：“社会的物质生产力发展到一定阶段，便同它们一直在其中运动的现存生产关系或财产关系（这只是生产关系的法律用语）发生矛盾。于是这些关系便由生产力的发展形式变成生产力的桎梏。那时社会革命的时代就到来了。随着经济基础的变更，全部庞大的上层建筑也或慢或快地发生变革。”[3]

社会形态是经济基础和上层建筑的统一体。社会基本矛盾运动必然导致社会形态变革。《共产党宣言》提出：“资产阶级的灭亡和无产阶级的胜利是同样不可避免的。”[4]资本主义必然灭亡，社会主义必然胜利，

[1]　《马克思恩格斯选集》第2卷，人民出版社2012年版，第84页。
[2]　《列宁选集》第1卷，人民出版社1995年版，第8—9页。
[3]　《马克思恩格斯选集》第2卷，人民出版社2012年版，第2—3页。
[4]　《马克思恩格斯选集》第1卷，人民出版社2012年版，第413页。

这就是“两个必然”。这是就人类历史总的发展趋势而言的。具体的社会发展、社会革命不是人为制造的，而是由特定的历史条件造成的。

马克思在坚持“两个必然”的同时，特别指出“两个决不会”：“无论哪一个社会形态，在它所能容纳的全部生产力发挥出来以前，是决不会灭亡的；而新的更高的生产关系，在它的物质存在条件在旧社会的胎胞里成熟以前，是决不会出现的。”[1]现代资本主义从社会发展的动力机制和平衡机制上进行新的调整，还具有容纳社会生产力发展的空间，所以还不会灭亡；新的更高的社会主义生产关系还未成熟，所以不会取代原有的生产关系。社会革命不是随便什么时候都可以发生的，它是社会形态在量变积累基础上的质变。

依据历史唯物主义，我们应该历史地看待和对待社会变革。马克思指出：“一种历史生产形式的矛盾的发展，是这种形式瓦解和新形式形成的唯一的历史道路。”[2]人类始终只提出自己能够解决的任务，因为任务本身，只有在解决它的物质条件已经存在或者至少是在生成过程中的时候，才会产生。资本主义的生产关系是社会生产过程最后一个对抗形式。在资本主义社会里发展的生产力，同时又创造着解决这种对抗的物质条件。所有这一切，都是社会基本矛盾运动历史地造成的。

（三）人民群众是创造历史的动力

历史唯物主义的第三个核心观点就是，社会历史是在生产力与生产关系、经济基础与上层建筑的矛盾运动中进行的，而历史的主体是人，人的历史活动创造了历史。

[1] 《马克思恩格斯选集》第2卷，人民出版社2012年版，第3页。
[2] 《马克思恩格斯选集》第2卷，人民出版社2012年版，第232页。

1. 历史活动中的个人和群众

有些历史唯心主义者只承认英雄豪杰的历史作用。英国历史学家托马斯·卡莱尔说："世界历史就是人类在这个世界上所取得的种种成就的历史，实质上也就是在世界上活动的伟人的历史。……我们所见到的世界上存在的一切成就，本是来到世上的伟人的内在思想转化为外部物质的结果，也是他们思想的实际体现和具体化。"[1]这种历史观被称为英雄史观。

实际上，历史中的每个人都有自己的社会位置，都发挥了自己的社会作用。当然，那些杰出的个人所起的作用更为显著。古人说："草之精秀者为英，兽之特群者为雄。"人间的英雄是指那些杰出的、做出突出贡献的人。每个时代都有自己的英雄。在历史过程中，特别是在国家、民族危难之际，需要挺身而出的英雄。真正的英雄产生于群众实践中，群众之中出英雄。英雄的业绩可歌可泣，人民永远铭记自己的英雄。不尊重自己的英雄的民族，是一个不能产生英雄的民族，也就不会是一个英雄的民族。一个伟大的时代一定是英雄辈出的时代。

历史中的英雄被称为历史人物。与历史中的普通个人相比，历史人物的作用和影响更大。历史人物是历史事件的当事人，是历史任务的提出者和承担者。他们能够对历史事件有所作为，除了与个人的特点和才能有关，更重要的是他们的思想和行动符合历史发展规律和人民群众要求。而历史发展规律和人民群众要求，就是人们常说的"大势所趋"与"人心所向"。这是历史人物能够产生并发挥历史作用的历史条件和社会基础。

普列汉诺夫主要批驳了民粹派的英雄史观，阐明了马克思主义关于个人在历史上的作用。在他看来，任何个人都在一定程度上参与了历史的形

[1] 〔英〕托马斯·卡莱尔：《论英雄崇拜和历史上的英雄业绩》，商务印书馆2005年版，第1页。

成，都对历史发展起作用。从质上说，有的人从正面影响历史进程，有的人从反面影响历史进程；从量上说，个人的作用有大小之分。而杰出人物对社会发展的作用会更大些。杰出人物是适应历史发展的需要而产生的。杰出人物是历史任务的发起者、组织者、领导者，他们能正确地认识社会发展趋势，影响和改变历史个别、局部的面貌及后果，在认识和改造某些社会条件中发挥作用。但是，杰出人物不可能改变社会发展的总趋势、总方向和总的历史进程，不可能随心所欲地左右历史。物质生产方式是社会发展的决定力量，生产力的发展是社会发展的最终原因。杰出人物的成功或失败，杰出人物的作用性质，归根结底取决于他们的思想、行为是否符合社会发展规律，是否符合人民群众的意愿。只有顺应历史发展的要求和人民群众的意愿，杰出人物才能起到推动社会前进的作用。否则，就会走向反面。

这里涉及如何科学评价杰出人物的原则问题。历史唯物主义强调对杰出人物的评价，一要注重历史分析，即杰出人物是一定历史条件的产物，评价杰出人物的作用，要充分认识他们所处的历史条件，要看到特定历史条件对杰出人物的制约和影响；二要注重阶级分析，即在阶级社会中，杰出人物总要代表一定的阶级，因此，要对他们进行阶级分析；三要注重辩证分析，即要用必然性与偶然性相统一的观点来分析杰出人物及其历史作用；四要注重全面分析，即全面分析杰出人物，既不能肯定一切，也不能否定一切。

2. 人民群众是历史创造的主体

社会中的个人组成群体、阶层、阶级、民族等人群共同体。各种共同体由于一定的共同利益、共同意志贯穿其中，可以形成方向明确、作用巨大的历史合力。恩格斯说，如果要去探究那些隐藏在历史人物的动机背后“历史的真正的最后动力的动力”，“那么问题涉及的，与其说是个别人物，即使是非常杰出的人物的动机，不如说是使广大群众、使整个整个的民族，并且在每一民族中间又是使整个整个阶级行动起来的动机；而且也不是短暂的爆发和转瞬即逝的火光，而是持久的、引起重大历史变迁的行动”[1]。这是能够引导我们去探索那些在整个历史中以及在个别时期和个别国家历史中起支配作用的规律的唯一途径。广大群众即“整个整个”的民族或阶级，他们的动机和行动直接体现了历史的必然性。

马克思主义不否认杰出个人、伟人、英雄在历史上的作用，但反对抹杀人民群众创造历史的作用，强调人民群众在历史发展中起决定性作用。与历史唯心主义的英雄史观不同，历史唯物主义是一种群众史观。正如毛泽东同志所说：“人民，只有人民，才是创造世界历史的动力。”[2]中国共产党领导革命和建设取得成功的一条基本经验，就是坚持历史唯物主义的群众史观，贯彻“一切为了群众，一切依靠群众，从群众中来，到群众中去”的群众路线。历史证明，群众路线是我们党的生命线和根本工作路线。

3. 生产力与人民群众之决定作用的统一

在社会发展中，归根结底生产力起决定作用；同时，我们又强调人民群众起决定作用。这两者在理论上和实践中是一致的。人民群众是社会生产和生活的主体。生产力的决定作用，从根本上规定了人民群众的决定作用。

在社会发展中，生产力、经济关系的决定作用通过人民群众的历史创造活动来实现。经济状况不是自动发生作用的，人们在既定的制约着他

［1］《马克思恩格斯选集》第 4 卷，人民出版社 2012 年版，第 255—256 页。
［2］《毛泽东选集》第 3 卷，人民出版社 1991 年版，第 1031 页。

们的环境中，在现有的现实关系的基础上创造自己的历史。生产力的主体是劳动者，劳动群众是人民群众的基本部分。生产力主体和历史主体是一致的，生产力的决定作用即意味着人民群众的决定作用。恩格斯指出："在这些现实关系中，经济关系不管受到其他关系——政治的和意识形态的——多大影响，归根到底还是具有决定意义的，它构成一条贯穿始终的、唯一有助于理解的红线。"[1]

总之，在历史唯物主义理论中，在归根结底的意义上，社会存在决定社会意识；生产力决定生产关系，经济基础决定上层建筑；人民群众决定历史发展。这是历史唯物主义的三个核心观点，也是以辩证的、历史的和实践的唯物主义理解社会存在和发展的一条红线。离开这条红线的引导，在理论上就走不出历史的迷宫，在实践中就会因失去方向而陷入混乱。一个多世纪以来国际共产主义运动的曲折经历，几十年来中国特色社会主义道路的成功开辟，反复证明了以历史唯物主义核心观点为指导的重要性。

三、历史唯物主义基本方法

历史唯物主义方法是对历史唯物主义基本原理的具体运用。恩格斯说："我们的历史观首先是进行研究工作的指南。"[2]列宁认为，恩格斯这一论断鲜明强调了历史唯物主义的方法论意义，忽视这一点，"就会

[1]　《马克思恩格斯选集》第4卷，人民出版社2012年版，第649页。

[2]　《马克思恩格斯选集》第4卷，人民出版社2012年版，第599页。

把马克思主义变成一种片面的、畸形的、僵死的东西”[1]。

历史唯物主义方法，一般包括生产力标准、社会基本矛盾分析方法、尊重历史发展规律与坚持人民主体地位相统一方法、社会结构与历史过程分析方法、阶级分析方法等。根据实践发展要求，这里着重谈五种基本方法：坚持生产力标准、社会结构分析方法、历史过程分析方法、社会基本矛盾分析方法、尊重历史发展规律与坚持人民主体地位相统一方法。

（一）坚持生产力标准

生产力标准，就是把是否有利于解放和发展社会生产力，作为检验社会历史发展是否进步、我们的路线方针政策是否正确和工作成败得失的根本标准。

坚持生产力标准，首先要把握社会系统中的各基本要素。社会是一个有机的系统，由许多要素构成，历史唯物主义从复杂的社会系统中寻找和揭示基本要素。生产力、生产关系、经济基础、上层建筑构成一个社会系统的基本要素。

坚持生产力标准，也要把握生产力在社会基本要素中的根本地位。马克思考察社会基本要素之间的关系，确立了生产力在社会历史发展中的根本地位。必须根据生产力的客观要求和发展水平来调整生产关系和上层建筑，推动社会历史进步。

坚持生产力标准，还要把握生产力中“物”的要素与“人”的要素的关系。在生产力三个基本要素中，劳动对象和劳动资料属于“物”的要素，劳动者属于“人”的要素，人是生产力中最活跃、最革命的因素。把握生产力标准，

[1] 《列宁选集》第2卷，人民出版社2012年版，第278页。

既要注重“物”及社会物质财富的积累，也要注重“人”及人的全面发展，不能只见物不见人。

（二）社会结构分析方法

历史唯物主义的总体方法，从“静态”讲，是社会结构分析；从“动态”讲，是历史过程分析。马克思、恩格斯在《德意志意识形态》（简称《形态》）和《〈政治经济学批判〉序言》（简称《序言》）中，对历史唯物主义作了经典表述。在《形态》中，尽管某些用语略有不同，但所阐述的历史唯物主义在总体上是由结构和过程两方面内容构成的。在《序言》中，从“人们在……社会生产中发生的……不以他们的意志为转移的关系”，到“人们的社会存在决定人们的意识”，实质上讲的是社会结构分析；从“物质生活的生产方式制约着整个社会生活、政治生活和精神生活的过程”到“以这种社会形态而告终”，实质上讲的是历史过程分析。显然，《序言》与《形态》对历史唯物主义的表述是一致的。社会结构分析方法和历史过程分析方法是马克思指导自己研究历史的“总的方法”。在把资本主义作为典型社会形态进行解剖时，马克思既去弄清资本主义社会结构的基本因素，揭示它们之间的相互联系、相互作用，又去揭示社会主义取代资本主义的历史过程及其必然性。从总体上把握历史唯物主义的方法，首要就是把握社会结构分析和历史过程分析。这两种方法既内在统一又相对独立，为把握各自的重要意义，这里把两种方法相对分开来讲。

先讲讲社会结构分析方法。

把握社会结构分析方法，首先要把握社会结构的基本要素。一个社会由许多要素构成。历史唯物主义从纷繁复杂的社会现象中提炼出其最基本的要素。生产力、生产关系、经济基础、上层建筑构成一个社会的基本要素；生产力、生产关系、经济基础、上层建筑或经济因素、政治因素和文化因素之间的关系、比例和顺序构成一个社会的结构。马克思从“社会基本要素”出发建构社会结构分析方法，社会基本要素是社会结构分析的关键和起点。正确把握社会基本要素，可帮助人们从纷繁复杂的不断变化的社会现象中抽象出最稳定的基本要素和最本质的关系。当然，社会结构并不等于社会各个基本要素的机械叠加，只有进一步考察各基本要素之间的相互关系、比例和顺序，以及它们怎样形成一个相对稳定的有机整体，才能在总体上把握社会结构。

把握社会结构分析方法，还要把握社会结构基本要素之间的关系、比例和顺序。任何事物都是由结构构成的；事物各基本要素之间的关系、比例、顺序构成事物的结构，“关系”是质的范畴，“比例”是量的范畴，质和量决定顺序；事物的结构是什么样的，事物的存在和发展状况就是什么样的。同理，社会结构是什么样的，社会历史发展状况就是什么样的。生产力、生产关系、经济基础、上层建筑这几个基本因素之间的关系是：生产力决定生产关系，生产关系的总和构成经济基础，经济基础决定上层建筑；生产力、生产关系、经济基础、上层建筑的“合力”推动社会历史发展，但归根结底，生产力起最终决定作用。生产力和生产关系的矛盾、经济基础和上层建筑的矛盾是人类社会历史发展的基本矛盾，它们之间的矛盾运动推动社会历史的发展。

（三）历史过程分析方法

历史过程分析的一个内容，是注重历史定位（历史阶段和社会形态）、定标（根本任务）、定法（完成任务的首要方法）。马克思主要从生产关系性质和人的发展方式等来划分历史阶段或社会形态。依据生产关系的性质，马克思认为，人类社会历史大致要经历亚细亚的、古代的、封建的、现代资产阶级的、“真正的人类历史”五种历史形态。马克思还从人的发展方式来划分历史阶段，即人的依赖关系占统治地位的阶段，以物的依赖关系为基础的人的独立的阶段，人的自由和全面发展的阶段。这一内容启示我们：既不能以过去的眼光看待今天正在做的事，也不能把今天必须做的事留给未来，还不能把未来需要完成的任务拿到今天来做。滞后不行，冒进也不行，与时俱进才行。由此，做任何工作，首先要明确所处的历史阶段，然后明确该阶段所要完成的根本任务，再明确完成该任务的首要方法。

历史过程分析的另一个内容，是对力量转移进程及其历史规律的把握。所谓力量转移，就是世界范围内主导社会历史发展的根本力量的变迁。在《形态》中，马克思、恩格斯鲜明强调，社会历史是生产劳动和生产力发展的历史，也是人的本质力量的发展史。就是说，社会历史发展是通过历史阶段和社会形态更替体现出来的，在每一个历史阶段，总有一种根本力量主导着社会历史发展，社会历史变迁本质上就是主导社会历史发展的根本力量的转移，力量转移的本质联系就是历史发展规律，历史发展规律也是主导历史发展的根本力量转移的规律，而力量转移和历史发展规律决定着历史发展趋向。如在“人的依赖”历史发展阶段，主导社会历史发展的根本力量主要是血缘关系和权力；在“物的依赖”历史发展阶段，主导社会历史发展的根本力量主要是资本；在“自由个性”历史发展阶段，主导社会历史发展的根本力量主要是人的智力和具有创新能力的人才。这一内容启示我们：要寻求主导每一个历史发展阶段的根本力量，并积极驾驭好这种根本力量，同时把握好历史发展阶段之间根本力量转移的趋势，这样才能占据主动地位。

（四）社会基本矛盾分析方法

社会基本矛盾分析方法，是指根据生产力与生产关系、经济基础与上层建筑的矛盾运动规律，分析和说明一定历史条件下社会发展状况，并预见社会发展趋势的方法。

运用这一方法，把握社会发展状况，首先，要把握社会基本矛盾状况。要根据生产力发展水平和客观要求，分析生产关系与生产力、上层建筑与经济基础的适应状况及其性质、特点。当生产关系基本适应生产力发展、上层建筑基本适应经济基础发展时，只需要对不适应部分进行调整或改革；当生产关系不适应生产力发展、上层建筑不适应经济基础发展时，一般通过革命方式来解决。社会主义社会的状况属于前者，对不适应部分，可通过改革来解决，改革是解决社会主义社会基本矛盾的基本途径。

其次，要分析人类社会发展一定历史阶段上占主要地位的生产关系的总和，把它看作决定社会关系、政治关系、思想关系的本质关系。

最后，要把握社会基本矛盾内在蕴含并体现出来的动力机制和平衡机制状况。社会基本矛盾之间适应或不适应，一般是通过社会发展的动力机制和平衡机制状况体现出来的。当社会基本矛盾之间相互适应时，就使社会既具有发展动力和充满创新活力，也能使社会保持平衡与和谐。当社会基本矛盾之间基本不适应时，就使社会既缺乏发展动力和创新活力，也会失去平衡与和谐。衡量社会基本矛盾对社会发展的影响状况，可以通过动力机制和平衡机制状况来把握。

（五）遵循历史发展规律和坚持人民主体地位相统一方法

这一方法有两个内容。

一是遵循历史发展规律与发挥人民主体能动性的统一。它既要求看到人的活动是受客观规律制约的，具有客观性，应按历史发展规律办事；也要看到个人尤其是人民群众在活动中的主体能动性，具有主体性，要注重人民群众的主体地位和作用。人民群众越是掌握历史发展规律，就越能发挥其主体能动作用。

遵循历史发展规律与发挥人民主体能动性，就要坚持人民利益标准，坚持党的群众路线。马克思指出，历史活动是群众的事业，随着历史活动的深入，必将是群众队伍的扩大。我们党最大的危险就是脱离群众。历史唯物主义要求把人民群众的根本利益作为评价我们一切工作好坏优劣的最高标准。新时期讲群众路线，要在继承党的优良传统基础上，创新群众路线方法，不仅要解决领导干部工作作风问题，也要解决其工作能力问题；不仅要解决领导干部为民务实清廉问题，也要注重对群众的教育和引导；不仅要提高领导干部的思想认识，也要把蕴藏在人民群众中的创造活力激发出来。一句话，把群众路线方法提升到时代要求的新水平。

二是坚持符合历史发展规律客观要求与符合人民主体需求的统一。在进行决策、选择、确定目标和付诸实践时，既要符合社会历史发展规律的客观要求，又要符合人民群众的主体需求。前者讲是否体现历史发展的必然趋势，后者讲人民拥护不拥护。人民群众的主体需求与历史发展规律的客观要求在根本上是一致的。人民群众是历史活动的主体，历史发展规律存在于人民群众的历史活动之中。越是遵循历史发展规律，作出的决策、选择与确定的目标就会越科学，就越能促进社会进步，就越符合人民群众的共同追求，人民群众就越能从中受益，如果违背历史发展规律，社会发展出现曲折，吃亏的首先是人民群众。越要体现人民群众的根本利益，就越要遵循历史发展规律。

四、历史唯物主义的方法论意义

历史唯物主义的基本方法，对中国特色社会主义的开创和发展、全面深化改革、坚定对中国道路的自信、把握力量转移具有重要的方法论意义。

（一）中国特色社会主义的开创

马克思、恩格斯把社会主义由空想变为科学。列宁把科学社会主义由理论变成实践。我们党在总结社会主义建设正反两方面经验的基础上，开创了中国特色社会主义伟大事业，而历史唯物主义，特别是关于生产力在社会历史发展中起决定作用的原理和方法，在中国特色社会主义开创中具有决定性意义。

1978 年以前的一段时间，我们未完全根据我国生产力发展水平、客观要求与人民群众意愿来选择和调整生产关系，多注重生产关系领域的革命，也没有把大力发展生产力看作中国社会主义建设的根本任务。其教训，就是在理论上未彻底坚持历史唯物主义的生产力观点和人民群众观点，忽视生产力在社会发展中的决定作用与人民群众在其中的创造作用。

于是，“什么是社会主义、怎样建设社会主义”，就成为我们党需要真正弄清的一个首要基本问题。如何解决这一基本问题？首先需要“拨乱反正”，解决思想路线，确立正确认识我国国情的出发点——从客观实际出发。当时我国最大的实际是什么？回答这一问题，接着需要“正本清源”，真正回到历史唯物主义本来面目上来。历史唯物主义最注重发展生产力。由此，邓小平同志强调：“社会主义的任务很多，但根本一条就是发展生产力。”[1]沿着这一思路，邓小平同志明确强调：“正确的政治领导的成果，归根结底要表现在社会生产力的发展上，人民物质文化生活的改善上。”[2]在上述认识基础上，邓小平同志把对社会主义的认识提升到一个新高度：“社会主义的本质，是解放生产力，发展生产力，消灭剥削，消除两极分化，最终达到共同富裕。”[3]基于上述认识，我们党得出一个重要结论：我国最大的实际，就是生产力发展水平很低，现在处于并将长期处于社会主义初级阶段。

基于历史唯物主义生产力观点，根据这一客观实际，我们党又得出以下重要论断：在初级阶段建设社会主义，首要根本任务是解放和发展社会生产力，这样的社会主义就是中国特色社会主义；建设中国特色社会主义，应以经济建设为中心，解决人民日益增长的物质文化需要同落后的社会生产之间的矛盾；解放和发展生产力，必须实行以社会主义市场经济为取向

[1] 《邓小平文选》第3卷，人民出版社1993年版，第137页。
[2] 《邓小平文选》第2卷，人民出版社1994年版，第128页。
[3] 《邓小平文选》第3卷，人民出版社1993年版，第373页。

的改革开放；在改革开放进程中，需要用“三个有利于”标准破除“姓社姓资”思维定式的阻碍。这些论断，是我们党重新认识“什么是社会主义、怎样建设社会主义”取得的重大成果，它使我们党在理论上对社会主义的认识发生了重大变化，在实践上开创了中国特色社会主义。而核心，是对生产力在社会历史发展和我国社会主义发展中的根本地位和决定作用的正确认识。当然，整个历史唯物主义在中国特色社会主义开创中都具有重要作用，但坚持生产力标准，对开创中国特色社会主义更具决定意义。

（二）全面深化改革

改革是当代中国最鲜明的特色。哲学是时代精神的精华。1978 年以来，我们党运用历史唯物主义社会基本矛盾分析方法，明确提出社会主义的根本任务是解放和发展社会生产力，要解放和发展社会生产力，必须进行改革。

今天，我们党如何全面深化改革，把改革推向一个新高度？有许多途径，但首先要在历史唯物主义层面进行思考，在分析我国社会基本矛盾状况的基础上加以把握。

问题倒逼改革。我们实行改革要解决许多问题，但从根本上主要是解决发展与稳定两个层面的问题。这两方面问题，与发展的动力机制和平衡机制有关。一切运动着的事物，都具有动力和平衡两个根本要素。自行车要跑起来，首先要有动力，没有动力，它寸步难行；它在运行过程中必须保持平衡，否则会倒下去。一个社会能否健康有序发展，从根本上取决于是否具有良好的动力机制和平衡机制。动力机制，释放着社会发展的能源和能量；平衡机制，保持着社会发展各部分之间的协调和稳定。没有动力机制，社会就像一台没有马达的机器；没有平衡机制，社会就像一匹脱缰狂奔的野马。总体来讲，当今中国特色社会主义发展的动力机制和平衡机制能有效发挥作用，且相互配合。然而，这两种机制也存在一定问题。在动力机制上，经济社会发展动力和创新活力相对不足，劳动者的自主创新能力和创造活力不是很高，市场缺乏活力。在平衡机制上，社会和谐稳定也显得不够。

上述动力机制和平衡机制上存在问题，原因是多方面的，但深层原因在于生产关系与生产力、上层建筑与经济基础之间存在一些不完全适应的方面。这需要借助社会基本矛盾分析方法来理解。从社会运行机制来讲，社会基本矛盾运动状况可从动力状况和平衡状况两个基本方面考察。当生产关系与生产力、上层建筑与经济基础基本适应的时候，既能推动社会发展，使社会充满创新活力，也能保持社会平衡，使社会达到和谐稳定；而当生产关系与生产力、上层建筑与经济基础基本不适应的时候，既会阻碍社会发展，使社会缺乏创新活力，又无法保持社会平衡，使社会达不到和谐稳定。一种社会形态取代另一种社会形态，从根本上说，就是这一社会的基本矛盾基本不适应了，这一社会形态的动力机制和平衡机制从根本上也出了问题。总体讲，当今我国的生产关系与生产力、上层建筑与经济基础是基本适应的，对促进社会发展进步发挥着重要的积极作用。但也存在值得关注的新情况。一是生产关系在某些方面阻碍了生产力发展。一个社会的生产力发展状况往往是通过人，尤其是劳动人民群众的呼声、诉求表现出来的。当今，在我国生产力发展进程中，劳动者对增加劳动报酬在初次分配中的比重提出了新要求，但在现实社会中，初次分配中劳动报酬较低的实际尤其是不合理的利益分配格局，没有完全反映劳动者这种要求，影响了劳动者创造能力、创业能力和创新活力的充分发挥；经济社会发展对提高劳动者的创新能力、创造活力提出了新要求，但发育不全的市场机制和缺乏公平竞争的市场环境，影响了劳动者创新能力和创新活力的充分发挥。要言之，经济社会发展动力和创新活力不足。二是上层建筑在某些方面阻碍了经济基础的发展。在经济基础发展过程中，市场主体对发挥市场在资源配置中的决定性作用提出了新要求，但传统行政体制使政府直接配置资源，影响了市场主体的创造活力和市场活力，束缚生产力的发展；人们对缩小收入分配差距和完善公平竞争的市场环境提出新要求，但政府权力在资源配置中的决定性作用，干部队伍中存在的形式主义、官僚主义、享乐主义和奢靡之风等“四风”问题，一定程度上阻碍了分配公平的实现和公平竞争的市场环境的建立；社会发展需要更多的人直接参与到物质财富创业中来，提高创业能力，但权力配置资源的传统行政体制和官本位思想观念，使人们大都愿意挤入公务员行列。

因此，必须通过改革，解决生产关系不适应生产力发展要求、上层建筑不适应经济基础的部分。改革，是我们党历史上的一次伟大觉醒，是新时期实践上的伟大创造。党的十八届三中全会强调全面深化改革，是建立在我们党对我国社会基本矛盾状况科学分析基础上的，它使我国改革又站在一个新的历史起点上，把对改革的认识提升到一个新高度：它根据生产力决定生产关系的原理和方法，并根据我国生产力发展的实际，明确强调，要坚持发展仍然是解决我国所有问题的关键这个重大战略判断，以经济建设为中心；它根据当今我国生产关系在某些方面阻碍了生产力发展、上层建筑在某些方面阻碍了经济基础发展的实际，强调要全面深化改革，让一切劳动、知识、技术、管理和资本的活力竞相迸发，让一切创造社会财富的源泉充分涌流；它根据经济基础决定上层建筑的原理和方法，既强调经济体制改革是全面深化改革的重点，要发挥经济体制改革牵引作用，推动生产关系同生产力、上层建筑同经济基础相适应，又强调深化行政体制改革、转变政府职能和创新行政管理方式，是发挥社会主义市场经济体制优势的内在要求；它根据经济基础与上层建筑相互作用的原理和方法，强调经济体制改革的核心，是处理政府和市场的关系，使市场在资源配置中起决定性作用和更好地发挥政府作用，同时防止市场失灵；它根据当今我国社会基本矛盾状况的性质和特点，强调今天我国改革处在“攻坚期”“深水区”，要凝聚力量、攻坚克难，以“敢啃硬骨头”的担当精神全面深化改革。尤其是，它强调全面深化改革的指导思想，是要以促进社会公平正义、增进人民福祉为出发点和落脚点，进一步解放思想、解放和发展社会生产力、解放和增强社会活力，这契合了社会基本矛盾运动中的动力机制和平衡机制之机理，抓住了社会发展的动力机制和平衡机制两个要害。

特别需要注意的是，党的十八届三中全会关于坚决破除各方面体制机制弊端以及政府和市场关系的论述。党的十八届三中全会根据生产关系对生产力的反作用、上层建筑对经济基础的反作用的原理和方法，强调坚决破除各方面体制机制弊端。这种弊端主要是影响发展活力、创新能力与社会稳定、公正和谐的体制机制障碍，其中主要的是传统行政体制。这种体制蕴含的是权力至上、自上而下、逐级管制的权力运作方式。这种体制有其存在的历史必然性和历史进步作用，应充分肯定！但也有一定历史局限：它既使市场力量和人民力量显得不够，也使自主创新能力得不到充分发挥，还使公平正义有一定缺失。由此，必须把深化行政体制改革作为突破口。其关键就是处理好政府与市场、社会的关系。处理政府与市场、社会的关系，既是经济体制改革，也是行政体制改革。经济体制改革的实质是利益再调整，行政体制改革的实质是权力再分配。在政府与市场的关系中，改革，就是要充分发挥市场在资源配置中的决定性作用，激发市场活力；在政府与社会的关系中，改革，就是要建立健全社会组织，创新社会治理体制，激发社会活力；当市场力量与社会力量日趋增大时，会出现“水涨船高”的倒逼效应，要求政府定位其边界，转变其职能，建立服务型政府，从而更好地发挥政府的作用。

（三）坚定对中国道路刻骨铭心的自信

开创和发展中国特色社会主义取得的一项最大成果，是开辟了中国特色社会主义道路（简称“中国道路”）。习近平总书记讲，无论搞革命、搞建设、搞改革，道路问题都是最根本的问题。

“中国道路”引人关注，也引起争论。有人说中国道路是“有中国特色的资本主义”，有人说是“国家资本主义”，有人说中国道路不具有“中国特色”。这需要弄清下述问题：中国道路的“中国特色”和“社会主义”性质体现在哪里？如何为中国道路的合理性提供学理支撑，进而坚定对中国道路的自信？可从多方面回答这些问题，遵循历史发展规律和坚持人民主体地位相统一方法，是有效解答这些问题的基本方法，也能为中国道路合理性并坚定对中国道路刻骨铭心的自信提供学理支撑。

中国道路是否合理，关键要看是否坚持遵循历史发展规律和尊重人民主体地位的统一。

首先，中国道路是从客观实际出发认识中国国情而开辟的发展道路，它符合历史发展规律与我国发展的实践逻辑，体现着“中国特色”。讲中国道路离不开马克思、恩格斯所讲的社会主义。这种社会主义是在近代欧洲工业社会生产力高度发展的基础上提出的，它所讲的社会主义的历史条件我们不完全具备，但所讲的社会主义基本原则应当坚持，且必须与中国具体实际相结合。马克思晚年在坚持人类历史发展一般规律的前提下，十分重视历史发展的多样性。他参考了大量史前社会的历史资料，也对东方社会的特殊性给予关注，认识到东西方社会在经济、政治和文化上有较大差异，西欧社会的发展道路并不是人类社会发展的普遍道路，俄国等东方落后国家的社会发展道路有其特殊性。列宁发展了马克思关于历史发展多样性思想，把科学社会主义一般原则同俄国具体实际相结合，试图寻求一种落后国家的社会主义发展道路。在他看来："一切民族都将走向社会主义，这是不可避免的，但是一切民族的走法却不会完全一样。"[1]实际上，在世界历史发展进程中，不存在单一的发展道路，即使各个资本主义国家，其发展道路也各具特色，甚至有各自模式。

邓小平同志沿着马克思、列宁的思路继续前行。他指出："走自己的道路，建设有中国特色的社会主义，这就是我们总结长期历史经验得出的基本结论。"[2]走自己的路，既符合社会历史发展规律，也体现我国发展的实践逻辑：在中国搞社会主义，没有现成公式可以遵循，没有既成模式可以照搬，必须走自己的路。由此，要"在中国共产党领导下"并"立足中国国情"进行实践探索；要认识中国国情，就需要确立正确的出发点，这一出发点，就是从客观实际出发。从客观实际出发认识中国国情，我们党得出一个对中国道路具有"总依据"意义的论断，即我国依然处在社会主义初级阶段；在这一阶段，根本任务是"解放和发展社会生产力"，然

[1] 《列宁选集》第2卷，人民出版社2012年版，第777页。

[2] 《邓小平文选》第3卷，人民出版社1993年版，第3页。

后“逐步实现全体人民共同富裕”，“促进人的全面发展”，“建设富强民主文明和谐美丽的社会主义现代化国家”；要解放和发展社会生产力，必须“以经济建设为中心”，利用“市场经济”，实行“改革开放”；在改革开放过程中，必须“坚持四项基本原则”；这些都要通过统筹推进“五位一体”总体布局、协调推进“四个全面”战略布局来实现。从上述逻辑可以看出，中国道路既符合社会历史发展规律，又具有中国特色。说符合规律，是说中国道路不是什么人一厢情愿而主观设计出来的，它有其出现的历史必然性；说具有中国特色，是说中国道路具有实践特色、理论特色、民族特色和时代特色。我们在初级阶段，把解放和发展社会生产力当作首要根本任务，把改革开放作为解放和发展社会生产力的必由之路，其“历史方位”“根本任务”和“实践方式”体现实践特色；中国道路把科学社会主义基本原则与中国具体实际相结合，坚持历史规律与人民主体、普遍性与特殊性、现实与理想、目的与手段、民族传统与时代精神的统一，其“结合性和辩证性”体现理论特色；中国道路立足中国国情、总结中国经验、解决中国问题、接中国地气，其“中国风格”体现民族特色；中国道路把时代精神和人民期待汇聚其中，与时俱进地解决时代课题和中国问题，不断推进实践创新，其“破解问题、道路内容和创新成果”体现时代特色。

其次，中国道路也体现中国人民的主体地位、主体需求和价值追求，体现注重民生、民富、民主的民本精神，是中国人民主动选择的道路，具有“社会主义”性质。中国现实的逻辑是首先必须解决民生，民生问题不解决，其他问题也解决不好。历史唯物主义强调，人首先要解决吃、喝、住、穿，然后才能从事生产。改革开放之初，我们党把重点放在解放和发展社会生产力上，就是为解决民生问题提供物质条件。在探索中国道路进程中，我们党也强调逐渐实现全体人民共同富裕，促进人的全面发展。解决好民生、民富问题，就为更好地解决民主问题创造条件。如果不解决好民生、民富问题，民众会有怨气，民众表达诉求就可能不合理。在这种情况下，如果过早、过急和过度推进民主化，有些人就会借民生、民富问题解决不好而攻击我们党。在解决民生、民富问题的基础上，我们党又强调不断扩大民主。我们之所以循序渐进地推进民主化进程，源于对民主有着符合历史发展进程与中国客观条件的正确认识，即民主是伴随着经济社会文化的发展不断扩大的。

实践证明，这样的道路具有鲜明优势，是促进中国发展并取得辉煌成就的正确道路，其正确性与合理性源于它坚持遵循历史发展规律和人民主体地位相统一的方法。因而，我们应坚定对中国道路刻骨铭心的自信，并在发展进程中进一步完善这一道路。用“发达国家现代化模式”对中国道路提出质疑，就是未认识到，我们党选择的这条道路，既符合中国社会历史发展规律，也符合中国人民的主体需求。进一步具体来说，当代中国共产党人必须毫不动摇地坚持走中国道路，坚定“道路自信”。习近平总书记三番五次强调“自信”问题。2013 年 3 月 23 日，正在俄罗斯访问的中国国家主席习近平在莫斯科国际关系学院发表重要演讲，在阐述中国对当前国际形势的看法、中国的外交方针和发展中俄关系的主张时提出的“鞋子合脚论”，无疑是“道路自信”的表现。他说，鞋子合不合脚，自己穿了才知道。一个国家的发展道路合不合适，只有这个国家的人民才最有发言权。“鞋子合脚论”本是一个浅显又通俗的道理，用来说明一个国家的发展道路，又显得十分深刻。“鞋子合不合脚，自己穿了才知道”这句话朴实无华，却富有哲理，浅显易懂，却意味深长。单从字面理解，它起码蕴含两层含义。第一，鞋子是大是小，是松是紧，应该以脚的舒适度为宜，别人的鞋子再漂亮，未必适合自己的脚，盲目穿别人的鞋子，不一定合脚；第二，什么样的鞋子合脚，脚最清楚，穿鞋的人最有发言权，别人说合脚抑或不合脚都代替不了自己的真实判断。“鞋子合脚论”，通常用在婚姻上，比如两口子过日子，其中甘苦不足为外人知道，外人艳羡不已或指指点点都是一知半解，婚姻中的两口子最能感知甘苦。而习近平总书记把这句话用在发展道路上，显得别致而新颖，恰如其分又举重若轻，让人想到“治大国若烹小鲜”，更让人坚定道路自信。坚定道路自信，就要既不走封闭僵化的老路，也不走改旗易帜的邪路；坚定道路自信，才能更好地实现国家富强、民族振兴、人民幸福。

五、领导工作方法

把社会结构分析方法和过程分析方法转化为我们领导干部的工作方法，就是要运用结构思维和过程思维来发现并分析我们工作中的问题，把结构调整和定位、定标、定法作为我们推进各项工作的重要思路。就是说，要善于把结构思维和过程思维作为我们发现问题、分析问题、解决问题、做好各项工作的一条重要思路。

（一）把结构调整作为做好各项工作的基本思路

社会结构分析方法，意味着任何事物都是一种结构性存在，事物的结构状况影响事物的发展状况。结构，指的是构成一事物各要素之间的比例、顺序、关系，它决定着事物的本质。饮食结构影响身体状况，房屋结构影响心情状况，交通结构影响交通状况，就业结构影响就业状况，知识结构影响思维方式和行为方式，人格结构从主观上影响人生命运。领导干部要把结构调整作为推进各项工作的基本思路。

在经济建设领域，领导干部要注重调结构、转方式、保增长。经济结构决定经济发展方式。转变经济发展方式的主攻方向就是“经济结构的战略性调整”，它主要包括所有制结构、分配结构、经济增长的要素结构、产业结构和投资结构等。就是说，经济领域中的问题最根本的是经济结构问题，解决经济问题的根本思路首先是调结构。如经济增长的要素结构决定着经济发展方式。

在政治建设领域，领导干部要把调整不合理的权力结构及其运作方式当作推进政治体制改革及政府行政体制改革的根本路径。今天我国的政治体制改革遇到了“难啃的硬骨头”，这就是“权力结构”。马克思的唯物史观运用“结构方法”分析社会历史，对我们有启示意义。按照马克思的社会结构理论，社会结构是由生产、经济、政治和文化等因素构成的，社会结构状况影响着社会发展和人的发展状况，其中经济因素起最终决定作用。正如恩格斯在《共产党宣言》1883年德文版序言中所说的：“贯穿《宣言》的基本思想：每一历史时代的经济生产以及必然由此产生的社会结构，是该时代政治的和精神的历史的基础。”[1]这反映的主要是近代欧洲的社会结构状况。唯物史观是一种分析社会历史的方法，而不是到处可以套用的抽象的一般公式，“这些原理的实际运用，正如《宣言》中所说的，

[1] 《马克思恩格斯选集》第1卷，人民出版社2012年版，第380页。

随时随地都要以当时的历史条件为转移”[1]。马克思晚年为了检验唯物史观的普遍适用性，集中研究原始社会和东方社会，发现东方社会结构与近代西欧的社会结构不同。这种不同，就是我国的社会结构本质上属于社会层级结构。所谓社会层级结构，本义是指在传统政治国家领域中依据权力至上与权力大小而形成的权力级别阶梯和权力层级结构，后被延伸为在经济、社会和文化领域根据人和人之间之权力大小、地位高低、身份有别而建立的层级关系结构。这种传统的社会层级结构之核心是权力层级结构。要言之，中国传统的社会层级结构相对注重权力，所以马克思称之为“行政权支配社会”[2]。其蕴含的基本特征是：（1）在权力结构上，以权力为本，但经济权力、社会权力相对较小，因而总体上属于“金字塔式”的权力层级结构，一切资源相对容易向上聚集，一切指令相对容易向下贯彻，自上而下传达上层指令相对通畅，自下而上反映基层意见会相对遇到某种阻力；（2）在权力运作方式上（即政治体制。体制，指的是事物的组织形式、运行方式和基本形态），权力至上、权力自上而下运作、逐级管制而对其缺乏有效制约。由此重权力不大重能力，重管制不大重服务。显然，这种传统的社会层级结构注重的是权力层级以及地位层级、身份层级和关系层级。这种以权力层级结构为核心的传统社会层级结构有其存在的必然性和重要的合理性，对发挥政府主导作用、组织资源办大事和控制社会矛盾具有重大积极作用，必须继承、坚持和保留下来！但也是产生当今中国许多问题的一个“根”，是一些先进理念得不到有效贯彻落实的一个“根”，是影响党的执政基础和执政地位的一个“根”。中国的总问题说到底是结构性问题，因而社会层级结构是分析当今中国许多问题的一种工具。基本

[1]　《马克思恩格斯选集》第 1 卷，人民出版社 2012 年版，第 376 页。
[2]　《马克思恩格斯选集》第 1 卷，人民出版社 2012 年版，第 763 页。

面的问题努力解决但长期解决不了那就是体制问题，体制问题努力解决但长期解决不了那就是结构问题（解放思想——体制改革——结构调整）。比如，第一，一些地方之所以实行的仍然是粗放型经济增长方式，根本原因之一是缺乏自主创新能力，而缺乏自主创新能力与自上而下的“金字塔式”的传统社会层级结构有关。这种社会层级结构相对注重对人的管制而不大注重对人的解放与开发，往往重权力轻能力，重依附轻独立。第二，某些政府职能缺位、越位的主要原因在于传统的权力运作方式。这种运作方式相对固守权力，注重对资源的控制与占有，不大注重供给与服务，就是说重管制轻民主、重私人特权轻公共服务。本来，在市场经济领域，主要靠市场机制来配置资源，政府的职能主要是营造一个有利于公平竞争和创新的良好环境，然而某些政府工作人员却使权力市场化了，这叫作“越位”；本来，在社会公共领域，政府既要维护公平，又要为民众提供优质的公共产品与公共服务，然而某些政府工作人员却对收入分配差距调节不力，服务不到位，没有提供优质的公共产品，这就是“缺位”。由此，必须循序渐进地改造和调整传统的“社会层级结构”。这就是：把自上而下的“金字塔式”的社会层级结构，转变为在中国共产党领导下市场经济、社会组织和公共服务型政府所构成的“三维制约”的社会结构；通过大力发展社会主义市场经济以合理增强经济权力，通过稳妥培育与政府一心的社会组织以合理增强社会权力，从而把注重国家权力管制但对权力缺乏制约的权力结构，转变成在中国共产党坚强领导下的注重以政治权力为主导的经济权力、政治权力和社会权力相互制约、相辅相成的权力结构；当经济权力和社会权力大到一定程度后，就会产生“水涨船高”的“倒逼”效应，即转变政府权力至上且自上而下的权力运作方式，这就是：推动政府转变职能，创新政府管理方式（重法治和能力），鼓励和引导以政府主导为前提下的公民有序参与（重参与），加强对政府官员的行政问责（重问责），建立公共服务型政府（重服务）。在这里，中国共产党领导着市场经济、公共服务型政府和社会组织的建设！在我们党的执政基础发生了变化的条件下（由凭革命业绩、权力管制、工农联盟和人格魅力来执政，逐渐走向凭建设业绩、执政能力、人民群众认同来执政），这种改造更有利于巩固党的执政基础和执政地位，因为它由过去因“权”而威，走向了今天因“威”而权，增强了党的公信力和民众的认同度。

在文化建设领域，关键要处理好价值取向中主导价值与多元价值（一与多）之间的关系结构。在思想文化上，过去，我们只强调“一”而排斥“多”，结果出现了僵化；今天，在一些人那里淡化主旋律而强调多样化，结果出现了分化。僵化和分化对我们的思想建设、文化建设和意识形态建设都是有害的。由此，我们要积极建立“弘扬主旋律、提倡多样化”的关系结构，以避免“僵化”和“分化”，促进文化大发展、大繁荣。

在社会建设领域，核心是调整政府组织与社会组织、政府主导与民众参与之间的关系结构，即政府与社会组织、民众协商、合作共同治理社会事务。

（二）把定位定标定法作为做好各项工作的重要方法

如前所述，过程分析方法，就是把社会发展看作一个具有规律可循的历史过程，既不能完全用过去的陈旧思维来看待我们今天正在做的事，也不能把今天必须做的事留给未来，还不能把未来才能完成的任务拿到今天来做。一句话，不能随意脱离社会历史发展阶段，犯落后和超越历史阶段的错误。就是说，过于滞后不行，过于超前也不行，只有与时俱进才行。把过程分析方法转化为领导干部解决问题、做好工作的方法，就是要把“定位定标定法”作为推进各项工作的重要思路。

定位，就是领导干部做任何工作，都要注重把握历史方位、历史时期和历史发展阶段。“在其位谋其政”，在什么历史方位就解决什么问题、完成什么任务。不同时期有不同时期的问题和任务。要明确解决什么问题和完成什么任务，首先要明确我们处在什么历史方位、历史时期和历史阶段。邓小平同志提出我国处在社会主义初级阶段，就是这一方法的具体运用。1978 年之初，我们首要的根本任务是解放和发展社会生产力，以经济建设为中心，强调发展是硬道理。今天，我们依然要注重解放和发展社会生产力，以经济建设为中心，发展依然是硬道理。但与此同时，我们还要注重社会发展和人的发展，注重生态文明，注重促进公平正义、增进人民福祉，把公平正义也看作硬道理。党的十九大明确指出，中国特色社会主义进入了新时代，这是我国发展新的历史方位。这实质上就是“定位”。

定标，就是领导干部做任何工作，都要根据我们所处的历史方位、历史时期和历史发展阶段，明确所要解决的问题、完成的首要任务和实现的主要目标。我们只能根据现有的社会物质条件，提出所能解决的问题、所能完成的任务和所能实现的目标。邓小平同志强调，我国社会主义初级阶段的首要根本任务，就是解放和发展社会生产力。这是对“定标”方法的具体运用。党的十九大明确指出，新时代中国共产党的历史使命，就是实现中华民族伟大复兴。这也是对“定标”方法的具体运用。

定法，就是领导干部做任何工作，都要明确解决问题、完成任务和实现目标所应采取的合理有效的方法。方法取决于问题、任务和目标的本性。不同的问题、不同的任务和不同的目标应采取不同的方法。邓小平同志指出，解放和发展社会生产力，既可以利用先进的科学技术，又可采取市场经济和市场机制。这就是对“定法”方法的具体运用。党的十九大报告所讲的“两步走”战略安排，也是对“定法”方法的具体运用。

典型案例

主要讲如何把握力量转移的趋势和方式。

中国传统社会是一个权力高度集中且权力至上的社会。在这一社会，权力高于能力，“关系”大于能力。这种社会在一定意义上容易抑制人的自主创新能力，阻碍中国发展的步伐，曾导致中国落后。在当今中国，这种权力高于能力的“官本位”易导致自主创新能力不足，阻碍我国经济发展方式的根本转变。这是制约我国发展的一大软肋。坚持和发展中国特色社会主义，就必须克服这一软肋，注重提高和充分发挥人的自主创新能力。

从根本上解决人的自主创新能力的提高和充分发挥问题，需要借助历史唯物主义的社会结构分析和历史过程分析。

改革开放初期，历史发展要求我国必须尽快解决物质财富的积累问题。因此，不少地方主要通过“物质驱动”的路径来拉动经济增长。历史看，这是缺乏自主创新能力的中国必然采取的一种路径，它为我国经济社会升级发展提供了较为雄厚的物质基础，又较快提高了人民群众的物质生活水平。但今天看，这种路径使发展代价越来越大、发展空间越来越小、发展道路越走越窄。由此，我们应与时俱进地站在新的历史起点上，以等不起的紧迫感、慢不得的危机感、坐不住的责任感，加快经济发展方式转变，提高人的自主创新能力。尤其在我国发展起来以后使大国成为强国的新的历史方位中，我们要具有国际视野，深入研究大国崛起的规律和战略，建构国家发展的战略支点。通过总结主导社会历史发展的根本力量的演变轨迹和世界大国崛起的范例，我们发现，必须把“自主创新驱动”战略作为中国崛起的根本支点。过去，我们用发展的高速度拓展了我国发展空间，今后，我国必须依靠提高自主创新能力来占据世界发展的制高点。显然，提高自主创新能力、建设创新型国家，是决定中国特色社会主义建设的一个根本性、全局性、战略性问题。

在实施创新驱动战略进而逐渐强大的历史进程中，要特别关注并把握好力量转移的趋势和方式。世界范围内已发生数次力量转移。在农业社会，当时世界力量的核心主要在中国；1840 年以后，世界力量开始发生转移，第一次转移是欧洲的崛起，第二次转移是美国的崛起。当今世界正渐渐经历第三次力量转移的大趋势，世界力量中心开始逐渐转向亚太，以中国为代表的新兴国家的群体性崛起，已成为影响世界的一支重要力量。2007 年，在达沃斯举行的世界经济论坛年度会议上，世界经济论坛前任亚洲主管弗兰克·里克特说，年会最为引人注目的主题还是世界力量从西方转移到东方。我认为今年世界经济论坛年会的主题定得非常及时，因为我们要讨论力量的转移。……而中国和印度恰恰是这些变化的核心。当然，对这些过高评价，我们一定要保持特别的清醒！许多西方学者认为，根据人类历史上大国崛起的范例，新兴大国崛起并对主导大国带来的影响及围绕力量转移的争夺，引发战争的概率较高。力量转移研究专家奥根斯基认为，力量转移的方式主要是战争。然而，在力量转移进程中也存在权势和平转移的可能性和现实性：一是新兴大国走和平发展道路，警惕“2/3现象”发生（当GDP位居世界第二的国家经济总量接近美国经济总量的2/3时，会激发美国不满，促使其排外）；二是努力使主导大国包容新兴大国的发展；三是新兴大国具有坚守底线的“撒手锏”。因此，在实施创新驱动战略进程中，我们应以合作共赢、和平发展为核心理念，采取切实措施，积极构建新型国际关系，积极推进构建人类命运共同体，坚实走和平发展道路并创造和平发展条件，争取主导大国的包容，相对容忍因中国崛起所引发的争议和批评，刚性坚守我们的核心利益这一底线，积极争取“成为”强国的时间，真正走出一条不同于以往“大国之间必然对抗冲突”的新路来。

第五章
人本思维与尊重人、依靠人和为了人
——马克思主义人学

马克思主义哲学不仅包括唯物论、唯物辩证法、实践认识论和唯物史观，还包括人学。马克思主义哲学的人学思想主要体现在马克思主义创始人马克思、恩格斯的著述中。

在过去的马克思主义哲学教科书中，在马克思主义哲学基本原理的教学与研究中，我们对马克思主义哲学的人学思想关注不够。实际上，马克思虽然没有明确提出要建立一套相对独立完整的人学理论体系，但从其全部著述的深层理论结构可以揭示出其人学思想的基本框架和内容。人学，是马克思整个思想体系中一个不可或缺的相对独立的组成部分，也是整个马克思主义哲学极其重要的组成部分。就国内理论界而言，人学是马克思主义哲学研究的重要生长点。我国的人学研究自改革开放起步，直至今天可谓成果丰硕，特别是在对马克思主义人学思想的系统挖掘与建构方面，在对当代中国社会的人学研究方面，取得了很大成绩。

一、当代中国人学研究的兴起

人学是一种新的世界观和方法论，“人学”概念的提出代表一种新的哲学观念或理念，一种观察、分析世界的新视角和新方法。当代我国的人学研究，就是力求关注人的生存发展，提供一种观察、分析问题的新的视角、理念和方法。

传统的哲学教科书多讲物质、规律，对人尤其是个人讲得不够。当今人学之所以在中国兴起，有其深刻的背景。

首先，是哲学史根据。在哲学发展早期，“人”面临两种命运：一是人被淹没在自然、社会及宗教中，显得不独立；二是人被各种不同的哲学流派加以肢解，变成支离破碎的人。近代以来情况发生了变化：首先是把人本身从对自然、社会等客体的从属中相对独立出来并提升为主体；其次是把被哲学肢解的人整合成完整的人。这种变化蕴含这样的道理：人在世界中具有相对独立的地位和本质，哲学既要从外部世界理解人，还要从人的内在方面认识人。由是，人学作为哲学的当代主题形态才真正显示出来。既然如此，当代哲学就应把作为主体的完整的人作为自己专门的研究对象。哲学的当代主题形态主要是人学，实际上意味着对哲学与人学的关系做出了两个限定：一是哲学并不是在任何时代和历史时期都是人学，只是到当代，人学才在哲学中突出出来，所以我们用“当代”二字；二是哲学并不只是研究人而排斥对人以外的其他问题的研究，而是说哲学在当代研究的主题和重心主要是人的问题，研究人离不开外部世界，研究外部世界也要有“人”的眼光和尺度，所以我们用“主题”二字加以限定。同时需要说明的是，把哲学的当代主题形态看作是人学，并不意味着要抽象地夸大人的地位和作用，而是说当代哲学要加强对人的问题的科学研究，以对人的问题做出具有当代水平的科学理解。其原因在于，人一直是哲学的隐蔽主题，然而随着人的主体性、价值和意义等问题在当代获得全面展现，人本身却又陷入了重重困境，这使得人的问题进一步凸显为哲学探讨的主题，人的问题本身成为贯穿整个当代西方哲学演进的主线就是明证。人学作为哲学的当代主题形态，它所注重的既是在学理上全面完整地说清人，更重要的是它力求在提升时代精神的基础上锻造核心价值理念，为当代中国人的发展和经济社会发展提供价值支撑和精神支持。

其次，是科学史根据。近代以来人的各种科学独立发展起来，积累了关于人的丰富的实证知识。但各门科学在开始时并没有完整地研究人，反而使人变得支离破碎。对人的不同侧面加以认识而形成一系列的人的科学，是近代对事物进行分门别类研究这一科学发展的必然趋势决定的。科学发展到现代呈现出新的趋势，就是研究人的各门科学趋于结合，趋于综合人的科学提供的关于人的不同侧面的实证知识，把人作为统一的整体来把握。对这种趋势的反映和反思，必须有一种关于人的统一的基础学说即人学，来把关于人的各种科学之间的联系建立起来，既克服对人的片面研究的局限，又为一切有关人的科学的发展提供新的理论基础。

再次，是其文化学根据。以个人主义为核心的文化把人理解为具有独立价值的个人，以整体主义为核心的文化把人理解为只有在整体的关系中才能存在的人。这两种文化在一定历史时期都由于自身的局限而带来某种危机，危机的实质就是人性危机。克服这种危机的有效方法，就是重建一种完整的人性，并通过这种重建来实现文化的综合创新。

最后，是其时代或实践根据。真正的人学是自己时代的产物。当代中国发展究竟提出哪些体现着时代精神的深层问题呢？一是改革特别是社会主义市场经济体制的建立。从哲学角度讲，改革说到底是解放人和开发人，为人松绑，解决人的积极性、主动性和创造性问题。社会主义市场经济体制是充分利用人性和规范人性来运作的，它既要求相适应的人格作为它建立和发展的基础，又对人的发展产生正负影响，其最大的积极影响是促进独立人格的形成和人的能力的充分发挥，其消极影响是产生一定的人的物化现象。从现实看，当今中国的国民素质与市场经济体制的要求还不完全适应。从哲学高度讲，市场经济体制在表面上是“物”的问题，深层却是“人”（人性、人格、人的素质、人的能力、人的价值等）的问题。这必然促使人的自我觉醒。二是文化建设。在经济文化比较落后的中国建设社会主义，既要把经济建设放在突出位置，也必须把文化建设放在比较突出的位置。文化建设的实质和核心是提高国民素质，塑造社会主义现代新人，它是以人为本并解决人的问题的。为此就必须对“人”作专门、全面和深入的研究。三是当代中国的可持续发展。从哲学高度和深度来看可持续发展，其中心问题就是人的问题：它把人类作为发展主体；以人的全面和谐发展为理论根据；以人的素质的提高和能力发挥为实现条件；以代际和谐发展为核心内容；以改善和提高人的生活质量为最终目的。当代中国的发展过程也就是社会主义现代化的实现过程，而人的现代化则是关键。发展学家佩鲁指出，如果不从人的更高层次上去理解发展，对各种发展问题的理解和解决就难免是肤浅的、表面的。

此外，人力资源开发，实行人本的管理，提高领导干部队伍和国民的素质、思想政治工作等，都要求对“人是什么”和“人应如何做”这两大问题作专门深入系统的思考。

二、马克思主义人学的基本内容

所谓人学，在马克思主义哲学中，是指专门研究人的科学，是着眼于研究作为主体的人及其本质、存在和历史发展规律的科学。马克思主义人学的完整内容，可以分为人的本体论、人的社会观、人的历史观和人的价值观四个部分。马克思主义人学，是以马克思主义为指导，来研究人的本体论、人的社会观、人的历史观和人的价值观。

马克思主义关于人的本体论，尤其是关于人的存在和本质的观点，是马克思主义整个人学思想体系的前提、出发点和根据。其主要包括人的存在形态、人的存在特征、人的本质三方面基本内容。人的存在形态回答“人指什么”的问题，人的存在特征回答“人表现为什么”的问题，人的本质回答“人应是什么”的问题。综合来看，马克思主义认为人在现实中以四种基本形态存在：具有自然本性的自然的人，作为种属的一般形态的人类，作为不同社会类型的特殊形态群体（社会的人），作为人的个别形态的有个性的人。人作为自然的人具有自然本性，在很多方面具有“动物”性。人作为类存在具有类的共同性，即活动的自由自觉性、自由平等性、有机整合性和无限永恒性，这可与动物区别开来。在马克思主义那里，群体是指由某种共同纽带和社会关系联系起来进行共同活动的人的共同体。人作为群体存在具有共同规范性、共同目的性、群体意识性、频繁互动性、共同活动性以及共同的需要和利益。不同类型的社会群体把人和人区别开来。个人是人的一种最现实、最直观的存在形态，马克思主义将个人看作是从事活动的、在一定物质条件下能动表现自己的生命和个性的存在物。就人的存在特征而言，马克思主义主要从人的四种基本存在，即自然存在、类存在、社会存在和个性存在，进行分析。人作为自然存在物具有肉体需要、能动性、对象性、感性和受动性。人作为类存在的基本内容包括关系的共通性、类意识和自由自觉的生产实践活动。人的社会存在是人与人之间的差别性与共同性的统一，社会关系是人的社会存在的根本内容。不同的人承担不同的社会职能和社会关系。正是以人的这种社会差别性为根据，人们之间才发生社会联系和关系，才进行社会合作和交往，才意识到人与人之间的共同性。个人的个性存在包括两方面的基本内容：一是与类存在相对应的个人与个人间的差异性、独一无二性、不可取代性和自我性；二是与个人的社会存在相对应的个人的独特性、独立自主性和自由自觉性等主体性。就人的本质而言，马克思主义认为，现实的个人的本质就是：从事创造性生产劳动，因而是在一定的社会关系总和条件下能动地表现、实现和确证其自由个性和满足其需要。总之，在逻辑上，人首先是自然的人，然后是具有类特性的人，再是处在不同社会关系中的人，最后是具有不同个性的人。

以往的人学忽视人的社会性，离开人的社会关系考察人，所以不够科学。而当马克思主义认识到人的社会本质是一切社会关系的总和之后，便开始注意从社会关系出发来考察人的社会性，即人的社会存在或人的社会生活过程，这就是关于人的社会观。人的社会观是马克思主义对人学的独特贡献，在马克思主义人学体系中占有核心和基础的地位。其包括三个方面的基本内容：其一，人的社会性。在马克思主义那里，人的社会性主要有三层基本含义：合作性、群聚性和集体性，社交性和相互需要关系，社会规定性和制约性。其二，个人在社会生活过程中的地位和作用。个人在现实性上是一种社会存在，个人的社会存在即他的实际生活过程。社会生产、生产力和生产关系、社会利益、国家和社会意识等，都是从个人的一定实际生活过程中产生并得到说明的。它们产生之后，便成为个人活动借以实现的必然的社会形式。只要描绘出这一能动的实际生活过程，个人发展的历史便有规律可循。这样，个人在社会生活过程中既是前提又是结果，既是目的又是手段，既具有主体性又受社会制约和规定。而个人和社会、个人利益和人类社会利益的关系，是贯穿个人社会生活过程的一条中心线索。其三，自由人联合体。这是马克思主义对未来共产主义社会理想蓝图的一种展望。

自由人联合体具有如下本质特征：以自由个性为本位；以消灭旧式分工、利己主义的剥削以及已经发达的生产力为条件；以每个人的自由全面发展为原则；以达到人类社会发展和个人自由全面发展的和谐一致为目的。

马克思主义关于人的历史观在马克思主义人学思想体系中同样居于核心地位。在马克思主义看来，整个社会历史不外是人通过人的劳动而形成、发展的历史，人的发展是一个有规律的能动历史过程。依据人本身的发展状况，可以把历史发展划分为三大社会形式，或者说三大基本阶段。在《政治经济学批判（1857—1858年手稿）》中，马克思对此作了经典的论述："人的依赖关系（起初完全是自然发生的），是最初的社会形式，在这种形式下，人的生产能力只是在狭小的范围内和孤立的地点上发展着。以物的依赖性为基础的人的独立性，是第二大形式，在这种形式下，才形成普遍的社会物质变换、全面的关系、多方面的需要以及全面的能力的体系。建立在个人全面发展和他们共同的、社会的生产能力成为从属于他们的社会财富这一基础上的自由个性，是第三个阶段。第二个阶段为第三个阶段创造条件。"[1]按照马克思的分析，个人发展在其历史过程中表现为一系列的历史形式。这就是：依个人发展同社会劳动分工的关系，人的能力发展之本质特征表现为由原始的丰富经畸形发展到自由全面的发展；依个人发展的社会基础不同，个人的社会关系表现为由人的依赖关系经物的依赖关系到个人间的联系的全面发展；依个人发展之方式和性质不同，个人发展表现为自我牺牲经利己主义到个人发展与社会发展相一致的发展。

马克思主义在对人的问题作出科学分析的基础上，还对人的问题进行了价值观考察。这是马克思主义研究人的问题的落脚点。马克思主义关于

[1] 《马克思恩格斯文集》第8卷，人民出版社2009年版，第52页。

人的价值观，指的是对人进行价值考察而形成的思想观点，包括人的个性观、人权观、自由观等等。对人的个性的分析，是马克思主义关于人的价值观的出发点和根据。马克思主义是从三个不同角度来规定人的个性概念的：作为个人对外部世界独特的主体倾向性的个性，其内容主要有：个人能力、独立自主性、自由自觉性和积极能动的创造性；作为特定社会群体成员的个人所具有某种特殊社会特征的个性，大致包括个人特殊的社会心理特征、社会关系特征和道德精神面貌特征；作为个人在外部世界的个别存在形式的个性，内容主要包括：唯一性、不可重复性、独特性、自我性等。在人权问题上，马克思主义认为人权问题的提出，有其社会经济根源，是资本主义生产关系的产物。人权从来不是抽象的，而是具有社会性、阶级性，人权是随着社会发展而发展的，因而又具有历史性。人权在一定意义上是人的自由、平等、尊严、价值、人格和主体地位的价值确证。人权，一般包括普遍性人权、社会性人权和个人性人权。“人的自由”是马克思主义整个人学理论的落脚点和归宿，也是马克思主义研究人的问题的实质所在。在马克思主义人学视域中，自由是人的一种权利和追求，是人支配外部必然性的能力，是人支配自身并使外部必然性为人服务的能力。马克思主义人学的自由观体现了科学性与价值性的统一。

三、马克思主义人学的核心观点

马克思主义人学的内容极为丰富，在其完整内容中，在以马克思主义为指导的前提下，可以进一步提炼出以下三个核心观点。

（一）出发点：一切活动要尊重人

这主要是从我们从事一切活动的出发点来讲的。

在《德意志意识形态》中，马克思、恩格斯明确指出，他们的历史观的考察方法“不是没有前提的。它从现实的前提出发，它一刻也不离开这种前提。它的前提是人，但不是处于某种虚幻的离群索居和固定不变状态中的人，而是处在现实的、可以通过经验观察到的、在一定条件下进行的发展过程中的人”。“我们的出发点是从事实际活动的人。”[1]现实的人，总是处于一定历史发展阶段，具有一定愿望与需要，从事物质生产活动，处于特定社会分工与阶级、阶层关系中的人，“需要”“从事物质生产”和“社会物质生活条件”是理解现实的人三个基本要素。

从现实的人出发，就必须具体分析现实的人为了维持生命所应满足的肉体组织的需要；必须分析他所从事的物质生产；必须分析他从事的物质生产面临的社会物质生活条件；必须分析社会分工状况；必须分析与生产发展相对应的各个阶级、阶层的性质、特点、力量状况；必须分析整个社会结构状况。只有这样，我们才能理解与人有关的一切事物和对象，才能有效制定好与人有关的一切政策，才能进行好一切与人有益的活动。

由此，我们的一切活动都要从现实的人出发，要尊重人，不能只见活动不见人。只有这样，我们从事的一切活动才有基本遵循。

（二）事实维度：一切活动要依靠人

这主要是从社会历史发展的动力来讲的。

马克思主义认为，人民群众是社会历史的创造者，是社会历史发展的

[1] 《马克思恩格斯文集》第1卷，人民出版社2009年版，第525页。

决定力量。这就要求我们的一切活动都要依靠人。

人类社会生活的一切领域和社会历史过程都是由人类的实践活动，尤其是物质生产实践创造的，没有人的社会实践活动，就没有社会的一切，也就没有人类的历史。社会生活在本质上是实践的，而人民群众是社会实践的主体。因此，马克思主义认为，人民群众是社会历史的主体，是社会历史的创造者，是创造社会历史的决定力量。这是唯物史观的核心观点之一。

马克思主义产生以前，在社会历史观方面是唯心主义占统治地位。唯心史观认为，决定历史、决定人类发展的是某种神秘的客观力量，如“天命”“上帝”等等，而个别英雄人物则是“天命”“上帝”的体现者、化身、在尘世的代表。马克思依据唯物史观的生产实践观点，在深刻批判唯心史观的基础上，明确指出：“历史的活动和思想就是‘群众’的思想和活动。”“历史活动是群众的活动，随着历史活动的深入，必将是群众队伍的扩大。”[1]列宁把“历史活动是群众事业”的论点，称之为“历史哲学理论的最深刻最重要的原理之一”，强调“生气勃勃的创造性的社会主义是由人民群众自己创立的”。[2]毛泽东同志也强调：“人民，只有人民，才是创造世界历史的动力。”[3]

我们党的群众观点（一切为了人民群众的观点，一切向人民群众负责的观点，相信群众自己解放自己的观点，向人民群众学习的观点）以及群众路线（一切为了群众，一切依靠群众，从群众中来，到群众中去）的理论依据与基础，正是人民群众创造历史这一马克思主义人学的核心观点。

[1] 《马克思恩格斯文集》第1卷，人民出版社2009年版，第286、287页。

[2] 《列宁全集》第33卷，人民出版社1985年版，第53页。

[3] 《毛泽东选集》第3卷，人民出版社1991年版，第1031页。

由此，我们从事的一切活动都要依靠人，只有依靠人，我们从事的一切活动才会有动力。

（三）价值维度：一切活动要为了人

这主要是从社会历史发展的价值目标来讲的。

从价值观的角度来讲，马克思主义追求的是在社会历史发展基础上人的解放、每个人的自由全面发展。这里体现着浓厚的人文精神和深厚的价值关怀。这就要求我们的一切活动都要为了人。

由于革命战争时代的影响，过去，我们对马克思主义形成了这样一种看法，即认为马克思主义具有革命性和批判性，主要强调阶级斗争。然而，实际上，马克思主义绝不仅仅是一种具有批判性与革命性的学说，它不仅能够指导人们摧毁一个旧世界，更是一种建设性与发展性的学说，能够指导人们建立一个新世界。在价值观上，马克思主义所追求的就是在社会历史发展基础上追求的人的解放与每个人的自由全面发展。

马克思、恩格斯在《共产党宣言》中明确指出：“代替那存在着阶级和阶级对立的资产阶级旧社会的，将是这样一个联合体，在那里，每个人的自由发展是一切人的自由发展的条件。”[1]这是什么意思呢？就是说，我的发展不但不影响你、妨碍你的发展，反而会促进你的发展，每个人在发展上是相互促进的。换言之，人与人的关系、群体与群体的关系、个人与个人的关系是和谐一致、利益共享的，每个人都可以实现自由全面发展。在《资本论》第一卷第二十二章，马克思把共产主义称为“一个更高级的、以每一个个人的全面而自由的发展为基本原则的社会形式”[2]。这里的

[1]　《马克思恩格斯文集》第2卷，人民出版社2009年版，第53页。
[2]　《马克思恩格斯文集》第5卷，人民出版社2009年版，第683页。

全面发展，包括人的自我意志获得自由实现，人的各种需要、能力素质、个性获得充分发展，人的社会关系获得和谐发展等。社会关系的和谐能使每个人获得更为充分的全面发展，而全面发展的个人又成为推动社会和谐进步的动力。自由人联合体与每个人的全面自由发展相辅相成，最终要达到这样一种历史效果：在其中，每个人的自由发展是一切人的自由发展的条件，人们在发展中相互生成。人的发展与自我实现取决于人的自我奋斗，但是，其实现的程度与可能性却取决于人所处的社会关系。人与人在社会关系中相互联系起来，每个人都好像一个中心点，由此向外辐射出无数条人际关系线，而社会则是一个由无数个中心点、关系线构成的复杂网络，其中每一个人都能通过人际关系线与他点相连。这种全息性的交往关系决定了社会关系对于自我实现的积极意义。整个社会关系的全面深入的展现与异化性质的消除，必将促进人的本质的完善与优化。正是在这里，人类历史显示出其最为深厚的伦理底蕴：人的自我生成与相互生成。从观念觉悟层面来说，人们的思想觉悟和道德水平要达到一个历史的新高度，即超越“己所不欲，勿施于人”的消极道德原则，追求“己欲立而立人，己欲达而达人”的道德金律，生成真正的集体主义观念。每一个人都把他人看成全人类不可缺少的组成部分，人与人之间敞开自身、接纳他者、奉献于他者，真正形成了“人人为我，我为人人”的自觉意识。

《共产党宣言》中的这句话，最鲜明地体现了马克思主义的基本精神，亦即每个人的自由全面发展。正因如此，在 1894 年，当有人请求恩格斯为即将出版的周刊《新纪元》题词，希望恩格斯能用简短的字句来表述未来社会主义新纪元的基本原则，以区别于但丁曾经说过的“一些人统治，一些人受苦”的时候，恩格斯认为，《共产党宣言》所讲的这句话最合适不过了。

马克思、恩格斯不仅指出在共产主义社会中，人应该实现自由全面发展，还对共产主义进行了诗意的描绘。“任何人都没有特殊的活动范围，而是都可以在任何部门内发展，社会调节着整个生产，因而使我有可能随自己的兴趣今天干这事，明天干那事，上午打猎，下午捕鱼，傍晚从事畜牧，晚饭后从事批判，这样就不会使我老是一个猎人、渔夫、牧人或批判者。”[1] 在共产主义的视域中，直接形式的劳动不再是财富的巨大源泉，财富的尺度也必然不再是劳动时间，而是可以自由支配的时间，正是自由的时间使个人得到充分的发展。自由的劳动给每个人提供全面发展和表现自己全部（即体力和脑力）能力的机会，因此，劳动就从奴役人的手段转变为解放人的手段，从一种负担变成了一种快乐，成为生活的第一需要。同样，在这种直接的组织形式中，具有大量自由时间的人已经摆脱了那种强制的分工，虽然客观上仍有职业的区别。在这里，每个人成为自己生活的设计者，生活变成了个体的自我创造和个体间的相互创造；生产力高度发达，劳动时间大为缩短，每个人都有自由时间来实现自由全面发展，社会关系又高度和谐，社会成员肯定具有高度的幸福感，并且是一种普遍的幸福。利益的一致与共享，每个人能力的充分发挥，社会关系的高度和谐，人的全面发展，普遍幸福的生活，这就是理想社会的状态，也是马克思主义的价值追求。

由此，我们从事的一切活动都要为了人，只有为了人，我们从事的一切活动才会有意义。

[1] 《马克思恩格斯文集》第1卷，人民出版社2009年版，第537页。

四、人本思维

一切活动要尊重人、依靠人和为了人，意味着要确立人的主体性在马克思主义哲学中的地位。确立人的主体性，又意味着要确立以马克思主义为基础的人本思维。这种人本思维不同于人本主义。

在当代中国，要真正确立马克思主义的人本思维，就必须深入反思与批判物本思维和官本思维。也只有在对这两种思维的反思与批判中，我们才能形成对人本思维的深入理解，且更好地将人本思维落实于实践中。

物本思维过分关注物质财富的积累与创造，见物而不见人。在我们以往的发展中，由于历史发展的必然性，我们较为关注 GDP 的增长和物质财富的积累，追求经济增长的速度与数量，经济与社会发展表现出相当程度的“物本”倾向。这种追求具有一定历史必然性与合理性。但这种“物本”倾向，这种单纯对财富的追逐，已经导致整个社会（包括企业、政府、民众等）在很大程度上形成了一种急功近利与扭曲的财富观，使其为了追求资本与财富而不择手段，甚至漠视生命。发展的经验教训启示我们：我们不能为发展而发展，不能为生产而生产，这些都不是目的本身，而是在一定历史条件下推动人更好地发展的手段与方法。所有这些方面只有最终落实到广大社会成员的权益保障与全面自由发展上，才是正当的，这才是社会主义的真正目的。我们不能只见物不见人，为发展而牺牲人。如果不深入反思物本思维，真正确立人本思维，不关注广大人民群众生活水平的提高，不关注公民权益的维护，不将经济建设的成果真正落实在广大民众的需求满足、利益实现以及发展与幸福上，社会上的拜金主义就会泛滥，经济秩序就会失控，人际关系中最起码的伦理原则就会丧失，我们的社会主义建设就会丧失自身的价值宗旨与前进方向。

官本思维同样是与人本思维深刻对立而应予以反思、批判的。受传统文化和传统体制的影响，在我们现行体制中，存在着一定程度上的“官本位”现象。这种“官本位”反映在思想认识上即官本思维。按照官本思维，当官不是为了公众利益，而是为了个人的享受，为了个人利益。做官不是意味着责任，而是意味着特权。做官就有尊严，有权就有一切。它以官为贵、以官为尊，以是否为官、官职大小来衡量人们的社会地位和人生价值。邓小平同志曾经对官僚主义以及这种官本思维进行过深刻批判。在1980年《党和国家领导制度的改革》讲话中，他批判指出：“官僚主义现象是我们党和国家政治生活中广泛存在的一个大问题。它的主要表现和危害是：高高在上，滥用权力，脱离实际，脱离群众，好摆门面，好说空话，思想僵化，墨守陈规，机构臃肿，人浮于事，办事拖拉，不讲效率，不负责任，不守信用，公文旅行，互相推诿，以至官气十足，动辄训人，打击报复，压制民主，欺上瞒下，专横跋扈，徇私行贿，贪赃枉法，等等。这无论在我们的内部事务中，或是在国际交往中，都已达到令人无法容忍的地步。”[1]现阶段，干部队伍中存在的形式主义、官僚主义、享乐主义、奢靡之风“四风”问题，就是“官本位”的集中体现。今天强调以人为本，在很大程度上所针对和批判的，正是这样一种存在已久而又没有得到切实有效解决的“官本位”的现象与问题。只有有效消除官本思维，人本思维才能真正确立起来。

改革开放以来，在对官本思维与物本思维的逐步反思与批判中，中国人的思想观念和思维方式开始发生历史性变化，开始形成和确立一种以人

[1] 《邓小平文选》第2卷，人民出版社1994年版，第327页。

的主体性为核心理念的新的思维方式框架：人本思维。人本思维集中地反映、体现了我国改革开放以来人们思维方式所发生的框架性转变，也从思维方式上体现了人的现代化进程。

（一）注重“阶级性和人性相统一”

从 1921 年中国共产党的成立到 1978 年党的十一届三中全会的召开这 57 年的历史时期，尤其是在 1957 年到 1977 年这 20 年间，我们是比较强调阶级性的：人们往往认为人性就是阶级性，人和人的关系首要就是阶级关系。于是，我们比较强调从阶级立场上来看问题，运用阶级分析方法来分析一切问题（如划阶级成分），也比较强调阶级斗争和无产阶级专政。

今天，我们并没有放弃而且依然要坚持马克思主义的阶级观点。同时，我们党在制定路线、方针、政策方面，又要重视马克思主义所讲的人性，所确定的奋斗目标和工作举措更加人性化。比如“全面建设小康社会”宏伟蓝图的制定就使党的奋斗目标走进或贴近人民群众的现实需求，以人为本，反映了人性发展对推进人的全面发展的要求，奋斗目标更加人性化了。同时还强调在经济建设方面，要在生产发展的基础上，千方百计扩大就业，不断改善人民生活；在政治建设方面，要保证人民享有广泛的权利和自由，尊重和保障人权；在文化建设方面，要推动文化创新。这里，各项工作举措更注重符合人性发展的要求，着眼于促进人的全面发展，也更加人性化了。

（二）注重“共赢共生”

过去一段时期，我们比较注重“两极对立”的思维方式，处理问题往往强调“你死我活”“水火不容”“势不两立”。比如强调计划经济与市场经济“两极对立”。在今天，我们既要在统一中看到对立，也要从对立中看到统一。

时代和中国社会发展的实践要求在坚守我们的社会主义制度和马克思主义意识形态的同时，也需要确立“共赢共生”的思维方式。第一，中国的和平发展与和平崛起的道路，要求我们必须营造一个有利于和平发展的国际环境，必须最广泛最充分地调动一切积极因素，必须积极推动构建人类命运共同体。由此就必须处理好各方面的利益关系和内部矛盾，必须正确反映和兼顾不同方面群众的利益。第二，社会财富是在劳动、知识、技术、管理和资本等各种要素相结合的过程中共同创造出来的，因而，中国的改革开放和现代化建设需要把一切积极力量凝聚在我们党的周围，必须放手让一切生产要素的活力竞相迸发，让一切创造社会财富的源泉充分涌流，从而为发展不断增添新力量和新活力。第三，我国现代化建设基本上已经走过了“动员期”，各种要素和力量竞相迸发、涌流，现在，我们正进入对这些要素和力量进行调整和凝聚的“整合期”，因而所面临的主要问题，就是如何使这些要素和力量积极参与我国现代化建设，并在其中发挥积极作用，确立其地位。这一问题解决得好，就会增强我们党的凝聚力、创造力和战斗力；解决得不好，这些要素和力量就会对我国现代化建设造成消极影响。这就要求我们必须确立“共赢共生”的思维方式：尊重和实现共同利益，注重共同、平等、和谐发展。邓小平同志提出的“三个有利于”，就是要求我们从“你死我活”的思维方式中解放出来。党的十六大报告进一步继承和发展这一思维方式，更加明确、集中地强调“共赢共生”，也就是注重最广大人民的利益，注重互利合作，注重和谐相处，注重共同、协调发展。报告中提出的“一个调动”（要把一切积极因素充分调动和凝聚起来）、“一个确立”（确立劳动、资本、技术和管理等生产要素按贡献参与分配的原则，完善按劳分配为主体、多种分配方式并存的分配制度）、“一个促进”（促进区域经济主要是发达地区与欠发达地区协调发展）、“两让”（放手让一切劳动、知识、技术、管理和资本的活力竞相迸发，让一切创造社会财富的源泉充分涌流）、“两个毫不动摇”（毫不动摇巩固和发展公有制经济，毫不动摇鼓励、支持、引导非公有制经济发展）、“三个代表”（中国共产党要始终代表中国先进生产力的发展要求，始终代表中国先进文化的前进方向，始终代表中国最广大人民的根本利益）、“四个尊重”（尊重劳动、尊重知识、尊重人才、尊重创造）、“四个都要”（对为祖国富强贡献力量的社会各阶层人们都要团结，对他们的创业精神都要鼓励，对他们的合法权益都要保护，对他们中的优秀分子都要表彰）等观念，都充分体现了“共赢共生”的思维方式。新发展理念要求我们要树立和落实共享发展，也体现了“共赢共生”的思维方式。

（三）注重“后天作为”

过去，我们比较注重从历史必然性出发来论证中国社会主义存在和中国共产党执政掌权的必然性，认为中国的社会主义和中国共产党执政是中国社会历史发展的必然选择。这种思维方式实质上就是重历史必然而轻后天努力或作为。这种论证有一定的历史合理性，必须坚持！

在综合国力竞争日趋激烈的国际背景下，在实力竞争日趋激烈的社会主义市场经济条件下，在实力决定地位的时代，在人民群众的公平正义、民主法治、安全环境需要日益增长且对社会主义和中国共产党执政提出更高要求的情况下，仅仅满足于这种论证就显得不够了，还必须进一步从“后天作为”和“发展实力”即生成论的角度，来论证中国社会主义存在和中国共产党执政地位的现实必然性。邓小平同志提出的“三个有利于”观点，实际上就是告诉我们：在当今中国，在坚持注重“猫”的颜色的前提下，还要注重“猫”的功能；只有在“三个有利于”方面有所作为，才能不断巩固中国社会主义的地位；要建设合格的社会主义，关键在于要通过今天的发展，为其奠定雄厚的物质基础、国力基础和人的基础，这就要大力发展社会生产力，增强综合国力，提高人民的生活水平；社会主义的地位是靠后天作为和发展实力来生成和确立的，而不是先天给定的。这实际上是从“后天作为”和“发展实力”的角度谈论社会主义存在的现实必然性。实践表明，正是由于我们根据“三个有利于”来选择社会主义发展的正确方式，所以我国社会主义建设才显示出巨大的活力。后来江泽民同志提出的“三个代表”重要思想、胡锦涛同志提出的以人为本的科学发展观以及习近平总书记提出的新时代中国特色社会主义思想，都贯穿了这一思维逻辑。这一逻辑归结为一点：党的执政地位不是与生俱来的。特别是改革开放以来，党的多次代表大会报告都突出与强调党的执政能力，这意味着中国共产党应在自己的现实努力奋斗和有所作为中完善自己、巩固自己、发展自己、成就自己和确立自己。至此，生成论思维便真正确立起来了。

（四）注重“以人民为中心”

在我国 1957—1977 年这 20 年间，出现过以下两种倾向：要么见物不见人，即在社会生活和传统哲学教科书中，强调必然性、规律性和因果决定论的绝对性，而不大谈人的主体性、人的个性、人的自由和人的权利；要么谈“人”色变，把“人”的问题看作资产阶级的专利而加以批判。其结果就是既抑制了广大人民群众的积极性、主动性和创造性的充分发挥，也阻遏了社会主义优越性的充分发挥，给我国社会主义事业造成了致命危害。之所以会出现这样的问题，根本原因在于：封建专制文化遗毒的消极影响使人们不够重视人的个性及其价值；“官本位”的社会运作机制使个人的发展问题得不到应有关注；用革命的方法搞建设，忽视社会主义建设自身的规律，忽视充分发挥每个人的创造潜能、能力和个性，也没有把个人的平等和全面发展看作社会主义的本质要求和应有之义；社会生产力水平低下，使人们往往注重用经济发展的方法来解决人的生存问题，人的生存问题掩盖了“生存之后”的人的发展问题。

在我国改革开放和现代化建设进程中，以人为本的理念和思维逐步确立起来。在经济发展、社会发展和科技发展过程中，人们逐渐认识到社会主义制度的优越性和生命力的显现，不仅要靠更高的劳动生产率，而且要靠人的全面发展，认识到人才在社会主义现代化建设中的重要作用，因而提出必须把以人民为中心作为社会主义建设的一项重要战略任务来抓，也提出了人的现代化是关键以及“两手抓、两手都要硬”的思想；知识经济日益向我们逼近，在知识经济时代，世界的竞争根本上是人的素质和人才的竞争，由此，人的知识、智力和创新能力将成为主要的生产要素和财富，也将成为整个社会发展的主导力量。社会历史越往后发展，人在社会历史发展中的主体地位和作用就越突出，也就是说，在知识经济时代，以人为本的理念将真正确立起来；全面建成小康社会需要人才作保障，以人民为中心也是我国社会主义现代化建设实践提出的一个紧迫而重要的课题，因为在进入全面建成小康社会、加快推进社会主义现代化的新的发展阶段，日益突出的问题就是，必须解决经济文化发展水平逐步提高之后如何进一步推进人的全面发展的问题，也要解决人的主体地位和作用日益突出的情况下如何以人的全面发展和人力资源开发来促进经济文化发展的问题；此外，增强党的执政能力，人才培育也是关键。

正是基于时代发展和中国社会实践的历史发展要求，我们党明确提出“人是生产力中最具有决定性的力量”“人才资源是第一资源”“人力资源能力建设事关中国经济、社会和科技发展的关键”“以人为本”“以人民为中心”等思想。这里的以人民为中心，就是尊重人（尊重人的独立人格、能力差异、创造个性和权利）、依靠人、为了人和塑造人。学术界在这方面也强调要理解人、尊重人和塑造人，关注人的生活世界，着力促进人的全面发展。

（五）注重“以民为本”

中国共产党是在经济文化落后的条件下通过武装夺取政权而开始执政的，也是在“时空压缩”背景中追求赶超战略的。由此，我国社会主义工业化的起步，主要是依靠国家政权对资源、社会力量的动员、组织和配置，国家的基本工业构架，特别是国防工业和国家战略防卫能力的奠基，也成为最初我国民族生存的必要条件。在这种情况下，社会经济发展战略的重点往往首先集中于“强国”这一目标，而“民生民富”的目标相对得不到应有的重视。于是就出现了“高积累低收入低消费”的现象。这在当时的历史条件下是可以理解的，也是必然的。然而，思想认识的片面性和计划经济体制运行的惯性，使奠定工业化道路时期形成的发展战略和发展目标被长期固定下来，而民生民富的目标却被置于次要地位。长此以往，就出现了国家实力增强而人民生活水平得不到提高的畸形发展现象，卫星上天了，而人民生活水平却提高缓慢，其代价不可忽视。

在总结社会主义建设历史经验教训的过程中，我们党逐步认识到，人心是最大的政治！离开人民生活水平提高的社会主义必然是受人民冷落的、进而失去人民信赖和拥护的冷冰冰的社会主义，是缺乏凝聚力、社会主义制度的优越性得不到充分发挥的社会主义。因此，必须实现发展理念、发展观、发展思想、发展思路和发展战略的转换，也就是把国家富强与人民幸福结合、统一起来，在继续强国的同时，也要把发展重点转到提高人民生活水平和生活质量上来，使人民生活水平由温饱到小康再到富裕，不断促进人的全面发展。改革开放以来，我们党的"民本"意识逐渐确立起来。从邓小平同志的"三个有利于"，到江泽民同志的"三个代表"重要思想，到胡锦涛同志的以人为本与和谐社会理念，再到习近平总书记关于以人民为中心的发展思想，鲜明地表明党的执政目的是为了人民。这一走向，其意义是不可低估的。

党的十八大以来，以习近平同志为核心的党中央提出实现中华民族伟大复兴的中国梦，强调国家富强、民族振兴、人民幸福，把国家富强、民族振兴看作人民幸福的基础和前提，同时又把人民幸福看作国家富强、民族振兴的落脚点和目的，强调中国梦归根结底是人民幸福之梦，更是充分体现了以民为本的思想。

五、领导工作方法

人学理论和人本思维对我国改革开放和社会主义现代化建设具有重要

的指导意义。领导干部在工作中，应自觉运用人学理论和人本思维来解决问题、做好工作。

（一）坚持人本理念，用“人”的眼光观察问题

人学既为当代中国的发展提供核心理念，也为人们分析和解决问题提供新的视角和思维方法。人学所提供的理念主要是“以人为本”和“人力资源是第一资源”，所提供的分析和解决问题的新的视角和思维方法，主要就是对人的现实关切和终极关怀，就是把人视为各项活动的主体，就是一切工作要看对人的生存和发展是否有利，就是一切工作都要为了人、依靠人和塑造人。这种理念和思维方法对领导干部做好各项工作是直接相关的，也是有利的。所以，各级领导干部要在经济工作、政治工作和文化工作等各项工作中，始终坚持“以人为本”，把人力资源看作本部门的第一资源，且在工作过程中力求做到为了人、依靠人和塑造人。这应是一个总的工作方法。

（二）确立能绩本位理念，解决发展活力问题

当前我国正在健全完善让市场在资源配置中发挥决定性作用的体制机制。市场经济不仅是一种资源配置方式，从更深层的意义上讲，也是一种社会关系以及由此而产生的文化价值观念。当代市场经济的“核心价值观”是什么？它不同于奴隶社会的“血统本位”价值观，不同于封建社会的“权力本位”价值观，也不同于资本主义工业化时期的“金钱本位”价值观，社会主义市场经济内在要求确立“能绩本位”的核心文化价值观。我们正在完善的市场经济体制，就是要充分发挥人的能力，市场经济就是能力经

济，市场竞争就是能力竞争；我们建立的现代经济体系及其社会主义现代企业制度，就是要营造一个使人的创新能力得到充分发挥的环境和氛围；我们确立的按劳分配和按生产要素分配的制度，实质就是建立一种各尽所能的激励机制；股份制的魅力，就在于通过合理的利益驱动和追求资本增值的冲动促使人发挥其创造能力；非公有制企业营造的也是一个使人的能力得以充分发挥的王国；就业难的“残酷”现实启示人们，要转变观念，市场经济没有什么“救世主”，不能等靠要，要学会自立，而自立则主要靠其能力，人必须充分发挥其能力才有立足之地，才能解决自己的生存问题；我们现在建立的民主政治，其实质就是营造一个公平竞争的环境，为贤能之士脱颖而出提供条件，就是消除权力、“人情关系”、门第的影响；现在进行的用人制度改革，实质上也是在政治过硬的前提下，鼓励人充分发挥其才能；素质教育，就是避免高分低能，培养能力全面发展的人；把促进公平正义作为全面深化改革的出发点和落脚点，本质上是倡导人们各显其能。当今社会，影响社会发展的力量正在逐渐向自主创新能力转移这一趋势，要求我们把“能绩本位”作为社会主义市场经济的核心文化理念。能绩本位的实质，就是政治要过硬、本领要高强。

特别是随着市场经济逐渐走向智能经济时代，确立“能绩本位”理念更凸显其重要意义。以宏阔的历史视野观之，从哲学角度讲，在人类社会历史发展进程中，经济生产赖以支撑的战略性资源经历了几次大的转型。在农业经济时代，战略资源主要是人口与土地资源；在工业经济时代，战略资源主要是原材料、能源等物质资源；而在市场经济发展至智能经济时代，一个国家经济社会发展最主要的战略资源则是高素质、高技能并具有创新能力的人力资源。从一个方面来讲，21 世纪是智能经济时代，是知识社会。这样的社会在本质上要求确立“能绩本位”的价值观。智能经济时代是真正以人为本的时代，进一步说，它是以人的知识和能力为本的时代，智能经济就是要建立一个能力社会。

以能绩为本位，要求在当代社会主义市场经济条件下，社会成员的一切活动与一切关系应首先指向人的能力的充分正确发挥。当“能绩本位”价值观与当前社会一些价值取向，比如“关系”“人情”“金钱”“资历”“权位”“出身”等发生矛盾与冲突时，就应以“能绩”作为裁决的准绳，以“能绩本位”价值观为主导来统摄其他价值观。换言之，在现代经济社会的多元价值观念体系中，“能绩本位”具有基石和定向作用。

我国多年人学研究取得的一个重要成果，就是强调在我国社会主义现代化建设过程中，应紧跟智能经济发展的步伐，反映社会主义现代化建设对高素质人的要求，切实践行“能绩本位”理念，实行以开发人力资源为核心的发展战略，加强人力资源能力建设。由此，各级领导干部要在制定和实施以开发人力资源为核心的发展战略方面下功夫，发现、培育和使用好人才。

（三）制度安排要体现对人的关怀

传统陈旧的计划经济体制、分配制度和干部人事制度在一定程度上压抑了人的积极性、主动性和创造性的充分发挥，影响了社会生产力的发展。所以，现在各级领导干部面临的一项重要任务，就是进行制度创新。任何一种制度创新都有一个价值导向问题。我国人学研究的成果表明，当前我国的经济体制创新、产权制度创新、分配制度创新和干部人事制度创新的价值导向，应是积极有利于充分发挥人的创新能力，能体现对人的生存和发展的关怀。因此，各级领导干部在指导意识上必须清醒而明确地把对人的生存和发展的关怀，以及对人的创新能力的关注贯彻到制度创新的各个环节中去，使制度建设有利于人的创新能力的充分发挥。

（四）文化建设要落实到人的建设上

从人学视野来看，文化就其本质来讲有三种基本含义：它既是一种生活方式和思维方式，又是一种价值观，还是人格和个性的培育过程。这里，文化的作用更重要的就是对人的作用，即“化人”的本质是人化。就是说，文化是人的第二生命，它对人的影响是根本和长远的，文化的实质是塑造人格，改造和丰富人的内在精神世界。因而，文化建设关乎人的素质和人的精神世界，文化是什么样的，人也就是什么样的，文化建设应落实到提高人的素质和丰富人的精神世界上来。那种离开提高人的素质和丰富人的精神世界的文化建设，大多会流于形式。

由此，各级领导干部在领导本部门、本单位的文化建设工作中，既要注重文化的产业化，更要注重文化的人化，紧紧抓住提高人的素质和丰富人的精神世界这一核心问题进行文化建设。

（五）在组织中实施人本的柔性管理

每个领导都是某一单位或组织的领导，并在组织中实施管理。组织管理工作的状况如何，直接影响到组织和人的发展；况且，任何方针政策都要通过组织来落实贯彻，组织管理会影响到路线方针政策的贯彻落实。所以，领导应高度重视组织管理。根据我国人学研究的成果，领导干部应把组织积极建成一种人本化组织，实施人本的柔性管理。柔性管理，就是一种以人为中心的人性化管理，它在研究人的心理和行为规律的基础上，采用非强制的方式，依靠人性解放、权利平等、民主管理，在组织成员心目中产生一种潜在的认同、共识，从而把组织意志变为个人的自觉行动。柔性管理要求管理者进行换位思考，具有同理心，消除根深蒂固的等级意识，大力营造充满人性化的工作环境，尊重下属的人格和尊严，做到真诚相待、交流沟通、理解信任，切实关注与增进下属的福利与发展，激发成员的参与意识，为他们提供展示才华的平台与机会，在完成组织工作的同时实现组织成员的个人价值。真可谓：既要层层传导压力，也要层层传导关爱。

日本著名管理学家士光敏夫在《企业经营管理之道》一书中明确指出，今后的管理者，将是提出希望的人而不是命令者，是提供帮助的人而不是统治者，是具有同情心的人而不是批评者。日本著名企业家松下幸之助指出，在管理中，最重要的是尊重被管理者的独立人格，必须尊重他们的自尊心，也要敬重他们所代表的传统。赵凡禹与沈海霞在《领导六艺大全集》中提出，领导对员工的尊重可分为三个层次：第一个层次是尊重员工的人格。任何人都有被尊重的需要。员工人格一旦受到尊重，往往会产生比金钱激励大得多的激励效果。让员工感觉到自己的人格受到尊重，自然能够提高其行动的效率。第二个层次是尊重员工的意见。员工参与程度越深，其积极性就越高。在某些企业管理中，让员工自己做出承诺并尊重这种承诺的机会少，其直接后果就是：员工对组织提出的宏伟目标没有亲和力，事不关己、高高挂起，管理者豪言壮语，员工置若罔闻。尊重员工的意见，就是要让员工自己管理自己，自己做自己的主人，充分发挥参与式管理的作用，且利用团队建设，实现团队的沟通与互动，提高组织效率。第三个层次是尊重员工的发展需要。员工在工作中不仅仅是为了追求金钱，同时还在追求个人的成长与发展，以满足其自尊和自我实现的需要，一些高新技术产业尤其如此。在其中，绝大部分人都有自己的职业计划，在自己的职业生涯中有意识地确定目标并努力追求目标的实现。企业应该了解员工的职业计划，并通过相应的人力资源政策，帮助员工完成自己的职业计划，使之有助于企业目标的实现。企业对员工职业计划的管理过程称为职业管理，它应该为员工设计职业发展、职业援助计划，通过员工职业目标上的努力，谋求企业的持续发展。它需要帮助员工完成自我定位，帮助员工克服在完成职业目标过程中遇到的挫折，鼓励员工将个人职业目标同企业目标统一起来。[1]

事实证明，实行柔性管理，对组织成员给予关心、爱护、尊重、信任、平等，对组织的发展具有至关重要的意义。比如，对一个企业来说，对员工的信任与尊重，会换来他们对企业的责任感，极大地推动企业的发展。“给予就会被给予，剥夺就会被剥夺。信任就会被信任，怀疑就会被怀疑。爱就会被爱，恨就会被恨”，这就是心理学上的互惠关系定律。这种互惠关系定律可概括为“人与牛”的辩证法：当组织把其成员仅仅当牛来使用的时候，只让他拉车，不让他吃草，他就开始发牢骚了，他说“我是人，我不是牛”，他就会磨洋工，不好好干，结果会怎么样呢？一定是蛋糕做不大，效率出不来。换一种思路，当领导把下属当人看，尊重他、关心他、爱护他，那么，人心都是肉长的，下属就会认为，他的组织对他这么关怀，他就要好好回报！怎么回报呢？他就会埋头拉车，发扬黄牛精神。你看，当你把他仅仅当牛使的时候，他偏要做人；而当你把他当人看的时候，他甘愿做牛！这就是“人与牛”的辩证法。领导者尊重人，下属的黄牛精神就出来了。

[1] 赵凡禹、沈海霞编著：《领导六艺大全集》，企业管理出版社 2010 年版，第 72 页。

典　型　案　例

基于以人为本所要求的尊重人、依靠人和为了人来对待改革，是运用马克思主义人学理论和人本思维的典型案例。

马克思主义人学理论聚焦到一句话，就是以人为本。以人为本落实到思维方式与实践上，就是一切要尊重人、依靠人和为了人。把一切要尊重人、依靠人和为了人与改革联系起来，那就是改革只有尊重人才有基本遵循，改革只有依靠人才有动力，改革只有为了人才有意义。

尊重人，应是全面深化改革的基本遵循。我们所要进行的全面改革应遵循什么样的基本原则和尺度？当然要坚持“四项基本原则”。这是政治原则，管政治方向，应当永远坚持！同时，还应坚持“尊重人”这一基本原则。尊重人，包括尊重人的基本需要，尊重人的能力的充分发挥，尊重人和人之间所应具有的平等与和谐的关系，尊重人的创造个性。改革，说到底，是在坚持正确的政治方向的前提下，围绕“人”的需要、能力、关系和个性而进行的。1978 年我国开启的改革开放，就是尊重广大人民群众的选择，着重解决人民群众的物质生活水平（或温饱）与生产劳动的积极性、主动性、创造性这两个重要问题。我们把社会主义市场经济作为改革的基本方向，同样是为了解决这样两个问题。今天我们推进的全面深化改革，把促进公平正义、增进人民福祉作为出发点和落脚点，更是尊重人的集中体现。

依靠人，会使全面深化改革具有动力。广大人民群众是全面深化改革的主体。主体是什么样的，改革往往就是什么样的。今天我们所推进的全面深化改革，是攻坚克难的改革，是深水攻坚的改革，是“涉险滩”的改革，是需要以“壮士断腕”精神和“敢于担当”精神进行的改革。这样的改革要破除各方面体制机制弊端，要破除利益固化的藩篱，要破解发展进程中面临的一系列突出矛盾、难题和问题。要顺利推进这样的改革，必须依靠广大人民群众，努力凝聚广大人民群众的改革共识与合力，积极吸引广大人民群众参与进来，汲取广大人民群众的改革智慧，把广大人民群众当作全面深化改革的中坚力量。只有这样的改革，才会生成出源源不断的动力。否则，改革是难以推进和深入的，全面深化改革的艰巨任务也难以完成。改革开放几十年来，我国经济社会发展之所以能够取得举世瞩目的成就，一个根本原因，就是随着社会主义各项建设的不断推进，全国各族人民的创造性、积极性和主动性被充分激发，广大人民群众发挥出巨大的创造能量与活力。正像邓小平同志指出的：“改革开放中许许多多的东西，都是群众在实践中提出来的。……乡镇企业是谁发明的，谁都没有提出过，我也没有提出过，突然一下子冒出来了，发展得很快，见效也快。家庭联产承包责任制也是由农民首先提出来的。这是群众的智慧，集体的智慧。”[1]特别是随着改革的推进，我们面对着很多新的问题、新的挑战，要解决这些问题、应对这些挑战，只靠党和政府不行，特别要依靠广大人民群众的智慧和创造性。广大人民群众生活在社会基层，对很多问题了解得更直接、更透彻，也往往会在实践中找到解决问题的办法，所以要尊重人民群众在实践中创造的新经验。党的十八届三中全会指出全面深化改革要进一步解放思想、解放和发展社会生产力、解放和增进社会创新活力，就是改革要依靠人这一思想的集中体现。

---

[1] 《邓小平年谱（1975—1997）》下卷，中央文献出版社 2004 年版，第 1350 页。

为了人，会使全面深化改革具有意义。从改革的出发点和落脚点来讲，从归根结底的意义上，改革就是为了人，就是增进人民福祉。从基本目标来讲，是为了改善人民群众的生活。从最终意义来讲，是为了让人民群众过上幸福生活，使人获得自由而全面发展。如果我们的改革背离“人”，甚至伤害人、牺牲人，或以牺牲人的发展为代价，它是根本难以推进的，甚至会遭到人民群众反对。比如经济发展以牺牲环境为代价的改革，使一部分人的发展牺牲另一部分人的发展为代价的改革，分配不公的“不好的改革”，用陈旧落后思维所开展的改革等，都不具有积极意义，最终会使人远离甚至反对改革。

第六章
西方马克思主义的基本观点及其方法论启示

学习哲学，也要在坚持马克思主义为指导的前提下，适当、合理学习当代西方马克思主义的哲学思想，并从中获得有益的方法论启示。

一、西方马克思主义的演进历程

西方马克思主义是产生于西方资本主义国家，植根于欧洲大陆，渊源于马克思主义，开始于20世纪20年代，繁盛于20世纪五六十年代的一股左翼思潮，是在20世纪历史文化背景下，一批西方资本主义国家的知识分子根据时代变化重新解读马克思主义和分析社会现实的产物，是20世纪具有国际性影响的西方社会思潮之一。它试图运用马克思主义理论对西方社会现状进行解读，对现代社会的种种问题进行分析，在当代西方新的历史条件下坚持和发展马克思主义。“西方马克思主义”一词最早由德国共产党理论家柯尔施在1930年提出，当时指的是，以卢卡奇和他自己为代表的、不同于第二国际和第三国际的正统马克思主义的一股马克思主义研究思潮。按照出现时间先后排序，西方马克思主义主要有早期西方马克思主义、法兰克福学派、弗洛伊德主义的马克思主义、存在主义的马克思主义、新实证主义的马克思主义、结构主义的马克思主义、生态学马克思主义等学派。

20世纪人类文明发展的总主题，是工业文明全面走上历史舞台，并彻底改变了世界面貌。这就决定了20世纪西方马克思主义研究的总主题是对工业文明的反思。此外，在20世纪世界发生了许多影响深远的巨大变化和重大事件，时代不断提出新的问题。针对这些新问题，西方马克思主义的研究主题也相应发生变化，由此西方马克思主义的发展历程大致可以分成三个阶段：一是形成时期（20世纪20—30年代），西方马克思主义研究的核心主题是对无产阶级革命道路的探索；二是拓展繁盛时期（20世纪30—60年代末），核心主题是法西斯主义批判、发达工业社会批判、人道主义和反人道主义；三是转型时期（20世纪70年代至今），核心主题是生态危机批判。

（一）第一阶段：对无产阶级革命道路的探索（20世纪20—30年代）

这个阶段的主要西方马克思主义流派是早期西方马克思主义，其代表人物是卢卡奇、柯尔施、葛兰西等。针对以泰勒制和福特制生产方式为基础的工业化资本主义，他们把探讨重点放在阶级的意识形态上，强调意识革命和夺取文化领导权，注重对无产阶级革命道路的探索。

面对十月革命的胜利和20世纪20年代中西欧无产阶级革命的失败，卢卡奇、柯尔施、葛兰西等革命理论家在反思第二国际“经济决定论”的基础上，从中西欧具体情况出发，对发达资本主义国家无产阶级革命道路进行了探索。通过“总体革命”这个概念，卢卡奇强调文化的极端重要性，由此奠定了西方马克思主义文化批判的基调。葛兰西针对中西欧革命的失败，提出了著名的文化领导权理论。可见，卢卡奇、葛兰西等主张的革命道路，既不是政治先行的十月革命式无产阶级暴力革命道路，也不是经济先行的第二国际改良主义道路，而是文化先行的以文化和思想革命为先导的总体革命道路。卢卡奇、葛兰西、柯尔施等理论家对欧洲具体条件下无产阶级革命道路的探索，开创了一个正统马克思主义之外的马克思主义思潮，即西方马克思主义。

（二）第二阶段：对资本主义和现存社会主义的批判性反思（20 世纪 30—60 年代末）

第二阶段是西方马克思主义的理论拓展与逻辑深化时期。这个阶段的历史大背景是，主要资本主义国家进入发达工业社会，社会主义迅速发展并与资本主义对峙。这一时期发生的一些重大事件，如法西斯兴起、二战、苏共二十大等，触发了西方马克思主义者对资本主义和现存社会主义的思考。这一阶段西方马克思主义进入了繁盛时期，出现了一些有重大理论影响的流派，如法兰克福学派、弗洛伊德主义的马克思主义、存在主义的马克思主义、结构主义的马克思主义、新实证主义的马克思主义等。具体来说，西方马克思主义在这一阶段的研究集中于以下四个主题。

1. 法西斯主义批判

弗洛伊德主义的马克思主义学派将弗洛伊德的精神分析理论与马克思主义相结合，对法西斯兴起的原因进行了深入探讨。赖希认为，马克思主义虽然正确地强调社会经济、政治因素对社会意识的作用，但是没有进一步解释经济过程与意识形态是如何相互作用的，所以要把弗洛伊德的精神分析学说与马克思主义结合起来。赖希认为，法西斯主义的成功应该归功于大众而不是希特勒，正是大众的畏惧自由、渴望权威的性格结构，使得希特勒的宣传能够见效。而这种性格结构是普遍的压抑造成的，因此消灭法西斯主义首先要消除压抑，改变人的性格结构。[1]

2. 发达工业社会批判

20 世纪，发达资本主义社会中的人们经历了深刻的文化冲突和文化危机，文化层面的问题上升成为各种社会矛盾的集中点。西方马克思主义继承马克思异化理论的文化批判精神，在吸取西方当代思想资源（如韦伯合理化理论等）的基础上，对发达工业社会进行了深入批判，揭露了发达工业社会的普遍异化状况及其深层原因。具体来说，西方马克思主义者主要是法兰克福学派从以下五个方面，展开了对发达工业社会异化的揭露和分析。

第一，启蒙精神批判。法兰克福学派的霍克海默和阿多诺在《启蒙辩证法》一书中批判地指出，启蒙的根本目标是要使人们摆脱恐惧，树立自主性，但是，被彻底启蒙的世界却笼罩在灾难中，这灾难是启蒙的胜利所带来的。换言之，启蒙是要用理性的正义来取代神话的非正义，通过启蒙理性来消除神话，但当理性发展到极端，成为支配一切的力量时，理性本身也就成为一种统治和压迫力量，走向了它自身的反面，以解放人为目的的理性工具最终变成了统治和奴役人的工具理性。[2]

第二，工具理性批判。在法兰克福学派看来，工具理性一方面推动了科技进步和工业文明的发展，另一方面又排斥了价值理性，不仅导致了人与人关系的异化，而且导致了人与自然关系的恶化，并带来了人本身的异化。具体来说，工具理性使人思维程式化，这就意味着人丧失自我，而自

[1] 〔美〕赖希：《法西斯主义群众心理学》，张峰译，重庆出版社 1990 年版，第 70—74 页。
[2] 〔德〕霍克海默、阿道尔诺：《启蒙辩证法》，渠敬东、曹卫东译，上海人民出版社 2006 年版，第 18—22 页。（阿道尔诺现通译名为阿多诺。）

我的丧失也就等于自由的丧失；它又使人只关注计算、手段、效率、功用而回避那些终极性问题，忽视了人的生存的意义与价值，消解了人的生命的价值维度。

第三，科学技术批判。法兰克福学派承认科学技术的后果具有双重性，但侧重点在于揭示科学技术发展对人类社会的负面效应。在他们看来，现代科学技术履行着意识形态职能，从解放人的力量变成了统治人的力量和“技术恶魔”，压抑了人的创造性和自由个性。哈贝马斯更是直接将科学技术指认为意识形态。霍克海默和阿多诺还从对科学技术的批判深入到了对技术理性的批判，认为技术理性主义认定科学技术有发展的无限潜力和解决问题的无限能力，这是一种科学技术万能论。

第四，大众文化批判。在法兰克福学派看来，流行于发达工业社会的大众文化并不是服务于大众的通俗文化，而是利用科技手段大规模复制、传播文化产品的娱乐产业，它以市民大众为消费对象，按照某种标准进行商业制作，单调重复、整齐划一，控制和操纵人的思想和情感，压抑和抹杀人的个性，具有虚假性、欺骗性、肯定性、单向度的特征，实际上是反文化。文化工业的出现使得文化产品可以通过“标准化”的模式进行大批量制造，结果必然使文化产品丧失应有的创造性和个性。这样的文化工业就具有了控制和操纵大众意识形态的能力，它对大众意识的控制和操控，主要是通过不断向人们提供整齐划一的、没有多少思想深度的大众文化产品来实现的。因此，大众文化是现代社会统治人们的一种新工具，在大众文化的统治下，大众丧失了批判意识，丧失了自己的判断和批判能力，所以霍克海默和阿多诺称大众文化是“欺骗群众的启蒙精神”[1]，是支持统治、维

[1] 〔德〕霍克海默、阿道尔诺：《启蒙辩证法》，渠敬东、曹卫东译，上海人民出版社2006年版，第107页。

护现状与麻醉群众的工具。

第五，消费社会批判。在西方消费社会还没有完全成型的时候，西方马克思主义者就对消费社会展开了批判。根据对人性的分析，法兰克福学派认为，追求物质享受不是人的本质特征，但在现代西方社会里，人们恰恰把物质享受作为自己最本质的需求，这种不属于人的本质需要范围的虚假需求是这个社会强加给人的。高兹提出了“需要的异化”这个概念，认为人们的消费已经不再完全表达自己的意愿，而是被社会的流行趋势所驱使，是一种虚假的需要，是异化了的需要，这种“不需要”的需要之根源，正是资本主义本身。马尔库塞指出，对于晚期资本主义来说，制造虚假的需求变成了它最必要的装置之一，实施强迫性的消费是现代西方社会统治人的最新的方式，把人变成贪婪的消费机器是现代西方社会得以发展的真正秘密所在。

3. 人道主义

在西方马克思主义的研究中，“人”是一个绕不开的话题。人的问题，构成了西方马克思主义研究中的总问题。1932 年，马克思的《1844 年经济学哲学手稿》首次发表。马尔库塞发表了长篇论文指出，《1844 年经济学哲学手稿》中的人道主义精神同整个马克思主义是一致的。弗洛姆指出，在 19 世纪，无人性意味着残忍，在 20 世纪则意味着精神分裂般地自我异化；19 世纪的问题是上帝死了，20 世纪的问题是人死了；过去的危险是人成为奴隶，将来的危险是人可能成为机器人。[1]

人本主义的西方马克思主义一般都认可人性的存在，把对人的研究归结为对人的本性的研究。在人本主义的西方马克思主义看来，只有把人的

[1] 〔美〕弗洛姆：《健全的社会》，欧阳谦译，中国文联出版公司 1988 年版，第 130 页。

问题搞清楚了，才能进一步去研究社会，即一方面研究现存的社会是否符合人的标准，另一方面研究按照人的标准应当建立什么样的社会。人本主义的西方马克思主义大多从自由自觉的活动这个维度来理解人的本质。人本主义的西方马克思主义充分高扬了人的自由和主体性，但是由于他们基本上撇开了人们在物质生产过程中建立起来的社会关系来研究人的本性，所以没有能够超出抽象的人本主义范围。在对马克思主义的理解上，人本主义的西方马克思主义认为，马克思主义就是关于人的学说，是“现实的人道主义”“贯彻始终的人道主义”“最高形式的人道主义”。人本主义的西方马克思主义者心目中的马克思形象是“青年马克思”，他们最推崇的马克思著作是《1844 年经济学哲学手稿》。在对社会主义的理解上，人本主义的西方马克思主义认为，社会主义的核心是关于人的自由和全面发展的价值追求，社会主义社会是一个合乎人性的社会。在他们看来，在发展生产力的同时，要提高人的自由，突出人的尊严和友爱，强调对人的普遍关怀，使人不仅作为阶级的人获得其解放的地位，而且要“使人真正地作为个人获得解放或主体性的地位”。人类文明或社会解放的目标，就是要使个人得到充分的体现，实现人性的充分发展。

4. 反人道主义

20 世纪 50 年代末，西方马克思主义内部发展出了科学主义的向度，它力图与人本主义的西方马克思主义强调主体性原则的倾向相抗衡，试图通过使马克思主义成为实证意义上的科学体系，恢复马克思主义的唯物主义本性。结构主义的马克思主义代表人物阿尔都塞反对萨特的人道主义对人的抽象理解，通过论证意识形态与科学的对立来说明马克思主义是一种“理论上的反人道主义”。他主张用结构主义方法，即强调事物各要素的结构关系的方法，来研究马克思主义，认为只有用社会结构各个要素的交互作用来说明历史的发展，才是科学的马克思主义。新实证主义的马克思主义者德拉 · 沃尔佩否认马克思与黑格尔的思想联系，强调卢梭和康德对马克思的影响，认为马克思主义是一门经验科学，“马克思的辩证法是现代实验科学的唯物主义逻辑”。科学主义的西方马克思主义者心目中的马克思形象是“成年马克思”，他们最推崇的马克思著作是《资本论》，认为只有《资本论》才真正展现了马克思理论的科学性。

（三）第三阶段：生态危机批判（20 世纪 70 年代末至今）

在这个阶段，以福特制为基础的工业化资本主义转向了以弹性生产方式为基础的后工业化资本主义或晚期资本主义，并进一步发展为全球资本主义。相应地，西方马克思主义的理论越来越走向多样化，边界越来越模糊，西方马克思主义不再作为一个相对统一的思潮而存在，但仍未完全退出历史舞台。生态危机批判理论，可以说是西方马克思主义这棵老树上的一朵新葩。

随着资本主义生产和消费的规模不断扩大，资源的枯竭和环境的破坏也越来越触目惊心。西方马克思主义者开始从生产方式、制度上来考虑生态问题，把生态学和马克思主义结合起来进行研究，思考生态危机的根源和克服生态危机的对策。在生态学马克思主义看来，生态危机是与消费主义和技术理性关联在一起的，因为无止境的物质消费必然带来对自然的无度索取、对资源的惊人浪费和对环境的肆意污染，而高度发达的科学技术如果失控，也必然加剧对资源的消耗、对环境的污染和对生态的破坏。高兹指出，资本主义对利润的无尽追求必然破坏生态环境，资本主义的危机从本质上说就是生态危机。因此，保护生态环境的最佳选择是先进的社会主义。当然，这种社会主义不能照搬现有的经济模式，而应该限制消费、降低生产，扭转浪费资源、破坏生态平衡的趋势。

二、西方马克思主义的基本观点

（一）从总体性角度考察事物

在马克思主义哲学中，整体性的最根本含义是，世界虽然在表面上看是由分散的现象和对象组成的集合，但是在本质上，这些现象和对象是彼此联系的，它们构成了一个具有内在关联的整体。当我们把由部分构成的对象看作一个整体时，它就会表现出部分所不具有的特征和品质，即整体相对于部分的优越性。从整体上认识和把握人类历史，是马克思主义的重要特征。在马克思看来，社会不是个人的简单集合，而是个人彼此发生的那些联系和关系的总和。每个人都是处在这些作为总体的社会关系和联系之中。个人的地位并不是由他个人的特性所决定的，而是由一定的社会关系和联系所决定的。如果抽去了他们的社会差别，就成了历史和现实中都不曾存在过的抽象的人，这种人最多只是生物学和生理学的对象，而不是历史科学的对象。从整体性思想出发，马克思还批判了资产阶级经济学家脱离社会关系和历史发展而孤立地、片面地考察经济现象的形而上学观点，强调必须从整体和部分、部分和部分的联系中去考察整体内部的各个部分的性质和作用。可以说在马克思那里，对社会的正确认识必然是一种整体性的认识。从整体思维出发，马克思深刻阐述了人类社会的基本特征、基本结构、社会发展的基本规律、社会存在和发展的基本条件。

西方马克思主义的总体性概念是马克思主义整体性思想的鲜明体现。它是在早期西方马克思主义者对第二国际的实证主义与经济决定论的批判中首先提出来的。在第二国际那里，唯物史观被误读为经济决定论、机械决定论。作为对一战之后中欧、西欧一些国家无产阶级革命失败的反思，早期西方马克思主义者重新强调了马克思主义的总体性思想，西方马克思主义也由此发端。强调总体性是西方马克思主义的重要理论取向之一，可以说，对总体性原则的推崇贯穿于整个西方马克思主义。从整体性出发把握社会结构和社会发展，成为西方马克思主义的一个重要特点。

早期西方马克思主义代表人物、西方马克思主义的奠基人卢卡奇对第二国际的经济决定论进行了反驳，试图通过主客体实践的辩证法去消解经济决定论，还马克思主义以本来面目。他认为，经济决定论的认识论根源，在于资产阶级把形式和内容、思维和存在、认识主体和认识客体对立起来的片面的实证主义思维方式。卢卡奇认为，正确的认识只能是总体性的认识，而总体性的认识不是主体对客体直接的反思、反映，而是通过对主体自身的理解而达到对客体的理解，又通过对客体的理解而达到对主体自身的理解。这是一个建立在实践基础之上的主体与客体互为中介的过程。卢卡奇指出，“在解释历史时构成马克思主义的思想与资产阶级思想的决定性差异的不是经济动因的首要性，而是总体观点，总体范畴，整体对于各个部分的全面的、决定性的统治地位，是马克思取自黑格尔并独创性地改造成为一门全新科学的基础的方法的本质”。[1] 卢卡奇认为，整体高于部分、部分从属于整体是隐含在黑格尔辩证法中的革命原则，而马克思继承了这个革命原则，并将其用于考察自然与历史的总体的运动过程，将社会整体作为历史唯物主义的研究对象，全面探讨了社会整体存在与发展的内在规律，得出了唯物史观的科学结论。

结构主义的马克思主义者阿尔都塞也对经济决定论给予了批判，并对马克思的总体性思想作出了自己的解读。阿尔都塞认为，生产方式是由经济、文化、意识形态等不同层面组成的总体性结构。经济的最终决定作用，主要体现为生产方式这个总体性结构对局部性结构的决定作用。卢卡奇主要是在历史辩证法的意义上强调社会历史的总体性进步过程，阿尔都塞则把社会理解为一种结构性总体，从而拓展了西方马克思主义的总体性思想。

卢卡奇、阿尔都塞等西方马克思主义者提出的总体性方法，要求从政治、经济、文化等方面考察社会，从物质、精神、心理等方面考察人，抛开孤立地、片面地考察经济现象的形而上学观点，从整体和部分、部分和部分的联系中去考察整体内部的各个部分的性质和作用。他们认为，整体大于局部，整体自有其所凸显的整体的特性，它不能还原为各个部分，单纯依靠还原与拆零不能真正揭示整体特质，只有从整体上把握事物的认识才是正确的。这就为我们提供了一种认识事物、考察社会和人的思维方式，即从整体和系统来考察的方式，也就是整体思维方式。

整体思维是系统地看待事物和问题，以防止片面性的一种哲学方法。整体思维的科学合理性源自客观世界的物质统一性。客观世界是由自然、社会、人等不同部分组成的有机整体，人类认识的最终目的就是要从不同

[1] 〔匈〕卢卡奇：《历史与阶级意识》，杜章智等译，商务印书馆 1996 年版，第 76 页。

侧面、不同层次、不同角度，完整、准确地反映客观世界的本质，把握其整体面貌。人认识事物不仅有一个主观和客观的关系问题，也有一个全面和片面的关系问题。我们认识事物，有的从主观出发，有的从客观出发，这是一种不同的认识出发点。有些人认识事物只认识事物的某一部分，没有把握事物的整体，这是认识事物的一种片面的方法。另外一种方法，就是要系统地、完整地、全面地来看待事物，这是一种全面地看问题的方法。片面地看问题，就是抓住一点，不及其余，只见树木，不见森林。就像前面所讲的盲人摸象一样，有的盲人摸到鼻子，对“象”下一个定义，“象”就是鼻子；有的盲人摸到尾巴，又对“象”下一个定义，尾巴就是“象”。从自己感知到或把握到的个别部位（部分）对“象”（整体）下定义，以偏概全，这就是片面的方法。与之相对应，全面的方法是，首先对这个完整事物的各个细节、各个部分给予一个比较客观正确的认识，然后把各个部分、各个细节加以整合以达到对这个事物完整的认识。“不识庐山真面目，只缘身在此山中。”要达到全面、完整的认识，就要提高看问题的层次，也就是要站在一定的高度看问题，跳出问题看问题，而不是就事论事。

整体思维作为一种思维方式，包含三个原则：（1）纵向原则。从纵的方面也就是时间维度去考察客观整体，把整体看成一个有机延续的、不间断的发展过程。从这个角度看，整体思维也是一种过程思维、连续性思维。（2）横向原则。从横的方面，也就是从客观事物自身包含的各种属性来整体地考察它，使事物内在各个因素之间错综复杂的关系清晰地展示出来。从这个角度看，整体思维也是一种全面思维。（3）立体原则。从纵横两方面对客观事物进行分析和综合，并按照客观事物本身所固有的层次和结构，组成认识之网，再现客观事物的全貌。从这个角度看，整体思维也是一种系统思维。

在整体思维看来，系统就是一个辩证的整体。第一，系统作为一个整体，不能归结为它的构成要素，也不能简单地看成它的构成要素的总和。第二，系统的各个要素并非毫无联系或杂乱无章的偶然堆积。系统是整体和要素与要素和要素协同过程的集合体，是合乎规律并由各个要素有机组成的整体。第三，系统是动态和开放的整体。任何系统客体都是物质、能量、信息不断输入和输出的整体，是作为整体运动过程而展开的开放体系。总之，系统整体是整体与要素相互结合、相互制约、相互依赖的集合体，在系统整体和要素中，整体起主导作用，各个要素必须服从和服务于系统整体统一性的要求，系统各个要素之间应该始终与系统整体保持内在一致的协调性。

整体思维在中国传统思维中占据重要地位，“天人合一”是这种整体思维的根本特点。中国传统哲学习惯将自然界（天）和人视作一个浑然整体，且宏观地从总体上把握世界和事物的本质，探求人类社会与自然界的统一性和相互影响。中国古代宇宙观认为，“四方上下谓之宇，往古来今谓之宙”，把宇宙看成一个空间、时间的统一体，这就是整体思维的体现。宇宙万物是个统一体，人自身也是个统一体。统一体包含许多部分，各部分之间有密切的联系，因而构成一个整体，要想了解各个部分，必须从宏观上了解整体、把握整体，从整体的视角去把握部分的实质。

中国传统哲学中的这一整体思维倾向，在中医学中得到了突出体现。中医学家们认为，人是一个有机的整体，以五脏为中心，把六腑、五体、五官、九窍、四肢百骸等全身组织器官有机地联系起来，构成一个表里相连、上下沟通、密切联系的整体。构成人体的各个组织器官，在结构上是不可分割的，在生理活动中是相互协调、相互作用的，在病理变化中是相互影响的。中医学不仅重视人体自身的完整性，也关注人身心的协调性、人与自然环境的融洽性、人与人之间的和谐性。比如，中医学把人的“身”和“心”结合起来进行考察，重视七情方面的调节，使得情志得以疏通，气机得以舒畅。因此中医学的治疗注重从整体上恢复身体与心灵、人与外界的平衡协调，治标更要治本，而不是“头痛医头、脚痛医脚”。

（二）从内部结构考察事物

结构主义的马克思主义代表人物阿尔都塞认为，唯物辩证法与黑格尔唯心辩证法的区别之一，就在于前者认为整体由多种矛盾构成，而后者认为整体仅由一对矛盾构成。在黑格尔那里，简单原始的矛盾是唯一决定性的力量。在马克思那里，原始简单的统一体消失了，代之以有结构的复杂整体。阿尔都塞指出，既没有只包含一对矛盾的简单过程，也没有只分为两个部分的原始的矛盾统一体，任何过程都是具有多种矛盾的复杂结构。虽然在复杂结构的整体中各个要素具有主从关系，但不能把其中任何一个要素还原为或归结为另一个要素。在这一复杂整体的过程中，各种互相联系的矛盾都发挥了不可忽视的作用。主要矛盾虽然起决定性作用，但这种作用是通过结构整体来实现的，所有矛盾都在促使事件发生的过程中起了本质的作用。任何事物都是具有主导结构的矛盾统一体，构成该统一体的各个矛盾具有不平衡性，其中主要矛盾和矛盾的主要方面规定它的基本性质和运动方式。当我们说一种矛盾支配着其他矛盾时，不过是表明矛盾所处的复杂整体是个有结构的统一体，而在这种结构中，各矛盾之间存在着明显的主从关系。在阿尔都塞看来，整体就是结构，是现存各个层次之间的联系。复杂整体本质上包含着一种矛盾支配其他矛盾，这种支配从属于复杂整体的结构，是结构决定矛盾，而不是矛盾决定结构。在矛盾与结构两者中，矛盾是从属于结构的，矛盾在结构的运动中，既不决定自己的趋势，也不决定自己的界限，它只是局部的、派生的现象，其作用已经被结构本身预先决定了。在理解一种矛盾统一体时，必须把通常的思考顺序颠倒过来，首先思考整体的特殊结构，才能够理解结构的各个环节和构成关系的共同存在形式，理解历史的结构本身。阿尔都塞把历史看作“没有主体的过程”。在他看来，在历史中，起决定性作用的是各种关系的相互作用，人只是关系的载体。如果一定要寻找历史主体的话，那么生产关系及其他关系才是历史的真正主体。

阿尔都塞的复杂结构的矛盾观，揭示了任何事物或过程都是多种矛盾的复杂统一体。矛盾以各种不同的方式相互联结，构成了一个有内在结构的复杂整体。所谓结构，是指系统内部各要素之间的组织形式、结合方式和排列顺序，是一事物区别于他事物的内在规定性。现代系统论研究表明，凡是系统都有结构和功能，系统是结构和功能的统一体。结构是系统内在的、微观的、分析的特征，功能是系统外显的、宏观的、综合的特征，结构可从系统要素的关联中把握，功能则表现于系统与外界的联系。结构是现代科学和社会生活中的一个重要概念，是万事万物基本的存在方式。世界上的系统各种各样、千差万别，就是因为每个系统都具有不同于其他系统的结构，结构决定客观事物或系统的存在状态、运动形式和性能表现，并通过结构来表明自己存在的价值和意义。事物的结构如同事物的运动一样，也是事物赖以存在的基本方式。

任何事物和过程都具有一定的结构，并且结构在事物中起着极其重要的作用，这就引出了一种新的思维方式——结构思维方式，即在认识事物时，必须从事物的整体以及多样性的联系，从要素的功能及其内在的复杂结构，从内在矛盾的复杂性及其矛盾的内在结构的复杂性出发的整体性思维方式。所谓结构思维，就是强调从系统的结构去认识客观事物，并从中寻找最优结构，以获取最佳系统效能的思维方法。根据结构思维，事物的结构具有如下性质。

整体性。系统的结构是由各个要素或部分按照特定的方式结合起来的有机整体。系统整体的性质和规律只存在于各要素的有机联系和相互作用之中，任何系统都是由其要素按一定结构组成的，系统的要素只有依靠结构的联系，才能变为一个完整的系统整体，也只有通过结构的中介，才能把构成系统的各个要素的属性和功能变为系统的整体属性和功能。同时，任何结构中各个部分不是孤立存在的，而是作为和其他部分的关系存在的，具有空间和时间上的有序性，从而使结构内部诸要素之间的相互联系和相互作用形成了一个有机的整体。所以，事物整体的性质不应从整体以外去寻找，而应根据相互依存的各个部分的关系来说明。

有序性。系统的要素或部分是按照特定的秩序组成结构的，而并不是任意地结合。有序是系统得以存在的客观条件，无序就是混乱，会导致系统的崩溃。结构是系统要素相互联系、相互作用的方式，其中包括一定的比例、一定的秩序、一定的结合形式等。结构的有序性，是指系统内部要素的相互联系及其结构的层次性和等级性，是指事物各个要素之间具有一定的秩序和规则，如空间上具有一定的序列、时间上表现为发展的顺序等。在系统内部，各个要素之间存在着确定的秩序，它们按照一定的方式相互联系和相互作用，构成相对稳定的结构，其中所表现出来的秩序和规则，就是结构的有序性。任何事物的各个要素之间的结构是一个井然有序、环环相扣的链条。当然，有序并不是机械静止式的绝对平衡，而是在动态发展过程中的相对平稳。在一定意义上，把握系统的有序性，就是把握系统的结构。

层次性。系统的每个层次都有不同的结构。结构的层次性包含两方面的含义：一是纵向结构的等级性；二是横向结构的多侧面性。纵向结构的层次性，即上下、高低等纵向等级关系，其中低一级系统是高一级系统结构的有机部分，具有包容、递进、发展、深入的动态变化关系；横向结构的层次性，则是指同一级复杂系统可以横向展开若干既相互联系和相互制约又各自独立平行的部分，具有相关、相联、相互影响的渗透融合关系。结构的层次性是复杂的，在同一纵向层次上有若干横向层次的交叉，同样，在同一横向层次上又贯穿着纵向层次。总之，结构有一个从简单到复杂、从低级到高级的演变与发展过程，因而总是呈现出时空上的层次性。因此，在认识事物时必须从事物的内在结构、层次出发分析认识事物，不要先入为主，不要一开始就陷入细节；也必须考察组成该复杂结构统一体的各种矛盾以及矛盾的各个方面的复杂关系，找到起主导作用的矛盾和矛盾的主要方面。

稳定性。稳定，是指系统某一状态的持续出现。稳定性，是指系统在外界作用下具有的一种自我稳定能力，能够在一定条件下和一定范围内自我调节、自我组织和自我更新，从而保持和恢复既有的结构和功能的特性。世界上的各种事物或系统不仅都有一定的组成要素，而且这些组成要素之间都存在着稳定的相互作用和联结方式。实际上，任何系统状态中都包含着不易受外界影响而改变的部分和易受外界影响而改变的部分，前者构成系统的结构状态。而结构本质上是系统的稳定联系，是系统要素的内部关系，是关于构成、联系、秩序和时空的内在规定性，实质上是一种相对“固化”了的内在联系。系统结构的稳定性源于结构的有序性，由于结构的有序性，就会使系统内部诸要素之间在相互作用时产生某种惯性，以维持系统的平衡，即显现出结构的稳定性。[1]

（三）前瞻性地看待事物的发展变化

二战以后，西方主要发达国家的无产阶级生活条件和劳动条件得到空前改善，政治境遇也有了显著提高。但是，西方马克思主义者并没有因此大唱赞歌。在他们看来，在西方发达工业社会，虽然物质层面上的问题解决了，但精神层面上的问题并没有解决，这个社会仍然是病态的、不合理的，甚至病得更重了，更加不合理了，因此必须对这个社会加以批判。西方马克思主义对发达工业社会的批判不是简单地描述现象、就事论事，而是追根溯源，追到了工业文明的源头。这个源头在哪里呢？在法兰克福学派代表人物霍克海默和阿多诺看来，就是发生在 17—18 世纪的欧洲启蒙运动。霍克海默和阿多诺在《启蒙辩证法》一书中指出，启蒙的根本目标是通过使用理性，将自然对人的统治扭转为人对自然的统治，实现直线式的进步。启蒙确实达到了它的目的，但它的胜利却蒙上了灾难的阴影，人类没有进入真正的文明状态，反而深深地陷入了重新回到野蛮状态的危险境地。也就是说，启蒙走向了它所反对的东西，走向了它自身的反面。这表现在：第一，启蒙要破除神话、消除迷信，但它自己却走向了神话、迷信。第二，启蒙要正确认识世界，但实际的结果却是歪曲了世界。现代的启蒙放弃了

[1] 参见熊建生：《结构思维：当代思想的新范式》，《江汉论坛》2007 年第 11 期。

对意义的追寻，用公式代替了概念，它要为世间一切事物找到发展的规律，这样在实际上是片面地理解了世界。第三，“启蒙精神”的出发点是增强人的能力，但使人软弱无力。现代社会的人有一种软弱无力感，在分工高度细化的今天，人们普遍地依靠专业人士、依靠权威，而不愿意自己费力搜集资料、独立思考并做出判断。第四，“启蒙精神”本质上是反对极权主义，但它却在发展的历程中走向了极权主义。启蒙的背后是对自然的占有欲和统治欲，这种欲望也施加到了人类的头上，人类自身也成了这样一种极权主义的牺牲品。

自从文艺复兴尤其是启蒙运动以来，乐观主义的文明进步论一直是近代西方文化的主流。在文明进步论者看来，人类文明是不断进步的，科技进步就是文明进步的重要体现。培根提出的“知识就是力量”，就是支撑这种文明进步论的一种重要信念。“知识就是力量”体现了人们对于自身理性的高度信任。培根认为，人们追求科学的目的是在行动中支配自然，但要命令自然就要认识自然，因此要研究自然，探求自然的规律。在人类文明发展历程中，人类理性无疑发挥着巨大的作用，但当它发挥到极致，也会走向自身的反面，从积极因素变成消极因素，成为人类进一步发展的桎梏。简单来说，霍克海默和阿多诺的启蒙辩证法的一个基本观点，就是把倒退和野蛮寓于现在的进步和文明之中，现在的进步越大，倒退的风险就越大，现在的文明越发展，野蛮的威胁也越大。

霍克海默和阿多诺提出的启蒙辩证法体现了辩证法的一种具体应用——用前瞻的眼光动态地看待世界的万事万物。这里的变化并不一定是正面的积极的进步和发展，也可能是负面的消极的退化。因此，在考察具体事物时，不能只是静止地看它当前的状况，仅仅根据它的现状做出判断，还要了解它的过去，并且根据它的过去和现在对它的将来进行预测，这就是前瞻思维。在现实工作中，前瞻思维要求站在时代的制高点上，依据对客观规律的正确认识和事物的发展趋势，确定长远目标，并以此推动现实的发展。

与前瞻思维相对立的是当下思维和静态思维。在工业社会中，高度细化的专业分工、相对独立的个人和繁忙的流水线生产，使人们的注意力大多集中在自身当前的工作和生活现状，在这种情况下，很容易产生当下思维和静态思维。但是，现代社会处于一种不断地运动、变化和发展过程中，生产不断变革，一切社会关系不停动荡，处于永远的不安定和变动之中。马克思、恩格斯曾经指出，一切等级的和固定的东西都烟消云散了。进入21世纪，由于新技术革命的发展，当今人类已进入瞬息万变的信息社会。在全球化态势之下，资源、产品、人才、信息都处于高速流动之中，科学技术、生产力、经济贸易等方面，也都在急速变化之中。就国内而言，随着改革开放的深入发展，一方面，新的矛盾、新的情况、新的问题层出不穷；另一方面，陈旧的传统思维正在受到冲击，崭新的、充满活力的思想观念，正在中国的高速发展进程中不断孕育产生。为了适应全球化的大势和改革开放的需要，必须坚持前瞻思维方法。

作为一种用变化发展的眼光看世界和未来的方法，前瞻思维在我们的工作和生活中有着重要意义。有一个例子可以说明前瞻思维的作用。甲乙两人打赌，甲提出在60天内，甲每天付给乙100万元，乙第一天给甲一分钱，此后每天加一倍。乙一口答应，签订了协议。到第十天时，甲已经给了乙1000万元，而乙只付出几元钱，乙心里暗喜。随着时间的推移，双方的进账开始逆转，第60天时，乙总共收到6000万元，但应当付给甲超过2500

亿元！在签订协议时，乙只看到这个协议在短期内会带给他巨大收益，却没有看到这个协议对他而言，会在长期内存在着巨大的无法挽回损失的风险。其根本原因，就在于缺乏前瞻思维，只看到短期结果，而对长期趋势和未来的不利情况没有做出正确的预计。

（四）从心理和精神层面理解人

心理分析是一种颇有特色的西方马克思主义研究范式。在心理分析范式之下，以赖希、弗洛姆和马尔库塞为代表的弗洛伊德主义的马克思主义对20世纪30年代法西斯主义兴起的原因进行了深入探讨。在弗洛伊德主义的马克思主义看来，马克思主义虽然正确地强调社会经济、政治因素对社会意识的作用，但没有进一步解释经济过程与意识形态是如何相互作用的，忽视了社会心理因素在社会结构中的作用，忽视了人的内心世界和精神性。而法西斯主义赢得民众支持的一个重要原因，就是掌握了民众的心理。因此，弗洛伊德主义的马克思主义者主张将弗洛伊德的精神分析学说与马克思主义理论结合起来。在他们看来，马克思主义的长处在于它对整个资本主义社会的宏观分析方面，而弗洛伊德主义的长处则在于它对个人、个人的无意识的微观分析方面。但弗洛伊德主义把研究对象限制在个人及个人的精神和心理层面，割裂了其与外部环境之间的联系，因而无法全面解释个人的精神和心理，而结合马克思主义的宏观理论就能较好地弥补这方面的缺陷。通过这种结合，弗洛伊德主义的马克思主义者对法西斯主义形成的心理基础做了深入探讨，并进一步阐述了心理革命与社会革命的关系，揭示了资本主义利用意识形态巩固统治和遏制无产阶级革命的机制。

弗洛伊德有一个著名的三层性格组成理论，认为人由本我、自我和超我构成。“本我”是完全的潜意识即无意识，代表欲望，只按照快乐原则追求本能的满足，不受任何形式的个体意识和社会原则的约束，不知道任何价值、善恶和道德。“自我”大部分有意识，是现实化的本我，负责处理现实世界的事情，它控制本我的原始冲动，压抑那些与现实相冲突的本能，使它与现实之间的冲突降到最低限度。“超我”大部分是无意识，是人的良知或内心的道德判断。自我负责在本我和超我之间进行协调。它一方面受到本我原始冲动的诱惑，另一方面又受到超我的道德压制。赖希改造了弗洛伊德的三层性格理论，把人的性格结构分为生物核心层、反社会层和社会合作层，认为法西斯主义对应着人的性格结构的反社会层，而这一层是由于生物核心层的健康冲动被压抑而形成的。赖希指出，法西斯主义的成功应该归功于大众而不是希特勒，正是大众的畏惧自由、渴望权威的性格结构，使得希特勒的宣传能够见效。因此，要消除法西斯主义，就必须从人的心理层面着手，消除普遍的压抑，改变人的性格结构，创造出能够自我调节的人类性格结构。

弗洛姆从五个方面探讨了法西斯主义兴起的原因。一是施虐狂与受虐狂。在法西斯信徒中，施虐狂与受虐狂往往集于一身。二是破坏狂。通过毁灭和破坏来排除外界威胁。三是个人自恋与社会自恋。通过个人自恋和社会自恋，把自身认定为某个优秀圈子的成员，通过排斥甚至灭绝所谓不适合生存的个体、低劣的种族和堕落的阶级，来维护这个圈子的纯洁性和凝聚力。四是非理性煽动与盲从。法西斯鼓吹者的非理性煽动充分迎合了人们的内心愿望甚至审美观念，挑起了很多人的狂热，使他们在无思考和非理智中走向盲从。五是逃避自由与依赖权威的心理。在前现代社会，人们处于各种束缚之中，不那么自由，但是这种束缚无形中成为一种庇护、一种依靠，给他们带来安全感；在现代社会，人们脱离了各种束缚成为自由的个人，反倒不适应这种无依无靠的自由了，感到孤独，感到自己的渺小和软弱无力，感到不安全，这是一种随着分离和独立而来的焦虑和恐惧心理。因此，人们要逃避自由，要依赖所谓的权威，要从权威那里获得庇护，让权威来为自己做出选择。这就为法西斯的极权提供了土壤。在弗洛姆看来，只有通过爱与创造的活动才能真正克服个体分离的焦虑，根除法西斯主义的心理根源。

马尔库塞认为，在当代西方发达资本主义社会，人们已经普遍摆脱了贫困，传统马克思主义基于贫困而主张革命的理论基础已经被改变了，但这不等于说，当代西方资本主义就不需要改变了，它仍然需要改变，只是变革的理由不再是贫困而主要是“人性的被压抑”。因此，在这种情况下，要摆脱精神上的枷锁，解放被压抑的人性，就需要综合弗洛伊德主义的方法。这样做，不是要用心理学取代马克思主义，而是将心理学吸收到马克思主义理论中去。马尔库塞强调，由于当代资本主义社会对人性的各种压抑，统治的权力不仅操纵和支配了意识，而且还深入人的无意识之中，无产阶级被资产阶级意识形态同化，所以首先要进行人的心理革命，改变人们的欲望、需要、情感等，形成一种新的内在的心理机制和反抗压抑的心理结构，对资本主义进行改造。

弗洛伊德主义的马克思主义者试图通过剖析现代人的病态性格来探明法西斯主义兴起背后的心理机制，并通过揭示人的生存困境来批判西方发达工业社会的病态。因此，西方马克思主义理论家强调人的性格结构、心理机制对人的行为的作用，强调心理和精神层面的微观革命对人的解放的作用。

弗洛伊德主义的马克思主义为我们提供了一种考察和理解“人”的思维方式，即宏观与微观相结合、以微观为主的心理分析思维方式。人不同于动物，人除了具有动物性的本能，还具有意识，也就是说，人有着动物所不具有的认知、情感和意志。根据弗洛伊德主义的马克思主义的心理分析思维方式，要认识自己和他人、分析人的行为及其动机，既要从宏观角度来考察人的社会性，从政治、经济层面研究社会对群体的影响，也要从微观角度来考察人的个体性，研究社会和环境对人的性格和心理形成的影响，研究人的性格心理机制；既要从理性角度来考察人，也要从动物性和本能角度来考察人。

如果用这种思维方式来考察人的需要，则会得出与马斯洛的需要层次理论类似的结果。马斯洛的需要层次理论将人的需要分为生理的需要、安全的需要、社交需要（友爱和归属的需要）、尊重的需要、自我实现的需要这五个层次。生理和安全的需要对应人的本能和动物性，也就是个体要保证肉体的存在和延续。吃饭、睡觉、繁衍是人最基本的需要，在这方面人与动物没有多大区别，而环境不安全可能导致个体受伤甚至死亡，同样会威胁个体的生存，所以安全的需要也归属于人的本能和动物性。情感归属和尊重的需要对应个体的情感和意志，就是要保持心理的平衡与安稳，寻求存在感。而他人对个体的尊重能够给其带来满足感和成就感，同时个体与他人、个体与群体之间的情感联系也能让个体体验到存在感并感受到生命的价值。自我实现的需要对应人的纯粹精神，就是人在社会中发掘自己生命存在的终极意义，追求自我完善，发现自己的潜能并实现潜能，获得最大程度的精神满足。

三、西方马克思主义的哲学思维方式及对工作方法的启示

西方马克思主义所坚持的一些抽象人本主义立场、观点和方法理论，我们不完全赞同。但其中所蕴含的一些哲学思维方式具有一定的借鉴意义，这些思维方式可以转化为我们领导干部解决问题且做好工作的方法。

（一）宏观整体思维与工作方法

由上可看出，西方马克思主义十分关注用整体眼光看问题的整体思维。在这方面，它作了许多论述。中华民族的祖先早就运用整体思维方式，在各个领域都表现出了高度的智慧，创造了灿烂的文明，取得了卓越的成就。中国的科学技术在18世纪以前长期居于世界领先地位，这与中国传统的整体思维方式有着密切关系。实际上，整体性是事物存在的基本特征，世界上一切事物都是作为整体、系统而存在的。这对今天我们领导干部的启示在于，在工作中要坚持整体思维：在具体工作中，只有把事物放在它固有的联系中加以考察，才能把握事物的本质和规律，从而找到解决问题和做好工作的方法。在现实工作中运用整体思维方法，可从以下几方面入手。

1. 力戒坐井观天，注重跳出局部从全局看局部，跳出眼前从长远看眼前

领导干部不必事必躬亲，必须具有从宏观着眼来把握整体的全局思维能力。陈澹然有云：“不谋万世者，不足谋一时；不谋全局者，不足谋一

域。”领导干部对于自己所负责的领域，应该从总体、全局的角度去考察，不能仅仅为了自己负责领域内某个局部的利益而忽视整体利益，因小失大。进一步来说，领导干部不能把眼光只盯着自己负责的领域、自己的任期，要放眼开去，看到自己所负责的领域与所在的地市及省份，乃至全国的关系，看到自己的工作与国家未来发展的关系；不能仅仅为了自己的局部利益而置整体利益于不顾，为自己任期内的政绩、短期利益而置国家未来的发展、长期利益于不顾。每一位领导干部都在自己的部门工作，是一个局部。在这个局部内工作，很容易只看到局部的问题，而不去把这个局部问题放在整个大局来考虑。在这种情况下，就很容易对局部有片面的认识。人的眼睛看问题总是具有局限性的，因为人的视野只能看到他能触及的地方，这是生理的眼睛。还有一双社会的眼睛，即在一个单位工作，往往只看到这个单位的情况和问题，看不到整个单位以外的其他问题。但实际上，这个单位的问题与大局的问题是内在相关的，它们之间是互相影响的。所以，为了达到对事物的全面认识，我们要力戒坐井观天，井底之蛙是难以观看整个天空的。因此，不论从事什么工作，领导干部在其工作中，都应该具有战略眼光，从自己所在的圈子中跳出来，从全局着眼来思考问题，把立足点和落脚点真正放在服务大局、推动整体发展上来，把自己的本职工作与党和国家的事业、与中华民族伟大复兴的总体进程有机结合起来。

2. 力戒只站在自我的立场看待事物，提倡换位思考和双向思维

人有一个很大的局限性，就是往往容易自以为是，总认为自己的观点是对的，别人的观点有可能是片面的。这种自以为是，会影响我们对事物的全面认识。马克思主义哲学要求我们力戒自以为是，提倡换位思考和双向思维；要注重吸收他人的认识成果。因为我们自身总是具有局限性的，

利用他人的认识成果可以丰富和完善自己的认识。比如，在一个单位，领导与群众由于所处位置、分工不同，看问题的角度也往往不同。这时，领导干部就应多站在群众的立场上来看问题，这样才能使自己的认识达到全面；反过来，群众也应多站在领导决策的角度来看问题，即假如我是领导我怎么看。如果双方都能换位思考和双向思维，双方就能达到对事物的全面认识。如果自以为是，是很难达到全面认识的。在这里，提倡多一点儿自以为非，对我们全面认识事物是有好处的。

3. 力戒只从一个角度看待事物，要多角度全方位看待事物

缺少整体思维，容易走向一个思维误区，就是把重点当成唯一。《佛经》里讲了这么一个故事：一个人到另外一个人家里做客，一开始主人做的饭菜可能盐放得比较少，味道很淡，客人吃得不怎么香。后来主人又往饭菜里放了一把盐，客人一吃觉得很香，他忽然悟出一个道理来，即饭菜之所以香，关键在于这一把盐。他把这个认识带回家里，做饭时，油和调料都不放，只放这一把盐，结果把饭做得一塌糊涂。这是把重点当成唯一的一个典型例子。

在中国社会主义建设的历史上，也有这样的例子。改革开放以前一段时期，我们曾把政治当成唯一，强调政治挂帅，政治挂帅就意味着政治是重点，宁算政治账不算经济账，结果其他的问题都放在一边。1978 年以后，我们强调以经济建设为中心，这个命题就意味着经济建设成为重点。但我们有些人又把这个重点当成唯一，所以一手硬一手软就出来了，只抓经济建设，不抓精神文明建设，又出现了偏差。在经济建设过程当中，GDP 是很重要的，是个重点，结果有些地方又把重点当成唯一，那就是 GDP 至上，只讲 GDP。GDP 本身没有错，GDP 是人类在 20 世纪的伟大发明之一，问题就出在 GDP 至上背后的那种“把重点当成唯一”的思维方式上。只片面追求 GDP 至上的经济增长，那么，什么环境污染、发展成果惠及全体人民、民生问题、全面发展问题都会放在一边，劳民伤财的政绩工程、形象工程也都出来了，结果导致了社会发展的失衡。过去，我们忽视资本、批判资本。在 1953 年到 1956 年，我们国家搞“一化三改造”，最后的结果怎么样呢？把资本给赶跑了，后来我们中国人得了“恐资症”，“谈资色变”，割资本主义尾巴。1992 年以后，我们要搞市场经济。只要搞市场经济，就必须利用资本要素，结果，我们中国人把赶走的资本又非常热情地请了过来。现在，我们认识到资本很重要。但有些人又把资本的重点变成唯一，仅仅看到资本的积极作用，而看不到资本的负面效应，以为只要有了资本就能发展经济，有了资本什么都可以不要了。还有，学生的成绩很重要，但有些老师、家长、学生都把成绩看作唯一，而对学生的健康人格、心理世界、人格素质、全面发展这些方面的教育在很大程度上都忽视了。从这个角度来看，我们要力戒把重点变成唯一，要全面地看问题。

（二）微观心理分析与工作方法

西方马克思主义也十分注重微观分析，用心理分析的眼光看问题。这是西方马克思主义的一个重要特征。这对我们领导干部的启示在于，在具体工作中，既要注重宏观把握（但要避免抽象的所谓宏大叙事），也要注重微观分析，善于运用心理分析来解决问题、做好工作。可从以下几方面着手。

1. 深入人的内心世界，重视人的精神和心理需要

随着物质生活水平的提高，人们的精神和心理需要日渐重要。在物质

生活基本需要得到满足之后，人们更加关注社会地位的提升、自我发展的机会、人际关系的和谐、权利的表达等精神和心理层面的东西。也就是说，人们的幸福感更多地来自主观的东西。精神激励，就是基于人的精神和心理需要的一种主观激励方式，是指精神方面的无形激励，包括向下属授权，对他们工作绩效的认可，确立公平、公开的晋升制度，提供学习和发展并进一步提升自我的机会，实行灵活多样的弹性工作时间制度，以及制定适合每个人特点的职业生涯发展道路，等等。精神激励是领导者用思想教育的手段倡导组织精神，调动下属积极性、主动性和创造性的有效方式。在日常工作中，领导干部应多关注下属的心理健康和思想状况，利用观察、谈心、参加集体活动等形式，深入下属中去，多倾听他们的意见和呼声，了解他们的想法，把握他们的个体心理活动特点。思想政治工作要做到春风化丝雨，润物细无声，就要采用和善友好的态度，对下属的习惯、特长、愿望、兴趣爱好等给予尊重，并给予他们发展进步的机会，尽量创造宽松和谐的工作环境，缓解下属心理压力。这样，下属就会感到自己受到了真正的重视，从而达到精神激励的目的。

2. 加强自身心理疏导和调适

在瞬息万变、日趋复杂的现代社会中，来自工作、学习、家庭生活等多方面的压力，使许多人背负了各种心理问题，造成了不同程度的情绪危机和心理障碍。这些心理问题往往导致人们心理失衡，甚至严重影响人们的身心健康和生活质量。因此，心理压力、心理健康和心理调适已经成为当今社会日益关注的话题。

什么是心理健康呢？从广义上讲，心理健康，是指一种高效的、持续的心理状态，在这种状态下，主体对外界能良好地适应，并且充分发挥其身心潜能。从狭义上讲，心理健康，是指人的基本心理活动协调一致，即认识、情感、意志、行为、人格完整和协调，能适应社会，与社会保持同步。心理学家将心理健康的标准描述为以下几点：（1）有适度的安全感，有自尊心，对自我的成就有价值感。（2）适度地自我批评，不过分夸耀自己也不过分苛责自己。（3）在日常生活中，具有适度的主动性，不为环境所左右。（4）理智、现实、客观，与现实有良好接触，能容忍生活挫折的打击，无过度的幻想。（5）适度地接受个人的需要，并具有满足此种需要的能力。（6）有自知之明，了解自己的动机和目的，能对自己的能力作客观的估计。（7）能保持人格的完整与和谐，个人的价值观能适应社会的标准，对自己的工作能集中注意力。（8）有切合实际的生活目标。（9）具有从经验中学习的能力，能适应环境的需要改变自己。（10）有良好的人际关系，有爱人的能力和被爱的能力。在不违背社会标准的前提下，能保持自己的个性，既不过分阿谀，也不过分寻求社会赞许，有个人独立的见解，有判断是非的标准。根据以上标准，心理健康的正面表现有：积极应激、情绪稳定、自控力强、耐受力强、协调力强、自尊、自信、自强、乐观、愉快、大方、幽默、乐群、精力充沛、心胸开阔、认知客观、能专注于工作等；负面表现有：情绪不稳定、自控力差、压抑、焦虑、失眠、孤独、自闭、自卑、自负、消沉、恐惧、忧郁、颓丧、暴躁、攻击、酗酒、迁怒、敏感、多疑、失衡、思维混乱、心因性疾病出现等。

作为一种特殊群体，领导干部从事着高强度的工作，承担着重大的社会责任，往往比一般群体承受了更多、更大的心理压力。他们的工作绩效不仅取决于他们的能力，也取决于他们的心理素质。拥有良好的心理素质，保持自身的心理健康，不仅是领导干部履行自身职责、不断提高执政能力的客观要求，也会影响到领导干部的成长进步，更关系到党和国家事业的发展。因此，领导干部应注意培养健康良好的心态，在日常工作和生活中积极主动疏导和调适自己的心理。领导干部加强自身心理调适的主要方法有：

一是有取有舍。在工作和生活中把握好尺度和分寸，既认真尽职，又避免完美主义。对于领导干部来说，压力是客观存在的，领导干部要学会管理压力，不是逃避压力，要把压力调节在一个合适的范围内，充分享有压力带来的益处。

二是有张有弛。在高强度工作中，要学会自我减压，学会放弃，坚持积极的业余爱好。即通过肢体行动，如运动、冥想、肌肉放松、倾诉、音乐、旅游等行为减压方式，消除肌肉与精神紧张，释放压力，获得身心的放松与平静。

三是有进有退。在打击挫折面前调整心态，自我疏解，避免非理性反应。领导干部应认识到挫折存在的必然性以及挫折的利弊两重性，提高自身的挫折耐受程度，从而迅速从挫折中恢复，减少心理伤害和负面影响。

四是及时消解负面心理因素。许多医学专家认为，良好的情绪本身就是良医，人体 85% 的疾病可以自我控制。只要心情愉快、精神松弛，余下 15% 的疾病也不必全靠医生治疗。生理学家把情绪称为“生命的指挥棒”“健康的寒暑表”。在高度复杂和紧张的工作中，应及时排除各种负面情绪和不健康心理，增强自我调控能力。焦虑、忧郁、恐惧、妒忌、报复等负面情绪和心理往往使人失去冷静，降低人的自控能力，还可能导致过激行为，带来无法弥补的后果。情绪管理不是简单的心理抑制，更不是表情控制。情绪管理的基础是掌握正确的认知方法。一味地压抑不利于身心健康，但随意地宣泄也不是明智之举。情绪管理主要有如下方法：（1）幽默法。

它是领导干部情绪管理的重要方法之一。在工作和生活中，应经常保持幽默，这可缓解矛盾、调节情绪，给人带来欢笑，征服忧愁和烦恼，促使你的心理处于相对平衡状态。（2）口诀法。和尚不管遇到多么可怕的事，开头都是一句“阿弥陀佛”，不失沉稳、不失镇定。这是一种积极的自我暗示，能够帮助他们平复内心的巨大波动。我们可以自己定出一句口诀，形成条件反射。每次遇到危难都念这句话，自己一下就会感到轻松很多。（3）远望法。遇到困难的时候往远看，就会发现克服困难的方法，也会增强对当时压力的应对信心。[1]

五是遇到心理障碍自身难以排解时，及时寻求心理援助。首先是寻求亲人的理解和帮助，其次是向心理专家咨询。

六是建立正确的自我定位和自我认知。认知是造成人们心理压力的一个主观原因。领导干部一方面要在社会生活中多方面接受他人的评价和反馈，通过人与人的比较来认识自己，另一方面也要通过自己的外在行为或心理活动的表现来了解认识自己。由于种种因素的干扰，领导干部的自我认识往往难以达到全面和准确，容易出现自我预期与现实状况之间的错位，导致一些心理问题。这时，可以通过优化思维方式、进行积极的自我心理暗示、培养幽默感等方式，改善认知因素的结构，克服和缓解心理压力。

3. 恰当发挥情感因素的作用

情感是协调人际关系的重要因素。在很多场合，情感可以为理性开道，打开工作局面。作为领导者，不管语言多么动听，如果不是发自内心、带

[1] 参见中共北京市委组织部、首都社会经济发展研究所联合课题组：《领导干部压力管理的四剂“良方”》，《前线》2009 年第 9 期。

着情感，就打动不了人心；如果对下属没有深厚的情感，就难以使其产生认同感并调动其工作热情。当然，情感只是人的内心世界的一部分，领导干部必须辩证认识和恰当发挥情感因素在工作中的作用。情感性关系往往存在于较小范围，是一种较稳定和长久的关系。领导干部如果过分重视情感性关系，将其当作协调人际关系的唯一方式，则不利于工作的正常开展。领导干部与上级、同事和下属之间，可保持一定程度的情感关系，但不应过度，不应将个人感情置于工作职责之上。交往双方应注重平等和互相尊重，并遵循道德法则。这种关系往往能更持久，是领导干部应该提倡建立的一种人际关系。

（三）前瞻思维与工作方法

西方马克思主义中所蕴含的前瞻思维，对我们领导干部也有重要启示。用前瞻思维进行预测时，对未来大体上可以有正面和负面两种判断。这样，在工作中就有两种不同的思维方法和工作思路。

1. 底线思维与从坏处准备努力争取最好结果

霍克海默和阿多诺的启蒙辩证法，着重从负面考察人类理性，特别是工具理性过度发展在未来对人类文明和社会进步的消极影响。从这种思维出发，能够对未来可能存在的风险保持警惕，这就是底线思维。底线思维是一种重要的前瞻思维，是指认真计算风险、估算可能出现的最坏情况，并且接受这种情况。习近平总书记指出，要善于运用底线思维的方法，凡事从坏处准备，努力争取最好的结果，做到有备无患、遇事不慌，牢牢把握主动权。我们的事业越前进，越发展，新情况、新问题就会越多，面临的风险和挑战就会越多，面对的不可预料的事情就会越多。在这样的情况下，清醒地认识我们所处的环境，凡事从坏处准备，努力争取最好的结果，显得尤为重要。中华民族自古就有“居安思危”“未雨绸缪”的忧患意识，这就是一种底线思维的体现。

底线思维与风险预防联系在一起，它要求着重对未来的风险进行防备。现代社会是一个风险社会。1986 年，德国社会学家贝克最先提出了风险社会理论。贝克指出，风险在人类社会一直存在，但现代风险在性质上与过去的风险完全不同：一是在物理和化学领域里的现代风险是看不见的；二是产生这些新型风险的基础是工业的过度生产，而风险管理就是要处理现代化本身引起的偶然性和不安全性；三是随着人类技术能力的增长，技术发展的后果变得难以测算，这种不可控制的力量逐渐演变成历史和社会的主宰力量。贝克认为，风险社会理论具有广泛的适用性。现在人们所谈论的风险社会的问题，基本上还是在自然科学领域，但实际上，现代风险是普遍存在的，在社会和文化领域同样存在现代风险。因为现代化使高度专业的领域之间具有很高的相互依赖性，没有一个领域能够单独处理和管理现代风险。现代风险不仅仅是环境问题或自然科学问题，而且是人的问题、社会问题。由此，在贝克那里，风险与现代性联系在一起，并被全球化扩散和放大了。在古典工业社会中，财富生产的逻辑统治着风险生产的逻辑。而在风险社会中，这种关系颠倒过来了，虽然技术进步的力量带来了财富的剧增，但财富日益为风险产生的阴影所笼罩，表现为现代化的风险后果对植物、动物和人类生命的不可抗拒的威胁。更重要的是，这些风险不再像 19 世纪和 20 世纪上半叶与工厂相联系的危险那样局限于特定的地域或团体，而是跨越国界，成为一种全球化的趋势。因此，当前的风险是世界风险。在贝克看来，风险社会的来临，给传统风险治理机制带来了新的挑战。如何应对风险、维持生存与发展，不仅是每个国家，也是每个组织、每个人不得不直面的课题。为了应对现代社会的各种风险，应当树立底线思维，聚焦于矛盾双方动态转化，着眼于负面后果，并提前建立防范体系。短板原理告诉我们，木桶的容量取决于最短的那块木板。从制定宏观政策到出台政策再到解决具体问题的工作方案，都需要准确地找出短板，在此基础上判定底线，制订行动方案。“有备无患”，就是基于底线思维的一种积极行动的观念和防范意识，只有“有备”才能做到“无患”。不仅如此，在防范的同时，还要致力于矛盾的积极转化，从坏处准备、向好处努力。因此，在复杂局面下做最坏打算，往往能得到最好的效果。领导干部在处置各类事件时，往往面临纷繁复杂的影响事态变化的多种因素，有些事态的变化和发展十分突然，如不提前防备并制定防范措施，就极易导致全局失利。突发事件的发生看似偶然，其实偶然中有其必然，都有先兆可寻、有端倪可察。事件的发展往往有一个从潜藏到开始显露到公开化的渐变过程。把握处置事件的规律，就是要把握其“由隐到显再到热，由微到小再到大”的规律，从而未雨绸缪，防患未然，将突发事件消灭在萌芽状态。领导者处置事件的预见能力，往往来源于这种超前意识，而超前意识又来源于领导者的经验积累，来源于对事件产生、发展规律的把握，对可能产生的主要问题的关注，以及理性分析判断的能力。总之，各级领导干部应善用底线思维，认真思考、小心求证，以积极的态度前瞻风险，准确预测和判断前进道路上的各种风险挑战，及时采取应对之策，在实践中既锐意进取、大胆探索，又稳妥把握、务求必胜，能够防患未然，化挑战为机遇，掌握实践的主动权。

2. 机遇思维与注重抓住机遇

与底线思维相对应的是机遇思维。在实践和探索过程中，能够在普通状况或不利状况中发现机会，或者能够捕捉到出乎意料的新情况并加以充分利用，这种思维方式就是机遇思维。我们看形势、作决策，都要坚持“两点论”，既看到不利一面，又看到有利一面。要从全局和战略高度，深入分析世情、国情，紧紧抓住重要战略机遇期，坚定信心，迎接挑战，争取有更大作为。如果说底线思维是在有利局面下探寻不利因素的话，那么机遇思维就是在不利局面下发掘有利因素。机遇思维在工作中的应用主要体现在以下两个方面。

一是平时做好准备，为随时可能到来的机遇打下基础。对此，西方有一句话是：“机会总是留给有准备的人。”中国古语云：“合抱之木，生于毫末；千里之行，始于足下。”“凡事预则立，不预则废。”不可否认，机遇和幸运往往是一个人取得成功的契机。但究其实，一个人成功的必然原因并不在于机遇和幸运本身，而在于此前他所做的长期的努力和充分的准备。如果没有这种积累和努力，仅凭机遇和幸运，即便他侥幸成功，这种成功也不会长久。因此，在日常工作中运用机遇思维，就要求我们从小事做起，注重细节，认真做好每一件事。任何一件大事，都由若干小事构成，只有在小处努力且把细节做好的人，才能成就大事业。虽然细节有时显得微不足道，但有时却决定着一个人一生的成败得失。有家公司招聘高级管理人才，一群应聘者前去复试。许多人都很自信地回答了考官们颇为简单的提问，可他们都没有被录用。轮到最后一个人，当他走进房门时，发现干净的地毯上扔着一个纸团，一丝不苟的习惯使他弯腰捡起纸团。这时考官说：“请看看您捡起的纸团。”这位应聘者打开纸团，上面写着：“热忱欢迎您到我们公司任职。”就是这个小小的细节，成就了一个企业高级管理人才，后来这个人还成为一家大公司的总裁。

二是在阻力中发现动力，在挑战中发现机遇，果断抓住机会，化消极因素为积极因素。曾经有一家美国的制鞋公司寻找国外市场，公司总裁派了一名推销员到非洲某个海岛上的国家，让他了解一下能否向该国卖鞋。这个推销员到非洲后给总部发回一封电报说：“这里的人都习惯赤脚，不穿鞋，这里没有市场。”随即这名推销员就离开了那里。总裁随后又派去另一名推销员。第二个推销员到非洲后也给总部发回一封电报，说：“在这里的发现让我异常兴奋，因为这里的人都是赤脚，还没有一人穿鞋，这里市场巨大。”于是这个公司开始在岛上卖鞋，并通过适当的营销策略，最终成功地开拓了这个小岛的市场，取得了良好的销售业绩。当处在不利的处境时，一定要利用自身的智慧和不利处境提供的资源来转危为安。当年“第五次反围剿”失败，红军从根据地突围时有八万人，国民党军有几十万人。湘江战役红军损失惨重，只剩下三万人，国民党军有几十万人，我们工农红军处在严重的不利情境中。面对这种情况，一般人可能会陷入悲观，但毛泽东等红军领导人能在其中发现这个不利处境提供给红军最大的资源，这就是钢铁般的意志，就是绝处求生的意志，这是人在不利处境中激发出来的一个最大的思想资源。毛泽东同志和当时的其他领导人成功地利用了这一最大资源，变不利为有利，这就是用转化的眼光来看问题。所以当一个人处在逆境时，不要仅仅从不利因素看不利处境，应该认识到，目前所处的不利处境也会提供许多将来成为有利的思想资源和其他的资源，要利用这些资源做转化工作，把阻力变成动力。在逆境中做出判断和预测，应把握好“三个依据”：第一，依据当前情况，判断不利和有利因素，预测事态变化发展趋势；第二，依据目前掌握的资源，分析各种方案的可能性，以选择最佳方案；第三，依据事物发展规律，进行推演，预测处置过程中可能带来的相关问题。

（四）结构功能思维与工作方法

在西方马克思主义基本理论中蕴含着丰富的结构功能思维的内容。结构功能思维意味着：系统的结构决定系统的功能，结构的变化决定功能的变化。具体来说就是，合理的结构促进系统功能的优化，不合理的结构造成系统功能的内耗，通过结构调整能够实现功能的优化。任何事物都是一种结构性存在，事物的结构就是构成这一事物各要素之间的关系、顺序、比例，事物的结构是什么样的，事物的存在和发展状况就是什么样的。经济问题、经济体制的背后是经济结构问题，政治问题、政治体制的背后是权力结构问题，文化问题、文化体制的背后是文化结构问题。领导干部在认识中运用结构功能思维，就是要通过考察事物的内在结构来理解事物；在实践工作中运用结构功能思维，就是根据对事物的认识积极进行结构调整，并寻找最优结构以获取最佳效能。

结构功能思维在社会学上的运用，就是社会学的一个重要理论流派——结构功能主义。结构功能主义认为，社会是一种具有一定结构或组织化手段的系统，社会的各组成部分以有序的方式相互关联，并对社会整体发挥着必要的功能。整体是以平衡的状态存在着，任何部分的变化都会趋于新的平衡。

历史唯物主义的创立也体现了结构功能思维。在标志着历史唯物主义创立的著作《德意志意识形态》中，马克思、恩格斯指出，人们在自己的生活和社会生产关系中发生的、不以人的意志为转移的生产关系的总和，构成社会的经济结构，即有法律的和政治的上层建筑竖立其上并有一定的社会意识形式与之相适应的现实基础。也就是说，经济结构是生产关系的总和，是生产力和生产关系构成的矛盾关系体，社会结构则是人们的物质生活关系和精神生活关系的总和，是经济基础和上层建筑构成的矛盾关系体。社会结构变化的动力来源于社会内部的矛盾运动，在社会结构中起决定作用的是经济基础，在经济结构中起决定作用的是生产力。

田忌赛马，就是一个著名的在现实中运用结构功能思维的例子。在赛马过程中，田忌所掌握的资源没有变化，也就是系统的内容没有变化，而只是通过出场次序变化也就是结构的调整，使整体功能得到最大的发挥。整体和部分的关系，在一定意义上就是系统和要素的关系。系统是由相互联系和相互作用的诸要素构成的统一整体。整体的功能不是部分的简单相加，当部分、要素以合理有序的结构形成整体时，整体就会具有全新的功能，整体的功能就会大于部分功能之和。恩格斯在《反杜林论》中说过："拿破仑描写过骑术不精、但有纪律的法国骑兵和当时无疑地最善于单兵格斗、但没有纪律的骑兵——马木留克兵之间的战斗，他写道：'两个马木留克兵绝对能打赢三个法国兵，100 个法国兵与 100 个马木留克兵势均力敌，300 个法国兵大都能战胜 300 个马木留克兵，而 1000 个法国兵则总能打败 1500 个马木留克兵。'"[1] 马木留克兵骁勇善战，单打独斗或小群体作战是其擅长的，却没有良好的大群体战术，也就是大群体没有好的结构，人一多不但发挥不出个体的优势，反而打不过人数少但井然有序、结构良好的法军方阵。这就是内容不变但结构优化所

[1] 《马克思恩格斯文集》第 9 卷，人民出版社 2009 年版，第 136 页。

带来的整体优化。

在用人上，结构功能思维也能发挥作用。一个好的团队应该具有年龄、知识、能力、性格等结构上的互补，并通过择优的结构形成最大的人才能量。如果能力单一，团队的总能量就会降低；如果年龄无差距，团队就会同步老化；如果性格雷同，就会增加摩擦和内耗。在完成简单的任务时，同质结构的群体效率较高；在完成复杂的任务时，异质结构的群体有较高的效率。[1]

现在中央强调经济结构的战略性调整和推进政府行政体制改革，就是注重结构性问题与结构思维和结构分析。在经济领域，结构调整可以从生产力和生产关系两个方面着手。从生产力的角度看，结构调整包括经济增长的要素结构、产业结构、企业组织结构、城乡结构、区域经济结构的调整等；从生产关系方面看，结构调整包括所有制结构、国有经济布局、产业布局、分配结构的调整等。

由此，各级领导干部在工作中运用结构功能思维，首先要把握事物内部的结构要素，然后把握事物各要素之间的关系、顺序、比例，再进一步把握事物的结构对事物存在、发展的影响，把握事物的结构对事物功能的影响，最后要学会有效调整结构。

典 型 案 例

在此，我们选几个典型案例来说明如何具体运用整体思维、心理分析思维和前瞻思维，进一步做好工作的领导工作方法。

［1］ 参见谭昆智：《名牌战略与企业家的结构思维》，《中山大学学报》（社会科学版）1997年第3期。

（一）用整体思维看待历史和现状

中国的改革开放和社会主义现代化建设是一项伟大的系统工程，整体思维是从宏观和全局上把握我国改革开放和社会主义现代化建设的一种重要思维方式。可以说，整体思维是我们治国方略的重要哲学基础。从整体思维出发看待我国社会主义现代化建设过程中的各种问题，可以对国家大政方针、发展大局、发展方向有更深的理解和更全面的把握。

1. 从整体思维出发看待中国与世界的关系

从世界范围来看，整个人类社会是一个有机联系的整体，是作为整体运动发展过程而展开的开放体系。在全球化趋势之下，这种整体性表现得越来越显著，以至于有“地球村”的说法。因此，我们必须把作为局部的国家和民族放在世界的整体中加以考察。中国作为一个国家，在整个世界中只是整体中的一个局部，只是世界历史的一个环节，考虑中国问题不能离开世界整体这个背景。当今世界是一个开放的世界，由于航天技术、信息高速公路、远程通信技术等科技的发展和广泛应用，使商品、劳务、资金、技术和信息等经济要素在全球范围内的迅速流通成为可能，且促进和强化了世界各国经济的整体发展，各国经济之间的相互依赖性显著增强。各国经济的整体性联系，使得世界上任何国家的发展都不可能走仅仅依靠自身的封闭式的发展道路。在现代化的过程中，在全球化浪潮席卷全球的今天，一方面，我们要从世界大环境中获取有利于我国社会主义现代化建设的经济资源、政治资源、精神资源，在开放的过程中充分整合国外的先进技术、资金、管理经验等经济资源和民主化推进的政治资源，以及优秀的文化资源。人类只有一个地球，这就要求我们在发展本国、满足本国现实需求的同时，也要站在人类整体的立场上，倡导人类命运共同体意识，综合考虑自己发展和他国发展，坚持和平发展和共同发展，坚持走依靠本国力量而非掠夺式的发展道路。今天习近平总书记提出的中国梦以及建立新型大国关系，就是运用整体思维的集中表现。

2. 从整体思维出发看待社会的全面发展

科学发展观的基本要求是“全面协调可持续”，其中“全面”居于首位。何谓“全面”？从横向上来说，就是要把社会看成一个由人口、环境、政治、经济、文化、科技以及其他相关关系组成的有机整体，社会的发展不能以牺牲社会整体中的某一部分发展为代价，而应该协调发展。在马克思看来，人类社会的存在和发展以五种基本的生产为基础：物质资料的生产、需要的生产、人口的生产、生产关系的生产和意识的生产。可见，人类社会存在和发展的基本条件是多元的，其中物质资料的生产是最基本的生产，但并不是唯一的生产。因为人具有多方面的、分层次的需要，既有物质需要，又有精神需要，并且这些需要又随着社会的发展而发展，所以社会生产应随着人的需要的发展而发展，以满足人的多方面的、不断发展的需要。科学发展观纠正了单纯把经济增长作为社会发展的唯一目标的片面看法，强调发展是一个包括经济增长、政治民主、科技进步、文化观念变迁、人的发展等相互影响、相互作用的整体，认为这些要素之间具有内在的关联性。发展必须既着眼于整体的各个要素之间的互动和协调一致，使人与自然、经济与社会形成良性互动，也着眼于人的多方面需要。因此横向上的“全面”，是指经济建设、政治建设、文化建设、社会建设、生态文明建设和党的建设的整体推进，是物质文明、精神文明、制度文明、生态文明的共同进步，是城乡区域携手共进及人的全面发展。这正是基于中国特色社会主义经济建设、政治建设、文化建设、社会建设、生态文明建设和党的建设是相互联系、相互促进的有机统一整体这一认识的。科学发展观提出的“五个统筹”，从根本上说，就是使自然系统和社会系统之间以及社会系统内部各要素之间相互适应、相互促进，从而形成结构合理、功能完备、速度适宜、兼顾公平的社会发展形态。从纵向上来说，就是要把过去、现在、未来看成一个连续的整体。从历史发展进程角度看，社会发展是“经济—自然—社会”大系统从低级向高级的进步过程，在这个系统中，各种要素相互依存、相互作用、相互影响。要实现这个大系统的可持续发展，就要求我们在发展经济的同时，充分考虑环境、自然和生态的承受能力，实现人与自然的和谐，保持资源的永续利用，既保证当代人的发展，实现发展的代内公平，又不牺牲下代人的发展，实现发展的代际公平，保证代际发展的可持续性。因此，纵向上的“全面”，是指统筹考虑当前发展与未来发展、当代人的幸福与子孙后代的幸福，减小发展对环境造成的压力和对资源的消耗，力争以最小的环境和自然资源代价获得最大程度的发展，既要满足当代人的需要，又要满足未来人的需要，既要提升当代人的幸福指数，又要做到不欠子孙后代的债。

3. 从整体思维出发看待历史

从整体思维出发看待历史，要求我们把社会看成一个连续不断的发展的整体过程，承认和尊重历史。从历时性角度来看，事物是由历时性的纵向的各个环节或阶段组成的有机整体。考察历史，必须注意它的连续性，否则就会使整体遭到破坏。一般而言，人们容易看到横向整体而忽视纵向整体，因为从时空特点看，横向整体是容易感知的，而纵向整体则超越了现实的时空。没有深刻历史感的人，绝不可能有深刻的现实感。只有尊重历史，肯定民族英雄和先烈的丰功伟绩，发扬先辈的光荣传统，才能产生强烈的民族自豪感、自信心和凝聚力。

（二）用心理分析考察群体性事件的原因

在群体性事件中，参与者的心理是一个值得认真分析的因素。一般来说，群体性事件中参与者的心理有如下共同特点：一是自发性。大多数群体性事件是自发性的事件。尽管有些群体性事件是源于某些人的教唆或者某些团体的策动，但是大多数群体性事件的参与者并不是受到明确的指令后参与的，而是在群体气氛的感染下参与其中的。所以，对群体性事件的绝大多数参与者来说，他们是自发的参与者，而不是自觉参与其中的。二是狂热性。群体性事件的参与者是在群体氛围与激情的感染下被卷入群体、参与其中的。在群体性事件中，每个参与者的情绪都十分激动，处于狂热之中，参与者的行动完全被激情所支配，往往不考虑行为的后果。群体性事件的产生与发展就是一个情绪上的相互感染与情绪激发、情绪释放的狂热过程。三是非常规。在群体性事件中，一般的道德规范和理性约束常失去作用，参与者的行为往往不受道德、社会文明准则的约束，参与者也大多不考虑其行为给自己与社会带来的消极后果。这种非常规性，就决定了群体性事件一旦产生，就具有对社会的危害性。[1]

群体性事件的发生是社会政治、经济、文化等各方面因素共同作用的结果。而社会政治、经济与文化的因素是导致群体性事件的外在因素，这些因素是通过人的心理机制发挥作用的。从心理层面来看，引起群体性事件产生和扩大升级的心理原因有以下几方面：一是心理上的不公平感与相

---

［1］ 参见张可创：《群体事件的社会心理分析及应对策略》，《理论导刊》2009年第5期。

对剥夺感。在社会转型过程中，不同社会阶层之间利益分化日趋加速，占有社会财富多少的差距日趋增大，处于社会较低阶层的一些社会群体成员在社会生活中相对处于被边缘化和弱势的地位。这种被边缘化和弱势的社会现实，使他们心理上产生了极大的不公平感和被剥夺感。这种不公平感或被剥夺感是一种心理感受，可能不是一种外在的客观现实。当人们在社会生活中，个人心理对社会和外界的期望与自身所处的现实之间产生差距时，人们就会产生一种不公平感。当人们认为自己在社会生活中的某些权利受到了威胁，就会产生一种相对剥夺感，这时人们的心理就会失衡，进而会采取一些极端的方式，以发泄内心的不满和证明自己存在的价值。在外界诱因条件的作用下，这种心理上的不公平感与资源、信息和物质权利的相对剥夺感，就会导致群体性事件的产生。二是社会价值的多元化与群体社会认同感的降低。社会认同感与共同的社会价值取向是维护社会稳定的基本因素。而社会转型期多元化的价值取向导致了社会道德规范的失衡和社会控制的降低，为群体性事件的产生提供了社会土壤。社会控制手段具有法律控制、制度控制、道德控制和舆论控制等多种形式，其中法律控制和制度控制是具有强制性的社会控制手段，而道德控制和舆论控制是柔性的社会控制手段，它虽然不具有强制性但具有长效性。如果一个社会不同层次的社会成员具有集体接纳的价值取向，就能够形成社会成员共同的行为准则，而共同的行为准则有利于社会成员之社会认同感的形成。社会认同感是维护社会稳定最为有利的力量。因为当社会成员具有社会认同感时，就会形成自觉的保持社会身份、维护社会稳定的内在动力。但当一个社会所提倡的价值取向不被社会成员认可时，社会成员就缺乏维护这种社会结构的心理力量，他们就容易在外界诱因诱导下，产生群体性的反社会行为。三是群体性事件中个体的匿名性与个体责任感的丧失。群体性事件的参与者并不都是某些直接利益的相关者。因为群体的破坏性行为不会使个体产生心理上和道德上的不安，这就导致了群体中的个体对自己的行为采取放纵而不加约束的态度。而这种不加约束与破坏性的行为本身，主观上可以给个体带来情绪上的发泄与报复社会的快感，客观上则会推动和加速事态不断扩大与升级。[1] 四是社会转型期的各种社会压力加剧引发的心理危机。在社会转型期，随着经济和社会的发展，人们承受的社会环境压力、工作压力、个人成就压力更为突出。长期处于压力之下的人容易焦躁、愤怒、言行过激，容易通过群体性事件宣泄情绪、释放压力。五是媒体快速传播下人们的模仿冲动。随着当代媒体种类的增多及快速发展，在群体性事件中，媒体的作用日趋增大，媒体的介入导致信息传播速度快、范围广，自由度、透明度也高。在一些群体性事件的处理中，有时有关部门为保稳定及尽快平息事件，总会“尽可能满足”闹事人的要求，这使得一部分人认为，只有把事情“闹大”，政府才会重视，事情才能得到解决，于是他们一旦遇到问题，便也刻意模仿尝试，且规模越来越大，手段越来越激烈，导致群体性事件的发生。[2]

（三）用前瞻思维看待国际金融危机

2007 年 9 月，美国发生了次贷危机，进而引发了金融危机，并迅速蔓延到全球，给全球经济造成了深重灾难。世界银行前首席经济学家、北京大学教授林毅夫在分析 2008 年国际金融危机的教训时指出，在金融危机发生之时，全球经济刚经历了二战后持续时间最长的繁荣期，但这种全球经

[1] 参见张可创：《群体事件的社会心理分析及应对策略》，《理论导刊》2009 年第 5 期。
[2] 参见肖浩、王勇：《我国当前群体事件的社会心理分析》，《学理论》2010 年第 20 期。

济快速增长伴随着不断提高的脆弱性，潜伏着危机，“这就像老子所说的那样，‘福兮，祸之所伏’”，“终于有一天，令经济快速增长的源泉，变成了导致危机发生的原因”。他分析说，美国刺激房地产消费的政策给经济带来繁荣，但也累积了泡沫，而泡沫没有不破灭的，这就出现了美国次级抵押市场危机。金融创新非但没能分散和抑制风险，反而加重了风险，使次贷危机引发连锁反应，导致一场国际金融危机。[1] 2008 年，极少问政的英国女王在访问伦敦政治经济学院时，向学者们提问：全球经济学家为何没有人预测到金融危机严重到如此地步？事实上，并非没有经济学家预见到这场金融危机的严重后果，而是为数不多的预警声音被淹没在由此前的成功带来的过分乐观的喧嚣之中了。在回顾 2008 年国际金融危机时，林毅夫指出，当就 2007 年的次贷危机进行讨论与研判时，多数经济学者没有意识到其问题的严重性。他们当时认为，30 年后主流学界一定会忘记这件事情，它顶多就是在金融、经济学的教科书上一个很小的方块。在他们看来，次级债钱不多，只有 7000 亿美元，相对整个金融市场的量来讲是非常小的。他们自认为对世界经济大萧条、东南亚金融危机、日本泡沫破灭经济停滞、墨西哥危机、俄罗斯危机等的原因非常熟悉，所以不会再犯同样的错误。林毅夫当时就问，他们那些错误你们大概都不会重犯，因为我们现在知道原因。可是，如果我们仔细分析就会发现，好像每次危机，它的触发原因都有所不同，你怎么能保证不会有一些新的原因导致再次发生经济危机呢？但当时的学者极为自信，称“哪儿有什么东西会不知道呢”。美国沃顿商学院管理系的温特教授说，最让人惊奇的是，不管是从理性上还是从财务角度上，许多严谨的人竟然愿意相信房价会不断上涨这种荒谬

[1] 林毅夫：《金融危机给世界两大教训》，《江苏经济报》2008 年 10 月 8 日。

的想法，他们没有认识到一个常识：房价的上涨速度无法永远保持比家庭收入增长速度更高。温特教授认为，经济学家在构建理论模型时，假设所有市场参与者（银行、贷款机构、借款者和消费者）在任何时候都能做出理性的决定，就像他们是总能做出最有利的财政选择的经济学家一样。这种认为人们总会做出理性决策的假设并不那么可靠，否则人们就不会做出那种自我毁灭的事，比如申请他们还不起的抵押贷款（这是引发金融危机的关键因素）。同理，如果金融公司的高管是完全理性的，他们也不会投资那些由危险的抵押贷款所支持的金融产品。

从某种意义上来说，2008 年国际金融危机是思维方式导致的危机，是客观冷静的思维被人们对自身的理性过分自负或人性中的贪婪所压制而导致的危机。美国的金融创新为提高房地产资金的流动性做出了巨大贡献，但它的正面作用是建立在美国房地产市场健康发展的基础上的，当房价上涨到严重背离价值时，这种正面作用就会逆转。一遇信贷紧缩，大量贷款人无力支付按揭款，之前的金融创新就会导致银行的亏损加倍甚至倒闭。关于这种逆转，中国古代有许多精辟的说法，如盛极则衰、月盈则亏、水满则溢、物极必反等等。也就是说，当一个事物的度达到了极限，就会向相反的方向发展，这正是辩证法的精髓所在。金融危机验证了霍克海默和阿多诺的启蒙辩证法所揭示的东西：在事物发展过程中，一旦超过某个限度，起正面和进步作用的积极因素也会反转为起负面和退步作用的消极因素。其中尤其要注意的是，事物的发展往往不会自动地恰到好处地停止，而会一直持续直至超限，这种超限往往不以个体的意志为转移。有的人明白这一道理，却做不到防范。原因是，要么缺乏足够的信息和智慧，难以判断出事物的发展在什么条件下或在何时发生逆转，要么存在侥幸心理，认为灾难或危机不会降临到自己头上。如果更多地运用前瞻思维，关注风险，谨慎行事，居安思危，早做准备，即便不能从灾难或危机中完全抽身，也能在灾难和危机到来时做到损失最小，而在任何情况下保持清醒头脑，通过充分的调查研究掌握第一手资料，深入进行分析，跳出固定思维模式进行思考，是充分发挥前瞻思维作用的重要前提。

结　语

思想的力量

哲学贡献的主要是智慧、思想和方法，强调注重哲学，就必然注重思想及其思想的力量。当今中国已经进入需要思想和思想家的时代了。领导干部要善于用思想的力量展开工作。

一、力量转移

在计划经济条件下，虽然其他力量发挥着重要作用，但行政权力的力量在我国经济社会发展中则发挥着主导作用。“权力高度集中”是其本质特征。1978年实行改革开放以后，尤其是1992年实行社会主义市场经济体制以来，资本的力量或物质的力量在我国经济社会发展中的作用日趋增大，人们称之为“物质驱动”。改革开放之初，我国必须尽快解决物质财富的积累问题。正因如此，不少地方主要通过“物”的路径来拉动经济增长，如消耗自然资源，开办一些高投入、高消耗、高污染的生产性企业，注重物质资本投资等。历史来看，这种路径功不可没，它既为我国今后经济社会升级发展提供了较为雄厚的“物质积累”和“物质基础”，又较快地提高了人民群众的物质生活水平。但这种路径使我们面临不小困局，即发展空间越来越小，发展道路越走越窄，付出的代价越来越大。由此，我们必须以等不起的紧迫感、慢不得的危机感、坐不住的责任感，主动“加快”经济发展方式的根本转变，由“以增长促发展”走向党的十七届五中全会所讲的“在转变中谋发展”。这里的转变，核心是转向“人的自主创新能力”，实施创新驱动战略。这实际上意味着影响我国经济社会发展的主导力量由物质资本向创新能力转移，或由物质驱动向创新驱动转移。尽管这种力量转移刚刚开始，但这种转移是必然发生的。

在人的自主创新能力中，有一种力量十分重要，应引起我们重视，那就是思想的力量。从哲学上讲，人有两种基本力量，即实践力量和思想力量。思想的力量包含价值取向、思想观念（理念）和思维方式。我们讲的自主创新，应包括思想观念（理念）创新和思维方式创新。

二、思想是时代的声音

当今，一些西方政要鼓吹这样的论调，认为我们中国只会出口电视机，不会出口价值观，说我们只看重物质而轻视精神和思想。在这种情境下，西方一些国家向中国积极输送他们的价值观、思想观念（理念），一些西方社会思潮及其思想观念也对我国学术界产生了较大影响。这既反映出一些西方国家在思想领域掌握着话语权，也反映出我们还不够重视思想的力量。

其实，当今我国处在一个需要思想、需要精神、需要文化的时代，是需要运用思想、理论引领社会实践发展的时代，是一个需要思想家的时代。一个民族要站在科学的高峰，一刻也离不开理论思维。同理，我们这样一个大的政党、大的国家要站在世界的高峰，一刻也离不开思想的力量。今天，我们到了该提升民族理论思维水平并唱响中国思想的时候了。第一，在人的一切活动中，“思想”及其思想活动是总开关、总按钮、总指挥。尤其在今天，从事一切重要活动首先要有思想。有思想才有思路，思路在一定意义上决定出路。第二，上层建筑对经济基础具有反作用。这种反作用，既有国家行政权力的反作用，也有思想的反作用。在今天的中国，思想具有较大的反作用。1978 年通过真理标准讨论所强调的解放思想、恢复党的思想路线，之后强调的生产力标准对我们重新认识社会主义，再后来提出的“三个有利于标准”对冲破“姓社姓资”思维定式的阻挠，对推进我国经济社会发展，都发挥着巨大的反作用。第三，我们党是一个注重理论武装、思想指导、思想建党的党。一个注重理论武装、思想指导、思想建党的党，需要用理论、思想指导治国理政。我们党在实践上的成功与正确的理论、思想指导有关，而在实践上出现的某种失误，则与理论、思想的偏差有关。第四，今天我国改革处于攻坚期、深水区，要涉险滩、啃硬骨头。我们要迎接各种严峻的挑战、考验，战胜各种困难、风险，破解各种危险，必须具备理论思维，拥有思想准备。正像习近平总书记所讲的，我们党在中国这样一个有着 13 亿多人口的大国执政，面对十分复杂的国内外环境，肩负繁重的执政使命，如果缺乏理论思维的有力支撑，是难以战胜各种风险和困难的，也是难以不断前进的。第五，今天，我们在工作中出现这样或那样的问题，既有体制机制上的原因，也有价值取向、思想观念（理念）和思维方式上的原因。我们不少人的生存方式是物化生存，结果出现了精神懈怠。这些人多在物象世界层面看问题，很少从观念世界层面看问题。实际上，物象世界存在的问题很大程度上与观念世界有关。一定意义上，当我们从体制机制上仍然解决不了问题的时候，从观念世界入手解决问题反而会有效。因此，我们也要善于从价值取向、思想观念（理念）、思维方式中寻找解决问题的突破口。具体到领导干部身上，就需要注重运用理论思维来分析问题，用理论、思想指导工作，并将此看作一项基本功或看家本领。第六，当今中国社会需要从“情绪”走向“理性”，需要用思想引导我们的行为。当今我国社会的情绪化倾向较为严重，无论表达个人诉求，还是对待个人利益，一些人往往采取非理性或情绪化的方式。这会引起社会的某种不和谐、不稳定。我们必须引导人们善于运用理性的方式来表达利益诉求，这就需要强化思想的力量，用正确思想引领我们的行为走向理性。

三、思想就是力量

思想的力量体现在“思想解放”上。僵化的思想观念束缚我们的手脚，影响我国前进发展的步伐。1978年，我们党通过真理标准大讨论，解放思想，更新观念，一下子就使我们党觉醒了，并大大推动了我国实践发展的步伐。这可谓思想解放一小步，实践和发展迈开一大步。

思想的力量体现在确立党的正确“思想路线”上。1978年以前一段时期，由于实行错误的思想路线，结果使我们党在实践上走了很大弯路。1978年以后，我们党恢复解放思想、实事求是的思想路线，大大推进了我国改革开放和社会主义现代化建设的步伐，促进了中国特色社会主义事业的蓬勃发展。

思想的力量体现在正确的“指导思想”上。一个政党治国理政的根本方式，就是确立正确的指导思想。有一个正确的指导思想，我们党就能带领全国人民顺利前进，国家就能顺利发展；一种错误的指导思想，就会把国家和人民带向深渊。指导思想都要上升到哲学层面来概括。习近平总书记强调指出，马克思主义哲学深刻揭示了客观世界特别是人类社会发展的一般规律，在当今时代依然有着强大生命力，依然是指导我们共产党人前进的强大思想武器。

思想的力量体现在领导干部用“正确思想”做出的科学决策上。古希腊哲学家柏拉图曾经指出，国王应是哲学王。国王掌握最高权力，哲学是最高智慧。掌握最高权力的国王一旦掌握最高智慧的哲学，就会对社会发展发挥重要推动作用。当今，我们的领导干部，尤其是高级领导干部要做出科学决策并做好工作，其中一种重要方式就是拥有哲学智慧，掌握科学的世界观和方法论。正因如此，习近平总书记讲，学哲学、用哲学是我们党的一个好传统，各级领导干部应当把马克思主义哲学作为领导干部的看家本领。习近平总书记历来重视哲学。他在担任中央党校校长期间，三番五次强调领导干部要学哲学、用哲学，要用马克思主义的世界观和方法论武装领导干部。他本人也具有较高的哲学素养，在他的一系列重要讲话中，都体现出哲学思维，如辩证思维、系统思维、创新思维、底线思维等。

思想的力量体现在统一“思想认识”上。一项重大的政治决策和行动（比如改革）部署以后，领导干部就是决定因素。而领导干部的思想认识是否统一，决定着执行力和行动效果。领导干部具有统一的思想认识，就会形成合力、凝聚共识凝聚力量，就会积极去贯彻落实党的路线方针政策；否则，就会形成阻力。正因如此，党的十八届三中全会闭幕之后，新一届中央领导集体特别强调要凝聚改革共识。

思想的力量体现在用正确的“思想方法”分析解决问题上。我们在工作和生活中，经常会遇到这样或者那样的问题。这些问题从主观上会追溯我们的思想方式，思想方式不对头，工作方法必然不对头，工作效果就出不来。而马克思主义哲学就是为我们分析问题解决问题提供世界观尤其是方法论的。掌握了马克思主义的世界观和方法论，就具有了思想武器，就掌握了分析问题解决问题的工具。正因如此，邓小平同志强调指出，我们的领导干部很需要从思想方法上提高一步。

思想的力量体现在确定正确的“工作思路”上。简单的活动和工作不需要理论思维和思想，具有常识和经验基本就可以了。而破解艰难复杂的难题，要攻坚克难，就必须具备理论思维和正确思想。只有具有理论思维和正确思想，才能制定科学的工作思路，才能战胜前进道路上的各种艰难险阻，才能使工作取得较好成就。

思想的力量体现在“思想影响”时代发展和推进社会进步上。思想是时代的声音，也是时代发展、社会实践的助推器。一位思想家可能不会给你做出一块面包，但他的思想却会影响整个时代、整个世界、整个社会。马克思、恩格斯、列宁及康德、黑格尔、费尔巴哈、孔子等思想家，他们的思想就影响了整个世界，甚至改变了一个时代。中国特色社会主义理论也改变了中国的命运。

思想的力量体现在“思想武装”人民群众上。理论一旦掌握群众，也会变成物质力量。同样，思想若被人民群众所掌握，也能变成物质力量。因为思想是有行动的逻辑和有逻辑的行动，是茫茫大海中的一盏灯，它既可以帮助人民群众认识世界，也可以帮助人民群众改造世界。

思想的力量体现在“思想支撑”国家发展且满足国家需要上。国家的发展繁荣既需要物质财富的丰富，也需要精神和思想的支撑。思想既能为一个国家发展指明方向，也是一个国家发展的精神支撑和精神力量。当一种理论和思想能满足国家发展的需要时，这一理论和思想的力量就充分显示出来了。

思想的力量体现在“思想治国”并树立中央权威上。中央的权威既体现在实践上推动社会进步和实践发展，增进人民福祉；也体现在理论上有一套治国理政的思想体系。具有理论和思想武装的党，在执政中会既清醒又自觉、既有方向又有动力。习近平新时代中国特色社会主义思想，已经赢得了人民群众的认同，并逐渐变成强大的力量。

思想的力量体现在建设“思想中国”并确立大国的国际地位上。物质是“体”和“形”，思想是“魂”和“神”。一个国家没有物质的富有就没有国际地位。同样，一个国家物质富有而精神懈怠、思想贫乏，也不会有国际地位，因为掌握不了话语权。一个国家不仅要靠物质力量征服世界，也要靠思想力量征服人心进而征服世界。当今西方发达国家影响于世界的，不仅是其科技、军事和资本，也有其社会思潮及其价值观、思想观念。因此，我们不仅要建设物质中国、法治中国、文化中国、和谐中国和美丽中国，也要建设思想中国。这一点尤为重要，应引起我们重视。

四、重塑思想的力量

法国思想家帕斯卡尔指出："我们的全部尊严就在于思想。"既然思想的力量如此强大，那么，如何重塑思想的力量呢？

先要解决认识问题。国家之间的竞争，既是经济、科技、军事的竞争，也是思想观念（理念）、思维方式的竞争；国家之间的差距，不仅是经济、科技、军事上的差距，也是思想观念（理念）、思维方式上的差距。在当今世界，意识形态领域的斗争比较激烈就说明这一点。恩格斯指出，经济上落后的国家在哲学上仍然能演奏第一提琴。这意味着经济、科技不发达的国家也能够由于某种特定的环境而产生一流的哲学思想。如德国，当时经济不如英国和法国，但德国却产生了歌德、康德、黑格尔、费尔巴哈、马克思、恩格斯等一批思想家，他们提出了历史上无与伦比的哲学思想，也影响了整个世界。从一定意义上可以说，思想观念（理念）、思维方式也是一种竞争力。

党中央应善于从哲学高度进行治国理政，用正确思想引领社会实践和武装人民，推动全党全社会学哲学、用哲学。最深邃、最精髓的思想汇聚在哲学中。我们党治国理政，引领社会实践，教育人民，除了运用法治、制度等方式外，也要运用哲学思想和哲学思维方式。正确的哲学思想和方法可以帮助人们客观地认识事物，正确驾驭和处理复杂的矛盾关系，认识事物的本质和规律，把握社会历史发展状况和人的发展状况。

意识形态部门要善于用思想支撑宣传，把传播思想作为一种具有影响力、渗透力的宣传。真正具有影响力和渗透力的宣传是"无声""无形"

但有“思想”的宣传，是不带明显、刻意宣传色彩的宣传，带有明显、刻意色彩但无思想的纯粹的宣传，其效果往往不尽如人意。

媒体如电视、报纸等要注重传播正确思想，不能仅仅为了赚钱而注重吸引眼球。现在有些媒体为了赚钱，特别注重用低俗、媚俗的内容和形式吸引人们的眼球，而不注重传播正确的价值观、思想观念（理念），有形无神，有体无魂，没有正确的思想，缺乏思想含量。

高等院校既要注重传授知识，也要注重培养具有理论思维能力、思想判断能力和创造思想能力的人才。当今我国的高等院校比较注重传授知识，对学生的理论思维能力、思想判断能力和创造思想的能力不够重视。这需要引起我们的重视。

知识分子既要成为“猫头鹰”，对人们的社会实践活动和社会现象进行反思，也要成为“雄鸡”，提出具有前瞻性的理念、思想，用理念、思想引领社会发展。知识分子在专注于学术研究或文本研究的同时，更要承担其公共职责或社会职责，努力透过物象世界把握思想或观念世界，用思想或观念世界引领物象世界的发展，为经济社会发展提供具有正能量的思想产品。

领导干部要善于透过物象世界、现象世界而进入深层的观念世界，善于在观念世界中把握物象世界，运用思想、理论思维分析问题并确定工作思路，用思想的力量引导自己的工作和生活。不仅如此，领导干部甚至每个人既要从体制机制、器物层面来分析解决问题，也要善于运用思想观念、思维方式等分析工具来分析解决问题。

后　记

我们已经进入用思想的力量引导中国社会发展和人的发展并处理问题、做好工作的时代。思想一旦掌握人，也能变成强大的物质力量。一个民族要站在科学的高峰，一刻也离不开理论思维。柏拉图曾说，国王应当是哲学王。用今天的话来说，掌握权力的人，首先应当具有哲学智慧和哲学思想，应当把拥有哲学智慧和思想作为胜任本职工作的基本资质、资格和条件，应当把真正掌握哲学智慧和思想，尤其是把马克思主义哲学当作自己的看家本领，从马克思主义哲学中汲取智慧的滋养。只有具备哲学思维、拥有哲学智慧和思想，且能把握事物存在的本质和发展规律、找到至善之道的人，才能真正掌握好运用好人民赋予的权力，才能真正带领好人民群众实现中华民族伟大复兴的中国梦。因此，领导干部尤其是中高级领导干部要学好哲学、用好哲学。这种哲学的精髓，简要说就是：重客观、抓本质、善辩证、释意义、谈结构、讲过程、关心人；其特点是讲逻辑、重概括。

习近平总书记十分重视哲学，要求各级领导干部认真学习马克思主义哲学。他指出，学哲学用哲学是我们党的一个好的传统。党的各级领导干部特别是高级干部，要原原本本学习和研读经典著作，努力把马克思主义哲学作为自己的看家本领，坚定理想信念，坚持正确政治方向，提高战略思维能力、综合决策能力、驾驭全局能力，团结带领人民不断书写改革开放历史新篇章。中央宣传部和中央组织部曾联合发文，要求全国党员干部认真学习马克思主义哲学。在这种背景下，我们针对领导干部的实际，按照邓小平同志所讲的“学马列要精、要管用的”精神，遵循“基本内容——核心观点——思维方式——工作方法——典型案例”这种从抽象到具体、从哲学之道到工作之术的框架思路，坚持“政治性”“学理性”和“大众性”的统一，撰写了《哲学思维方式与领导工作方法》这样一本通俗读物。

本书主要是由中央党校马克思主义学院一批从事马克思主义哲学研究的学者共同完成的。各章分工如下：

引言、结语：韩庆祥；

第一章：唐爱军；

第二章：邱耕田、李双套；

第三章：王虎学；

第四章、第五章：韩庆祥；

第六章：张彦。

全书设计、组织、统稿：韩庆祥。

2018 年 8 月 16 日

图书在版编目（CIP）数据

哲学思维方式与领导工作方法 / 韩庆祥等著. — 北京：红旗出版社，2018.9

ISBN 978-7-5051-4777-5

Ⅰ. ①哲… Ⅱ. ①韩… Ⅲ. ①管理人员—思维方法 Ⅳ. ①C931.3

中国版本图书馆CIP数据核字(2018)第211439号

书　　名　哲学思维方式与领导工作方法
著　　者　韩庆祥等
出 品 人　唐中祥
总 监 制　褚定华　　责任编辑　朱小玲
出　　版　红旗出版社　　内文设计　柳淑燕
邮政编码　100727　　地　　址　北京市沙滩北街2号
编 辑 部　010-57274497
发　　行　北京华景时代文化传媒有限公司　　电　话　010-83638610
印　　刷　北京文昌阁彩色印刷有限责任公司
开　　本　690毫米×980毫米　1/16
字　　数　260千字　　印　　张　21.5
版　　次　2018年10月北京第1版　　印　　次　2020年5月北京第5次印刷
ISBN 978-7-5051-4777-5　　定　　价　58.00元